V&R

Frank Dieckbreder/Sarah Dieckbreder-Vedder (Hg.)

Das Konzept Sozialraum: Vielfalt, Verschiedenheit und Begegnung

Soziale Arbeit lernen am Beispiel Bahnhofsmission

Vandenhoeck & Ruprecht

Mit 8 Abbildungen

Bibliografische Information der Deutschen Nationalbibliothek

Die Deutsche Nationalbibliothek verzeichnet diese Publikation in der Deutschen Nationalbibliografie; detaillierte bibliografische Daten sind im Internet über http://dnb.d-nb.de abrufbar.

ISBN 978-3-525-70192-8

Weitere Ausgaben und Online-Angebote sind erhältlich unter: www.v-r.de

Umschlagabbildung: © beeboys – Fotolia

Satz: SchwabScantechnik, Göttingen
Druck und Bindung: ⊕ Hubert & Co GmbH & Co. KG, Robert-Bosch-Breite 6, D-37079 Göttingen

Gedruckt auf alterungsbeständigem Papier.

Inhalt

Vorwort

Der Buchmarkt ist in Bezug auf Lehrbücher zur Sozialen Arbeit gut gefüllt. Auf angenehm hohem Niveau erscheinen regelmäßig Texte zu Spezialthemen wie Alter, Behindertenhilfe, Jugendhilfe, Wohnungslosenhilfe oder – derzeit verstärkt – Migration und Flucht. Zudem gibt es Standardwerke zur Geschichte, den Theorien und den Methoden der Sozialen Arbeit. Besonders für Studierende ist es zu Beginn des Studiums und erfahrungsgemäß auch noch zum Ende hin schwierig, den Überblick zu behalten. »Was ist wichtig und richtig?«, die Frage wird nach Veranstaltungen, oft mit einem durchaus verzweifelten Blick auf die bevorstehende Hausarbeit, nicht selten gestellt. Und dann kommen noch Zeitschriften, Datenbanken und internationale Recherchemöglichkeiten im »weltweiten Netz« hinzu. Den bereits im Bereich Soziale Arbeit Tätigen geht es nicht anders. Jedoch kommt bei ihnen hinzu, dass die tägliche Arbeit wenig »Raum« gibt, sich grundsätzlich und hinsichtlich aktueller Entwicklungen in der Forschung mit Themen auseinanderzusetzen. Die Empirie des Bewährten ist hier von zentraler Bedeutung. Und dann gibt es den dritten Personenkreis, der sich ohne Fachausbildung oder -studium aus unterschiedlichen Motiven ehrenamtlich im Kontext Sozialer Arbeit engagiert. Mit diesem Buch wollen wir alle drei Personenkreise ansprechen und erreichen.

Doch damit nicht genug. Denn die drei skizzierten Personenkreise ergeben zusammengefasst, wenn auch auf unterschiedlichen fachlichen Niveaus, die »Expertokratie« der Sozialen Arbeit. In einem Buch, das den Begriff Sozialraum im Titel führt, ist dies eine unzulässige Verengung der Perspektive. Würde man es dabei belassen, wäre die Folge, dass letztlich ausschließlich diese ExpertInnen gestaltungs- und handlungsfähig wären. Den AdressatInnen Sozialer Arbeit würde zumindest implizit eine Rolle zugewiesen, in der sie in der Hierarchie von Wissen und Nicht-Wissen die Nichtwissenden wären. Da dies zumindest methodisch im Widerspruch zu sozialräumlichen Ansätzen in der Sozialen Arbeit steht, richtet sich das Buch auch an AdressatInnen, die immer auch selbst AkteurInnen sind.

Wer sind die AdressatInnen Sozialer Arbeit?
Diese Frage steht im Kern sozialräumlicher Auseinandersetzung. Da das Wort »sozial« Teil der Berufsbezeichnung und/oder Tätigkeit ist, kann postuliert werden, dass alle Menschen gemeint sind. Soziale Arbeit bedeutet in Schlichtheit und überfordernder Herausforderung zugleich – am und im Sozialen (Gesellschaft) zu arbeiten. Somit sind Tätige in der Sozialen Arbeit letztlich immer auch AdressatInnen ihrer Arbeit, da auch sie Teil der Gesellschaft sind. Was das bedeutet, wurde und wird schon mit den Ambulantisierungsprozessen in der so genannten Eingliederungshilfe (Behindertenhilfe/Psychiatrie) deutlich, wenn Mitarbeitende einer stationären Einrichtung Nachbarn bekamen und bekommen, die sie sonst in der Rolle Fachkraft/AdressatIn erlebten und erleben. Die Arbeit mit geflohenen Menschen ist ein weiteres Beispiel. Aus diesem Grund geht Soziale Arbeit tatsächlich alle an. Es geht darum, gemeinsam Gesellschaft zu gestalten. Darin ist absolut Expertise gefragt. Allerdings nicht dahingehend, besser zu wissen, wie andere ihr Leben gestalten sollten, sondern Anstöße gebend unter der sozialraumorientierten Prämisse, dass jede und jeder eigene Vorstellungen davon hat, ihr oder sein Leben zu leben. Das ist der »rote Faden«, der sich durch dieses Buch zieht.

Dass hierfür als Beispiel die Bahnhofsmission gewählt wurde, geht auf Beobachtungen der Herausgeberin zurück, die sie als Leitung der Bahnhofsmission in Hamm gemacht hat. Ihr fiel nach vielen Berufsjahren in allen zentralen Handlungsfeldern der Sozialen Arbeit auf, dass diese in der Bahnhofsmission vereint zum Tragen kommen. Mit sozialräumlichem Blick kommt hinzu, dass hier aber auch Menschen angetroffen werden und Begegnungen stattfinden, die deutlich über die sonst üblichen Tätigkeiten Sozialer Arbeit hinausweisen. Das betrifft sowohl die Gäste der Bahnhofsmission als auch die dort überwiegend ehrenamtlich Tätigen. So entstand die Idee zu diesem Buch nach einem Weihnachtsessen mit dem Team der Bahnhofsmission. Wer berufstätig ist, kennt diese Tradition, einmal im Jahr mit den KollegInnen und ggf. auf Kosten des Arbeitgebers zur Weihnachtszeit essen zu gehen. Erst bei diesem Essen wurde deutlich, dass hier Menschen Zeit miteinander verbringen, die sich ohne das Bindeglied der Bahnhofsmission nicht kennen würden. Sichtbar wurde dies besonders in der Differenz, dass Menschen am Tisch saßen, für die »Essengehen« nichts Besonderes war, für andere war es ein Ausnahmehighlight. Diese Differenz war zuvor in der Bahnhofsmission zwar bekannt, aber nicht bedeutsam gewesen. Nach dem Essen wurde nicht begonnen, die Unterschiedlichkeiten, die wesentlich materiell waren, zu schärfen. Vielmehr entstand ein Bewusstsein über die Tatsache, dass die Bahnhofsmission dafür sorgt, dass sich Menschen begegnen, die sich sonst nicht begegnen. Das ist eine Bereicherung für alle Beteiligten.

Die Erkenntnis nach dem Essen, an dem auch der Herausgeber als ehrenamtlich Tätiger teilgenommen hat: Die Bahnhofsmission ist ein Ort, mit dessen Hilfe dargestellt werden kann, was Sozialraum und sozialräumliches Handeln bedeutet. Geschrieben wurden die Beiträge des vorliegenden Bandes dann doch von Menschen aus der Wissenschaft und der Praxis. Die dabei eingenommenen Perspektiven decken jedoch alles ab, was wir in diesem Vorwort dargestellt haben. Daher ist es – zumindest dem Anspruch nach – ein Buch für alle.

Das Buch ist in zwei Teile, »Grundsätzliches« (Teil 1) und »Sozialräume in Handlungsfeldern« (Teil 2), gegliedert. Da mehrere Begriffe zusammenwirken, stellt *Frank Dieckbreder* zunächst den aktuellen wissenschaftlichen Stand zu den Theorien und Methoden im Kontext zu Sozialraumorientierung im Kapitel *Sozialraum und Sozialraumorientierung* vor. *Thomas Zippert* verwebt in *Bahnhof – als (sozialer) Raum?* persönliche Erfahrungen und wissenschaftliche Erkenntnisse zu einer in Teilen erzählerischen Reflexion über den Bahnhof. In der Folge zeichnet *Bruno W. Nikles Die Geschichte der sozialen Hilfe am Bahnhof* nach, die *Christian Bakemeier* dann in *Die Aufgaben der Bahnhofsmission* in die Gegenwart fortschreibt.

Der zweite Teil beginnt mit der zentralen Säule der Bahnhofsmissionen, dem Ehrenamt. *Jonas Meine* hat diese Aufgabe unter Mitarbeit von *Karen Sommer-Loeffen* in *Zum Ehrenamt in der Bahnhofsmission* beschrieben. *Andreas Wolf* nimmt in seinem Beitrag *Endstation Bahnhof? – Die Zwiespältigkeit des Sozialraums für wohnungslose Menschen* ein zentrales Thema der Bahnhofsmissionen in den Blick. Hinsichtlich der Auseinandersetzung mit Handlungsfeldern schließen *Frank Dieckbreder* und *Sarah Dieckbreder-Vedder* mit *Eingliederungshilfe als sozialräumliche Handlungsoption in Bahnhofsmissionen* an den vorangegangenen Beitrag an. Erweitert wird das, was mit Eingliederungshilfe möglich und nicht möglich ist, von *Michael Schulz, Michael Löhr* und *Pascal Wabnitz* in ihrem Text *Die Arbeit der Bahnhofsmission als Beitrag der psychiatrischen Versorgung vor dem Hintergrund von Community Mental Health. Alla Koval* nimmt mit *Migration im sozialräumlichen Kontext der Bahnhofsmission am Beispiel der Flüchtlingsarbeit* ein Kernthema in den Blick, das, wie sie zeigt, schon immer für Bahnhofsmissionen bedeutend war. *Christian Oelschlägel* und *Claudia Graf* zeigen in *Kirche und Seelsorge* ganz konkret, was die heutige Arbeit der Bahnhofsmissionen aus dieser Perspektive bedeutet. In *Milieuübergreifende Freundschaften durch inklusive Sozialräume am Beispiel der Bahnhofsmission in Hamm* stellt *Jonas Meine* eine Studie vor, die er im Rahmen seiner Bachelorarbeit durchgeführt hat. Abschließend setzt sich *Frank Dieckbreder* in *Ökonomie und Solidarität* mit Finanzierungsmodellen von Bahnhofsmissionen auseinander.

Zu den Texten ist anzumerken, dass sie ein Spektrum dessen darstellen, was unter dem Begriff »Sozialraum« in der gegenwärtigen Diskussion verstanden wird. Bei der Lektüre des Bandes zeigt sich somit ein ganzheitliches Bild der Einheit und gleichzeitigen Vielschichtigkeit der Diskussion. Es ist jedoch auch möglich, einzelne Beiträge zu lesen. Um dies zu ermöglichen, wurden bei der Gesamtlektüre auftretende Redundanzen bewusst belassen, die zudem unter dem Aspekt des Lernens als Vorteil zu werten sind. Am Ende eines jeden Kapitels fasst die Seite *Wichtiges in Kürze* den (prüfungs-)relevanten Ertrag noch einmal übersichtlich zusammen, sodass sich der Band auch vortrefflich seminarbegleitend und zur Vorbereitung auf Examina nutzen lässt.

Das Buch wäre nicht entstanden, wenn nicht Frau Dr. Gießmann-Bindewald vom Verlag Vandenhoeck & Ruprecht den entscheidenden Anstoß gegeben hätte. Gemeinsam haben wir das Konzept entwickelt und in angenehmster Weise kontinuierlich das Manuskript zur Druckreife gebracht. Für den Anstoß, die unkomplizierte Zusammenarbeit und hohe Professionalität bedanken wir uns als HerausgeberInnen und freuen uns über das Ergebnis.

Das Buch wäre auch nicht entstanden, ohne dass die AutorInnen sich auf das Projekt eingelassen sowie fristgerecht und auf hohem Niveau ihre Beiträge eingereicht hätten. Sozialräumlich hat sich in der Zusammenarbeit unser Netzwerk erweitert, und inhaltlich gehen wir mit deutlich mehr Wissen als zuvor aus dieser Zeit hervor. Wir danken den AutorInnen daher persönlich und wünschen ihren Beiträgen eine breite LeserInnenschaft.

Bielefeld, im April 2016

Frank Dieckbreder und Sarah Dieckbreder-Vedder

Teil 1: Grundsätzliches

Sozialraum und Sozialraumorientierung

Frank Dieckbreder

1. Einleitung

Soziale Räume sind wesentlich dadurch gekennzeichnet, dass sie über Grenzen, wie sie z. B. in Form von Quartieren in einem Stadtplan verzeichnet sind, hinausweisen können. Soziale Räume sind auch Räume, die sich nicht auf Räumlichkeit im Sinn eines geschlossenen Zimmers reduzieren lassen. Sie können alles überschreiten, was z. B. geografisch einschränkt. Denn soziale Räume können ebenso frei sein wie die sprichwörtlichen Gedanken.

Der Vergleich von Sozialräumlichkeit und Gedanklichkeit ist insofern möglich, als die menschliche Sehnsucht nach Sozialität, wie sie schon bei Aristoteles beschrieben wird (Aristoteles 1995, S. 88), dazu führen kann, dass ein Mensch an einem Ort an einen anderen Menschen an einem anderen Ort denkt.

Diese Überlegung ist auch abstrakter möglich. So z. B., wenn jemand eine Reise in eine fremde Stadt oder ein dieser Person unbekanntes Land plant. Vielleicht gibt es räumliche Assoziationen mit der Stadt und/oder dem Land. Der Eiffelturm in Paris oder die Freiheitsstatue vor New York sind Beispiele dafür. Solche erschaffenen Räumlichkeiten sind insofern Ausdruck von Sozialität, als sie nicht »nur« von Menschen erdacht und gebaut wurden, sondern die reale Konstruktion das Ergebnis eines gemeinsamen Handelns ist. Und die Tatsache, dass solche Bauwerke symbolisch für etwas stehen, wie im Fall des Eiffelturms – bei allem Unwillen besonders der Pariser Kunstszene gegen diese »monstrueuse tour Eiffel« (Bermond 2002, S. 275) zur Zeit der Erbauung – sozusagen nachträglich für die Stadt der Liebe. Für die ebenfalls aus Frankreich stammende Freiheitsstatue (Freiheit, Gleichheit, Brüderlichkeit) in New York – das Erste, was die EinwanderInnen vom Land ihrer Sehnsucht erblickten – kann als Stützung der These einer Nichtbegrenzbarkeit des Sozialen Raums geltend gemacht werden.

Räumlich gesehen stehen auch Bahnhöfe in sozialräumlicher Beziehung zueinander. Wenn ich mich entscheide, mit dem Zug zu fahren, so führt mich mein Weg zu einem Bahnhof, von dem aus ich weitere Bahnhöfe erreiche, bis zu jenem, an dem ich aussteige.

Im Kontext der Sozialen Arbeit wird das Thema »Sozialraum« wesentlich so gefasst, wie es in den vorangegangenen Zeilen beschrieben wurde. Als Handlungswissenschaft folgt daraus eine problembezogene Theoriebildung, wie sie von Staub-Bernasconi (2007, S. 271) definiert wird:

»Problembezogene Arbeitsweisen konkretisieren ein Postulat, über das in den Natur- und Humanwissenschaften wie in professionellen Kreisen Einigkeit besteht, ohne dass es immer verwirklicht wäre, dass nämlich nicht die Methoden oder Verfahren die Inhalte, Fragestellungen und Probleme, sondern die Inhalte und Probleme die Wahl der Verfahren bestimmen sollten.«

Um dieses Diktum zu »verwirklichen«, wird im weiteren Verlauf zunächst ein Überblick über die theoretischen Auseinandersetzungen zum Thema »Sozialraum« gegeben. Aufgrund der inzwischen zahlreichen Publikationen wird eine repräsentative Auswahl von AutorInnen gewählt, die zum einen (nach der Einschätzung des Verfassers) wesentliche »Player« der Diskussion sind und zum anderen die letztlich geringe Varianz der Auseinandersetzung zeigen. Wie in der Sozialen Arbeit üblich, wird auch auf Bezugswissenschaften wie Soziologie und Geschichte eingegangen, die in diesen Beispielen die von Staub-Bernasconi geforderten Problembezogenheiten erfüllen.

In der Folge werden dann Zusammenhänge zu Methoden aufgezeigt, die ebenfalls aufgrund der Vielfalt des Angebots lediglich einen Ausschnitt darstellen können. Sie sind sowohl bezogen auf die vorangegangenen Theorien als auch auf das dem Gesamtbuch zugrunde liegende Beispiel der Bahnhofsmission, das im vierten Kapitel dargestellt wird. Im Fazit und Ausblick sowie in den Literaturhinweisen werden darüber hinaus Vertiefungsmöglichkeiten aufgezeigt und ein Grundsatz sozialräumlichen und sozialraumorientierten Handelns festgelegt.

2. Allgemeine Darstellung: Sozialraumtheorie

Sozialraumtheorien liegen Theorien des Sozialen und des Raums zugrunde. Es handelt sich somit um die Zusammenführung zweier Begriffe, um die jeweilige Bedeutung in einen Zusammenhang zu bringen, aus dem heraus etwas Eigenes entsteht. Dialektisch gesprochen entsteht aus der These *Sozial* und der Antithese *Raum* dann synthetisch *Sozialraum*.

Während der Begriff des Raums zumindest in seiner physischen Form z. B. als Zimmer sehr konkret ist, ist der des Sozialen ungleich herausfordernder. Zwar ist das Wort *sozial* namensgebend sowohl für wissenschaftliche Disziplinen wie Soziale Arbeit, Sozialpädagogik und Soziologie, als auch alltagssprachlich für positiv verstandenes menschliches Verhalten, aber darin zunächst a priori als Sinn gebend. Mit anderen Worten, was *sozial* ist, dafür wird gemeinhin Konsens vorausgesetzt.

Alltagsweltlich ist dieser unreflektierte Umgang mit dem *Sozialen* Bedingung, um miteinander auszukommen. Theoretisch grundgelegt ist diese These in der Sozialisationsforschung. Diesbezüglich schreibt Biermann (2013, S. 63) übereinstimmend mit dem Forschungsstand:

»Von grundlegender Bedeutung für die soziale Entwicklung eines Menschen sind dabei sicherlich jene zentralen kulturellen Inhalte – Basis-Werte, -Symbole und -Wissen –, deren Beherrschung nicht nur Bedingung gesellschaftlicher Tüchtigkeit in einem kulturellen Milieu ist, die vielmehr zunächst einmal Grundlage für sekundäre Sozialisationsprozesse in diversen sozialen Bereichen (Beruf, Politik, Schule u. ä.) sind. Mit der Aneignung dieser Inhalte [...] entwickelt sich die so genannte soziokulturelle Basispersönlichkeit als Inbegriff eines Charaktertyps, dem die Menschen einer sozialen Schicht, eines Milieus, einer Geschichtsepoche oder einer sonstigen kulturell bedeutsamen, gemeinsamen Soziallage alle mehr oder weniger folgen, und der sie von den Mitgliedern eines fremden Kulturkreises unterscheidet.«

In diesem Zitat sind alle wesentlichen Grundbedingungen für unreflektierte soziale Handlungsweisen und somit eines Verständnisses dessen, was *sozial* ist, beschrieben. Als übergeordneten Kontext führt Biermann einen Kulturkreis an. Dieser ist in soziale Schichten, Milieus etc. zu unterteilen. Damit wird deutlich, dass der Abstraktionsgrad steigt, respektive die Bedeutung dieser übergeordneten Ebene für den Einzelnen sinkt, sobald die Einheiten größer werden.

Dieser Betrachtungsweise liegt in der Gesellschaftsbeschreibung die Systemtheorie zugrunde, wie sie im deutschen Sprachraum (mit internationaler Wirkung) wesentlich durch Niklas Luhmann geprägt wurde. Luhmann (1987) beschreibt Gesellschaft als »Soziale Systeme«. Mit dieser Theorie kann anhand der von Luhmann dargestellten Differenz von System und Umwelt genauer dargestellt werden, was Biermann hinsichtlich der Sozialisationstheorie mit Milieu, Kulturkreis etc. herausgearbeitet hat. Luhmann schreibt, »*daß die Umwelt immer sehr viel komplexer ist als das System selbst*«[1] (S. 249). Wird nun also ein bestimmter Lebenszusam-

1 Hervorhebung im Original.

menhang als ein System verstanden, so stellen alle Lebenszusammenhänge anderer die Umwelt dar, die zusammen das »Gesamtsozialsystem der Gesellschaft« (ebd.) bilden. Für den einzelnen Menschen ist der prägende Lebenszusammenhang z. B. die Familie, das Wohnumfeld, die Einkommensverhältnisse der Eltern etc. Er ist ihm näher als der anderer Menschen aus anderen Lebenszusammenhängen. Er steht jedoch in einem Zusammenhang zu den jeweils anderen sowohl in der Differenz als auch in der Anknüpfbarkeit an System und Umwelt, die dazu beitragen, das eigene System zu konstituieren. Die Differenz zur Umwelt ist hierbei der Faktor, der das eigene System für sich selbst und die Umwelt sichtbar werden lässt.

Da also das Soziale wesentlich durch die Differenz geprägt ist, versuchen Soziale Systeme, diese zu kultivieren. Sie machen die Differenz für die Umwelt sichtbar und erlangen so Identität. Und weil dies alle Systeme tun, stehen Systeme niemals still, sondern reproduzieren Vorhandenes und integrieren Neues, sofern es der Erhaltung des eigenen Systems dient. Auf diese Weise gibt es sowohl spezifische, als auch übergreifende Aspekte innerhalb von Sozialen Systemen. Ein Beispiel: Wird ein Kulturkreis als eine Klammer angenommen, so gibt es z. B. in der Bundesrepublik eine alle Sozialen Systeme gleichermaßen betreffende Schulpflicht. Diese ist somit integraler Bestandteil aller in der Klammer befindlichen Systeme. Die Ausgestaltung dieser Pflicht ist dann jedoch systemabhängig, was Begriffe wie »Bildungsgefälle« anzeigen.

Mit diesen theoretischen Herleitungen ist skizziert, wie das Soziale auf der Ebene des nicht reflektierten Handelns erklärt werden kann. Es ist nun angezeigt, auf den Raum zu sprechen zu kommen.

Die räumliche Verortung des Sozialen geschieht auf den ersten Blick durch die Zuordnung zu Wohnquartieren. Grundgelegt ist hierbei erneut eine Differenz – z. B. zwischen einem Hochhausblock und einer Villensiedlung. Mit dieser Differenz ist gezeigt, dass die räumliche Lage die soziale Lage von Menschen bestimmt, mit der überwiegend eine ökonomische Potenz gemeint ist. Das in der Theorie genutzte Synonym dieser Differenz in diesem Zusammenhang lautet »soziale Ungleichheit«.

»Von Sozialer Ungleichheit sprechen wir, wenn Menschen mit so genannten wertvollen Gütern ihrer Bezugsgesellschaft nicht ausreichend ausgestattet sind. Zu diesen Gütern zählen die materielle Ausstattung, Bildungsabschlüsse und gesunde Lebens- und Arbeitsbedingungen […]« (Ansen 2008, S. 57).

Räumlich lässt sich die Differenz der sozialen Ungleichheit in dem plakativen Beispiel von Hochhausblock und Villensiedlung allein daran aufzeigen, dass im Hochhausblock viele Menschen wenig Raum und in der Villensiedlung wenige Menschen viel Raum zur Verfügung haben. Der Raum ist somit ein Ausdruck sozialer Ungleichheit. Es ist in diesem Beispiel auch möglich, die soziale Ungleichheit in der Differenz von *verdichtetem* Raum und *gestreutem* Raum zu verdeutlichen. Im Fall dieser Differenz handelt es sich um ein soziales Phänomen, das Ungleichheit in Bezug auf Räumlichkeit als Sozialräumlichkeit aufzeigt.

Gut dargestellt ist dieses Phänomen in der Sinus-Milieustudie.[2]

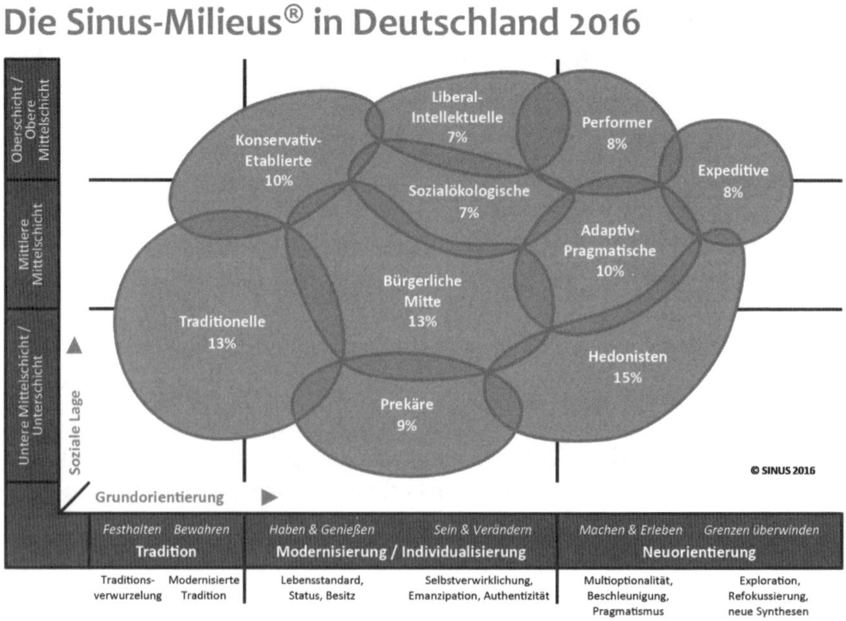

Quelle: http://www.sinus-institut.de/sinus-loesungen/sinus-milieus-deutschland/

In dieser regelmäßig vom Sinusinstitut – letztlich zu Marktforschungszwecken und somit für die Soziale Arbeit unverdächtigen – durchgeführten Studie wird gezeigt, wie soziale Ungleichheit sozialräumlich wirkt. So wird das »Prekäre Milieu« beschrieben als:

2 Es muss gleich bei der Einführung dieser Studie darauf hingewiesen werden, dass von Sinus (wissenschaftlich unsauber) ein Milieubegriff verwendet wird, der lediglich auf statistische Datenerhebung zielt. Wesentlich ökonomisch argumentiert werden dabei Menschen bestimmten Attributen zugeordnet, die sich aus finanziellen Möglichkeiten ergeben. Daraus ist nicht abzuleiten, dass die tatsächlichen Menschen sich tatsächlich so verhalten.

»Die um Orientierung und Teilhabe (›dazu gehören‹) bemühte Unterschicht: Wunsch, Anschluss zu halten an die Konsumstandards der breiten Mitte - aber Häufung sozialer Benachteiligungen, Ausgrenzungserfahrungen, Verbitterung und Ressentiments« (http://www.sinus-institut.de/fileadmin/user_data/sinus-institut/Bilder/sinus-mileus-2015/2015-09-25_Informationen_zu_den_Sinus-Milieus.pdf, S. 16, Zugriff am 19.03.2016)

Dem stehen [auch (geo-)graphisch] Milieus wie »liberal-intellektuell« und »expeditiv« gegenüber. Sie werden in der Studie wie folgt beschrieben:

»***Liberal-intellektuelles Milieu***[3] Die aufgeklärte Bildungselite: kritische Weltsicht, liberale Grundhaltung und postmaterielle Wurzeln; Wunsch nach Selbstbestimmung und Selbstentfaltung« (ebd.)

»***Expeditives Milieu***[4] Die ambitionierte kreative Avantgarde: Transnationale Trendsetter - mental, kulturell und geografisch mobil; online und offline vernetzt; nonkonformistisch, auf der Suche nach neuen Grenzen und neuen Lösungen« (ebd.).

Es muss nicht betont werden, dass die Grundlage sozialer Ungleichheit und damit einhergehende sozialräumliche Verschiedenheit aus finanziellen (Nicht-)Möglichkeiten herzuleiten ist. Da dieser Aspekt von mir an anderer Stelle in diesem Band dezidiert in den Blick genommen wird, kann er hier vernachlässigt und auf die Sozialräumlichkeit reduziert werden. Diesbezüglich wird im Vergleich der unterschiedlichen Milieus deutlich, dass die für das »expeditive Milieu« nachgewiesene »geographische Mobilität« eine deutliche sozialräumliche Differenz zum »prekären Milieu« darstellt. Während die einen danach streben, ihr geografisches soziales Umfeld zu verlassen, respektive sich aufgrund von Mobilitätsmöglichkeiten als global definieren (können), streben (womöglich) die anderen danach, wenigstens Anschluss an den geografischen und sozialen Nahraum zu finden. Hierauf wird im Kapitel »Ökonomie und Solidarität« noch genauer eingegangen. An dieser Stelle werden jetzt weitere Sozialraumdefinitionen auf der Grundlage des Postulats der sozialen Ungleichheit vorgestellt.

Im Kontext aller Sozial- und in Teilen der Geisteswissenschaften ist das Fragen nach sozialer Ungleichheit ein Kernthema. Und weil Wissenschaften im System Bildung als einzelne Disziplinen wieder Teilsysteme sind, liegt die Differenz zu anderen Disziplinen u. a. in unterschiedliche Fragestellungen.

---

3 Hervorhebung im Original.
4 Hervorhebung im Original.

So fragt der Historiker Jürgen Osterhammel (2013) in seinem Buch *Die Verwandlung der Welt – Eine Geschichte des 19. Jahrhunderts,* nachdem er analog zum hier dargestellten Begriffsphänomen des zusammengesetzten Wortes *Sozialraum* auf den *Zeitraum* verweist:

»Gibt es überhaupt reinen Raum oder nur relationalen Raum, der sich auf die Lebewesen bezieht, die jeweils in ihm existieren? Ist Raum nicht überhaupt erst dann ein Thema [...], wenn Menschen ihn zu gestalten versuchen, wenn sie ihn mit Mythen beladen, ihm einen Wert zuschreiben? Kann Raum etwas anderes sein als ein Ensemble von Orten?« (S. 130)

Und er antwortet:

»Eine Epoche ist ihrem Wesen nach zeitlich definiert. Zugleich aber lassen sich ihre räumlichen Konfigurationen beschreiben. Das wichtigste Grundmuster solcher Konfigurationen ist das Verhältnis von Zentren und Peripherien.« (S. 131)

Das Zentrum sei dabei der Sitz von Macht, Kreativität[5] usw., indes Peripherien in Abhängigkeit von diesen »Vorgaben« stünden. Auf der anderen Seite seien von Peripherien durchaus Impulse ausgegangen; letztlich aber in der Konsequenz, dass die Peripherie selbst zum Zentrum wird. Damit folgt Osterhammel dem berühmten Diktum Spenglers, dass Weltgeschichte Stadtgeschichte sei (vgl. Spengler 1997, S. 40).

Dieser historische Blick auf (Zeit-)Räume (hier auch Orte) ist, wie den Fragen Osterhammels entnommen werden kann, zugleich sozialräumlich zu verstehen. Sie knüpfen dabei durchaus an die These des Soziologen Pierre Bourdieu (1998, S. 15) an, dass das Reale relational sei. Etwas einfacher formuliert, stellt Bourdieu die These auf, dass Realität Beziehung sei, wodurch in der Umkehrrechnung herauskommt, dass Beziehungen die Realität bilden.[6] Dies vorausgesetzt, zielt Bourdieu in seiner Theorie des sozialen Raums jedoch in andere Kategorien. Er schreibt:

»Der soziale Raum ist so konstruiert, daß die Verteilung der Akteure oder Gruppen in ihm der Position entspricht, die sich aus ihrer statistischen Verteilung nach *zwei*

5 Daraus resultierend könnte ergänzt werden: Soziale Ungleichheit. In Zentren dann z. B. einhergehend mit so genannten »Brennpunkten« etc.

6 Ein konkretes Beispiel hierfür liefert Jonas Meine in diesem Band, wenn er den Begriff der Freundschaft in Bezug auf Sozialraum darlegt.

Unterscheidungsprinzipien[7] ergibt, [...], nämlich das ökonomische Kapital und das kulturelle Kapital. Daraus folgt, daß die Akteure umso mehr Gemeinsamkeiten aufweisen, je näher sie einander diesen beiden Dimensionen nach sind, und umso weniger Gemeinsamkeiten, je ferner sie sich in dieser Hinsicht stehen.« (S. 18)

Es mag (nicht ausschließlich bei Bourdieu) eine gewagte Reduktion sein, lediglich auf zwei Unterscheidungsmerkmale zu verweisen. Es genügt jedoch an dieser Stelle der Hinweis auf die oben beschriebene Differenz zwischen Villensiedlung und Hochhausblock, respektive die in der Sinus-Studie dargestellten Milieus, um diese Theorie des sozialen Raums nachvollziehen zu können.

Die Soziologin Martina Löw (2012, S. 224) schließt in ihrem Buch *Raumsoziologie* an die Bourdieu'sche Terminologie an, wenn sie schreibt: »*Raum ist eine relationale (An)Ordnung sozialer Güter und Menschen (Lebewesen) an Orten.*«[8] Und freilich ohne direkte Bezugnahme antwortet sie auf die Frage von Osterhammel, ›ob Raum etwas anderes als ein Ensemble von Orten sein könne?‹ wenn sie darlegt:

»Orte werden durch die Platzierung sozialer Güter oder Menschen kenntlich gemacht [...]. Der Ort ist somit Ziel und Resultat der Platzierung und nicht wie Güter/Menschen selbst platziertes Element. Orte können allerdings als Ensemble sozialer Güter in Synthesen eingehen. Die Konstitution von Raum bringt systematisch Orte hervor, so wie Orte die Entstehung von Raum erst möglich machen.« (ebd.)

Daraus geht hervor, dass es eine Wechselwirkung von Ort und Raum gibt. Diese besteht seit den Anfängen der Menschheit. Auf der Suche nach Schutz vor Wetter, Tieren und anderen Menschen suchten Menschen nach natürlichen Räumen, die sie in Form von Höhlen fanden. Der Raum einer Höhle reichte jedoch nicht aus, um dort leben zu können. Die örtlichen Begebenheiten mussten als wechselseitige Bedingung die Versorgungsmöglichkeit mindestens mit Trinkwasser und Nahrung bieten. Als dann die Menschen begannen, selbst Räume zu schaffen, wurden diese auf der Grundlage von örtlichen Begebenheiten platziert (Löw). Aus diesem Grund liegen bis heute viele Orte z. B. an einem Fluss. Im Löw'schen Sinn sind dort Menschen und Güter platzierte Elemente, sodass aus Raum und Ort eine soziale Dimension resultiert. Und zwar die Dimension sozialer Ungleichheit. Sei es mittelalterlich manifestiert durch Burgen und Schlösser oben auf dem Berg und den immer weiter ins Tal

7 Hervorhebung im Original.
8 Hervorhebung im Original.

reichenden und daher weniger komfortablen und vor Angriffen geschützten Ansiedlungen des (wiederum nach Finanzmitteln unterteilbaren) Volkes, sei es durch die *gestreute* Villensiedlung und den *verdichteten* Hochhausblock. Oder sei es durch die Differenz, als Reisender im Bahnhof einen *Coffee to go* beim Bäcker zu kaufen oder in der Bahnhofsmission auf der Suche nach Wärme einen Kaffee zu erbitten.

Die beiden Sozialraumforscher Fabian Kessl und Christian Reutlinger (2010, S. 21) stellen in diesem Zusammenhang fest, [dass] »die raumtheoretische Grundannahme [...] lautet: *Räume sind keine absoluten Einheiten, sondern ständig (re)produzierte Gewebe sozialer Praktiken.*« Deshalb gäbe es auch keinen absoluten Raum, sondern der Raum sei relativ. Die Kernthese bei Kessl und Reutlinger besteht darin, dass sie, überleitend auf die handlungstheoretische Perspektive der Sozialen Arbeit, die Notwendigkeit beschreiben, die Materialität des Raums mit der von Menschen konstruierten Perspektive auf diese Räume zu verknüpfen. Sie schreiben:

> »Konstruktivistische und materialistische raumtheoretische Einsichten sind miteinander zu vermitteln. Die Rede vom Raum und die Ordnung des Räumlichen sind keine unabhängigen Ebenen, sondern notwendig aufeinander verwiesen. Erforderlich ist deshalb ein *relationaler Begriff*[9] des Raums.« (S. 28)

Werden alle hier geschilderten Theorieansätze zusammengefasst, sind die Begriffe Raum, Ort, Mensch(en), Relationalität und Güter besonders hervorzuheben, die in ihrer Wechselwirkung den Kern sozialraumtheoretischer Auseinandersetzung bilden. Da in der sozialwissenschaftlichen Forschung der Fokus auf den Menschen und ihren Interaktionen liegt, kann somit gesagt werden, dass Raum, Ort und Güter das Beziehungsgeflecht (Relationalität) von Menschen wesentlich beeinflussen. Wie dies geschieht, wird von dem Sozialpädagogen Hans Thiersch mit seiner Theorie der Lebensweltorientierung aufgegriffen, die im Folgenden dieses Kapitel abschließend und zum nächsten überleitend dargestellt wird.

In den einleitenden Bemerkungen zu ihrem Buch *Praxis Lebensweltorientierter Sozialer Arbeit* (2008, S. 14 f.) schreiben die Herausgeber Klaus Grundwald und Hans Thiersch:

9 Hervorhebung im Original.

»Das Konzept Lebensweltorientierung erhält eine besondere Relevanz angesichts der *neueren gesellschaftlichen Entwicklungen*[10], wie sie unter den Titeln der reflexiven Moderne, aber auch der Gesellschaft der Unübersichtlichkeit, der Risikostruktur oder neuer Anomien charakterisiert werden [...]. Gesellschaft ist bestimmt durch sich diversifizierende und wieder zunehmende soziale Ungleichheiten [...], ebenso aber durch Verunsicherung lebensweltlicher Erfahrungen in Deutungs- und Handlungsmustern im Kontext der Individualisierung der Lebensführung und der Pluralisierung von Lebenslagen.«

Mit diesem Zitat wird der Kreis des oben postulierten und an Beispielen wie Villensiedlung und Hochhausblock verdeutlichten sozialwissenschaftlichen Kernthemas der »sozialen Ungleichheit« geschlossen. Wesentlich ist darüber hinaus für die Sozialraumtheorie, auf die Differenz zwischen Lebenswelt und Lebenslage zu fokussieren. Diese besteht darin, dass nach Thiersch die Lebenswelt die Perspektive beschreibt, die ein Individuum auf seine eigene Lebenssituation hat. Die Lebenslage hingegen ist in Bezug dazu die vermeintlich objektive Einschätzung der Lebenssituation durch Dritte. Diese Differenz lässt sich erneut gut an dem Beispiel von Hochhausblock und Villensiedlung verdeutlichen.

Anschließend an Bourdieu und Löw ist zu vermuten, dass die Lebenslage von Menschen im Vergleich der beiden Wohnoptionen anhand von Güterverteilungen vorgenommen würde. Bei einer solchen Wahrnehmung würde dann durchaus wertend die Lebenslage von Menschen, die in einer Villa leben, als besser eingeschätzt als die von jenen, die im Hochhausblock wohnen. Lebensweltlich, also bezogen auf die Selbstwahrnehmung der Lebenssituation, muss diese Einschätzung jedoch nicht deckungsgleich sein. Der wesentliche Aspekt, auf den Thiersch in Bezug auf seinen lebensweltorientierten Ansatz immer wieder hinweist, besteht darin, dass im professionellen Handeln die Lebenslage grundsätzlich berücksichtigt, die Lebenswelt jedoch handlungsleitend sein muss.

Der letzte Hinweis macht deutlich, dass der sozialpädagogische Ansatz von Thiersch – über die Handlungstheorie hinaus – bereits praxisbezogen ist. Deshalb wird dieser Aspekt, verwoben mit weiteren theoretisch-methodischen Ansätzen, im folgenden Kapitel beschrieben.

10 Hervorhebung im Original.

3. Theoriebezogene Methoden im sozialräumlichen Kontext

Prominent ist dieses Kapitel mit Wolfgang Hinte einzuleiten, der als einer der wichtigsten Vertreter des umfangreichen »Methodenkoffers«[11] hinsichtlich der Arbeit im sozialräumlichen Kontext zu nennen ist. Nicht selten der »klassischen Trias«[12] der Sozialen Arbeit, bestehend aus Einzelfallhilfe, Gruppen- und Gemeinwesenarbeit (GWA)[13] zugeordnet, ist er dem letztgenannten Ansatz sowohl als Theoretiker und Akteur als auch als wesentlicher Fortschreiber und Überleiter der von ihm am »Institut für Stadtbezogene Soziale Arbeit und Beratung« (ISSAB) entwickelten Sozialraumorientierung zuzuordnen. In seinem gemeinsam mit Helga Treeß veröffentlichten Buch *Sozialraumorientierung in der Jugendhilfe* (2007) legt er sowohl den Bruch mit der GWA als auch die Sozialraumorientierung als Handlungsalternative[14] dar, indem er zunächst von der Krise der GWA berichtet (S. 24 ff.). Ausgehend davon, dass die GWA ein Ansatz sei, mit dem professionelle AkteurInnen versuchen, durch »soziale Interventionen« z. B. in so genannten Brennpunkten Potenziale und Ressourcen von dort lebenden Personen und Gruppen zu stärken, sei die Krise dieses Ansatzes Ende der 70er-, Anfang der 80er-Jahre u. a. dadurch ausgelöst worden, dass es zu Streitigkeiten zwischen unterschiedlichen Interessengruppen wie Politik und Freien Trägern gekommen sei (ebd.). Ergänzend muss gesagt werden, dass das Paradoxon der GWA letztlich unauflöslich darin besteht, dass die AdressatInnen zwar hinsichtlich ihrer eigenen Möglichkeiten gestärkt werden sollen, dies jedoch unter dem Postulat, diese nur durch professionelle, ggf. auch dauerhafte Hilfe zu erlangen.

Dieser Gemengelage aus Interessenkonflikten und »Pseudo-Empowerment« stellt Hinte (2007, S. 30 f.) die Sozialraumorientierung entgegen, indem er mit zwei Wesensmerkmalen sozialräumlicher Interpretation argumentiert.

»*Zum einen*[15] wird der Sozialraum definiert durch die Individuen selbst. Menschen handeln [...] immer auf der Grundlage ihrer Wahrnehmung der Bedingungen und Ereignisse ihrer definierten Bedeutungen im jeweiligen Feldzusammenhang [...]. [...] Platt gesagt: jede/r sieht die Dinge anders. Im Grunde gibt es so viele Sozial-

11 Vgl. Literatur.

12 Hinte selbst hält diese in Lehrbüchern immer wieder aufgegriffene Verortung der Sozialen Arbeit in Übereinstimmung mit dem Autor dieses Beitrags für falsch, da es um, wenn auch nicht letztbegründende und somit allgemeine, aber doch einheitliche sozialarbeiterische Prinzipien (nach Hinte Sozialraumorientierung) und nicht um das Dividieren von Handlungsansätzen nach letztlich persönlicher Fasson der SozialarbeiterInnen gehen sollte.

13 Vgl. weiterführende Literatur.

14 Hinte bezeichnet die Sozialraumorientierung als »Fachkonzept«.

15 Hervorhebung im Original.

räume wie Individuen. Die Art und Weise, wie sich Menschen etwa ein räumliches Gebiet aneignen, was sie ›aus ihm machen‹, wie sie es für sich nutzen, wie sie mit Einschränkungen umgehen, wie sie es herrichten [...] und wie sie es anreichern, ist für sozialräumliches Arbeiten von großer Bedeutung.«

Das Zitat verdeutlicht eine Nähe zum Thiersch'schen Ansatz der Lebensweltorientierung. In beiden geht es darum, sich handlungsleitend an dem zu orientieren, was Menschen vorgeben. Doch in Bezug auf Lebenswelt die Lebenslage als im Grunde zweiten Faktor der Einordnung der Lebenssituationen von Menschen zu interpretieren, ist – quasi als professionelle »Draufsicht« – eine grundsätzlich notwendige Vergleichsgröße in der Sozialraumorientierung – nach Hinte deutlicher im ersten Merkmal verhaftet. Hinte schreibt:

»*Zum anderen*[16] wird der Sozialraum als Steuerungsgröße genutzt, definiert von Institutionen, die bezogen auf ein Wohngebiet Personal und Geldströme konzentrieren. Diese großen räumlichen Einheiten erfassen nie präzise die zahlreichen und vielfältigen individuellen Definitionen von Sozialräumen, sie werden jedoch sinnvollerweise geschnitten anhand möglichst plausibler und nachvollziehbarer, subjektiv vorgenommener Gebietsdefinitionen und sind somit Bindeglied der verwaltungsseits notwendigen Ordnungskategorie einerseits und den lebensweltlich vorgenommenen Raumdefinitionen andererseits.« (S. 32)

In diesem Zitat zeigt Hinte eindrücklich die Einbindung der Lebensweltorientierung in das Konzept der Sozialraumorientierung, indem er die Bedeutung des »jede/r sieht die Dinge anders« (S. 30) als zentrales Merkmal der Handlungsorientierung in die institutionelle (und organisationale) Ebene überträgt. Zugleich deutet er im Zitat an, dass diese Herangehensweise für professionelle AkteurInnen herausfordernd ist, weil sie (wie üblich) im (mindestens) »doppelten Mandat«[17] der Sozialen Arbeit agieren. Für die Bewältigung dieser Herausforderung schlägt Hinte insgesamt fünf Prinzipien vor (vgl. u. a. Fürst/Hinte 2014, S. 15), die handlungsorientiert die Basis jeglicher sozialraumorientierter Intervention beim Willen des Menschen (AdressatIn) festlegen (1) und über Aktivierung (2), Ressourcenorientierung (3), zielgruppen- und bereichsübergreifendes Handeln (4) zur Vernetzung im Sinn von Kooperation zwischen

16 Hervorhebung im Original.

17 Mit dem »doppelten Mandat« wird die Arbeitsrealität von SozialarbeiterInnen bezeichnet, sich zum einen AdressatInnen und zum anderen dem Staat als Auftraggeber gegenüber zu sehen. Bei genauer Betrachtung fällt auf, dass es im Grunde noch mehr Mandate sind; z. B. gegenüber der Gesellschaft insgesamt, einer Nachbarschaft, dem Arbeitgeber in Freier Trägerschaft usw.

sozialen Diensten und Verwaltung (5) führen. Letzteres dann auch über juristische Felder hinweg; denn die sozialräumliche Nähe von Familienmitgliedern ist schwerlich in z. B. Jugendhilfe und Eingliederungshilfe zu differenzieren.

Für eine methodische Differenzierung der Sozialraumorientierung sind als weiterer prominenter Beitrag die beiden Bände *Sozialer Raum und Soziale Arbeit* (2007) von Früchtel, Cyprian und Budde zu nennen. Die AutorInnen legen im handlungstheoretischen Sinn Staub-Bernascinis ein »Textbook« und ein »Fieldbook« vor. Kern ihres Ansatzes ist das so genannte SONI-Schema.

Die Abkürzung SONI steht für:

S Sozialstruktur
O Organisation
N Netzwerk
I Individuum

nach: Früchtel/Cyprian/Budde 2007, S. 27

Eingebettet ist der Ansatz von Früchtel, Cyprian und Budde in die Sozialraumorientierung, für die sie wesentlich auch Hinte zur Grundlage nehmen; also das, was Sozialraum ist, als handlungsleitend annehmen. Die daraus (schon bei Hinte) resultierende Frage (»Für wen handlungsleitend?«) wird von den AutorInnen auf die AkteurInnen der Sozialen Arbeit übertragen. Sie sind es, die in ihrem Agieren den Rollenauftrag haben, die einzelnen Aspekte des SONI-Schemas als Handlungsfelder in den Blick zu nehmen:

SONI-Schema	Rolle von Sozialarbeitern	Strategie/Funktion	Herausforderungen/ Dilemmata/Spannungsfeld
Sozial-struktur	Sozialplaner Lobbyist Aktivist	Sozialarbeiterisches Wissensmanagement Soziale Aktion	Markt ↔ Staat Sozialstaatliche Funktionsprobleme Soziale Gerechtigkeit
Organi-sation	Organisations-entwickler Evaluator	Organisations-entwicklung und Sozialmanagement	Exklusion ↔ Inklusion Organisationsroutine ↔ Flexibilität Effizienz sozialer Dienste
Netzwerk	Ressourcen-mobilisierer Netzwerker	Fallunspezifische Arbeit Profivernetzung	Aktivierung ↔ externe Ressourcenzufuhr Effiziente Vernetzung ↔ Vernetzung l'art pour l'art
Indivi-duum	Perspektiwechsler Anwalt	Orientierung am Willen und an den Stärken	Aktivierung ↔ Professionelle Hilfe Hilfe ↔ Kontrolle

Nach: Früchtel/Cyprian/Budde 2007, S. 27

Bei der Beschreibung der einzelnen Felder greifen die AutorInnen neben Hinte umfänglich auf hier z. T. schon genannte Theorieansätze zurück. Als *Sozialstruktur* definieren sie:

»Die örtliche Auslegung des Sozialrechts, die sozialstaatliche ›Philosophie‹ der kommunalen Sozialpolitik, Normalitätsvorstellungen und Normalbiographien, die öffentliche Meinung, Werte, Normen und Traditionen.« (Früchtel/Cyprian/Budde 2007[1], S. 25)

Mit *Organisation* sei gemeint, dass Soziale Arbeit allgemein an Organisationen gekoppelt ist. Dies in Form von öffentlichen Verwaltungen, die im Hilfesystem mit Freien Trägern und deren Einrichtungen und Diensten Leistungen sicherstellen (ebd.). Das *Netzwerk* ist in Bezug auf Sozialraumorientierung bei Früchtel, Cyprian und Budde als der diesbezüglich zentrale Ansatz zu identifizieren. Sie schreiben:

»Den Sozialen Raum kann man sich als Netz vorstellen, dessen Knotenpunkte die einzelnen Menschen und Organisationen symbolisieren, während die Verbindungsmaschen die Beziehungen zwischen ihnen sind, die als Förderbänder gedacht werden können, auf denen die vielfältigsten Austauschprozesse ablaufen und unter der Hand die Integration der Individuen in die Gesellschaft erfolgt.« (Früchtel/Cyprian/Budde 2007[1], S. 26)

Der Begriff des *Individuums* wird von den AutorInnen weit gefasst, denn sie verstehen darunter »Fallarbeit«. Mit dieser verbinden sie »die Arbeit mit einzelnen Hilfesuchenden, mit Familien, mit kleinen Gruppen, mit einzelnen Anwohnern, Teilnehmern, Volunteers oder Haushalten« (ebd.).

Leitend für alle vier Handlungsfelder ist das Empowerment-Konzept, hinsichtlich dessen sich die AutorInnen wesentlich auf Herriger[18] berufen, der das deutschsprachige Standardwerk zum Thema verfasst hat.

Früchtel, Cyprian und Budde machen mit ihrem Ansatz, über das SONI-Schema hinaus, sowohl in der Binnen- als auch der weiterführenden Differenzierung analog zu Hinte deutlich, dass in der sozialräumlichen Arbeit ein hohes Maß an Komplexität berücksichtigt werden muss. Das Schema selbst kann dabei als Versuch der Minderung dieser Komplexität verstanden werden, um Handlungsoptionen für AkteurInnen der Sozialen Arbeit aufzuzeigen.

18 Empowerment bedeutet Selbstermächtigung, vgl. Literatur.

Einen anderen Weg, wenn auch hinsichtlich des sozialarbeiterischen Handelns die fünf Prinzipien von Hinte als Option einbindend, gehen Zippert und der Autor dieses Beitrags. In einem wesentlich von Zippert erarbeiteten 6(-10)-Felder-Modell versuchen sie zunächst nicht, die Komplexität zu mindern, sondern durch das Aufzeigen von Komplexität sozialräumliche Zusammenhänge so darzustellen, dass dadurch, jeweils mit Blick auf das Gesamtsystem, Methodenanpassungen aus dem großen Spektrum der hierfür angebotenen Literatur[19] vorgenommen werden können.

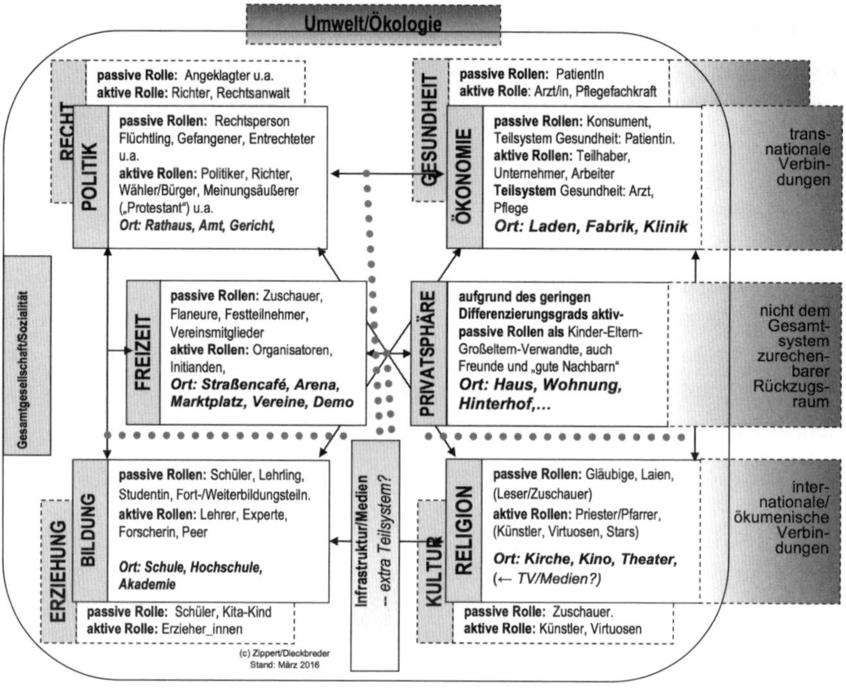

6(-10)-Felder-Modell von Gesellschaft, Eigene Graphik

Dieses Schema dient als Schablone, die sozusagen über soziale Lebenswelten, -lagen und -räume von Menschen gelegt werden kann, womit sie als individuelle Abgleichmöglichkeit dient. Darüber hinaus reduzieren Zippert und Dieckbreder nicht auf die Perspektive der professionellen AkteurInnen, sondern stellen die Frage nach weiteren Perspektiven. Wird z. B. aus der Rolle einer Sozialarbeiterin eine soziale Situation in den Blick genommen? Und hier vielleicht sogar aus dem sozialräumlichen Kontext einer Bahnhofsmission? Dann

19 Vgl. Literatur.

kommt zusammen mit anderen Perspektiven, z. B. der von Reisenden, etwas anderes heraus. In diesem Zusammenhang ist auch bei Zippert und Dieckbreder die Netzwerkarbeit zentral, wenn in diesem Kontext dann die Verknüpfungsoptionen auf der Grundlage von Differenzen und Gemeinsamkeiten von Sozialen Systemen herausgearbeitet werden. Durch die Beibehaltung der Komplexität, die in Bezug auf andere hier vorgestellte Ansätze die Realität der Relationalität so repräsentiert, dass nicht der eine seine Verschiedenheit gegenüber anderen zugunsten dessen und/oder derer aufgeben muss, sondern Gemeinsamkeit und Differenz nebeneinander, weil sichtbar, bestehen bleiben können, entsteht Handlungsfähigkeit sowohl für professionelle AkteurInnen, als auch für deren AdressatInnen und Nicht-AdressatInnen. Denn als Grundbedingung wird jegliche Beziehung und Deutung aller sozialräumlich Involvierten paritätisch aufgestellt, so dass die sozialräumliche Gestaltbarkeit auch mit Blick auf Empowerment, Inklusion usw. zu einem Miteinander werden kann. Grundbedingung ist hierbei jedoch die Erreichbarkeit. Denn letztlich sind die Differenzen z. B. zwischen dem prekären und dem expeditiven Milieu nun einmal deutlich höher als deren Gemeinsamkeiten. Dass es diese jedoch gibt, kann mit diesem Modell herausgearbeitet werden, sodass (sozialgeo-)grafisch womöglich etwas anderes herauskommt, als es in der Sinus-Darstellung der Fall ist, die die intermediären Aspekte sozialräumlicher Perspektiven nicht berücksichtigt.

4. Sozialraum am Beispiel der Bahnhofsmission

Grundbedingung der Bahnhofsmission ist der Bahnhof. Räumlich gesehen ist die Bahnhofsmission ein Gebäude innerhalb vom oder am Gebäude Bahnhof – also Raum im Raum oder Raum am Raum. Der Bahnhof selbst ist dabei zunächst ein Ort, der ausgewählt wurde, um Ankunft, Abfahrt oder Bindeglied für und zu anderen Orten zu sein. Das Bahnhofsgebäude wird in diesem Zusammenhang zur Manifestation des einst ausgewählten Ortes und dabei zur Assoziation des Ankommens, Verlassens oder Aufenthalts, nicht aber des Verweilens über Wartezeiten hinaus.

Die Räumlichkeit des Bahnhofs ist also auf temporäre Aufenthalte von Menschen ausgelegt, die zunächst für den oben beschriebenen Schutz vor z. B. Wetter sorgt, aber auch organisatorischen Möglichkeiten wie z. B. Fahrkartenverkauf dient. In einer sekundären Bedeutung kann dem Bahnhof dann, wie ebenfalls oben beschrieben, eine durchaus sozialräumliche Symbolik unterstellt werden – wenn ich z. B. weiß, dass ich nicht einfach in Paris, sondern von Köln aus am *Gare du Nord* ankommen werde. Tertiär kommen in der heutigen Zeit, wie es u. a. Nikles und Zippert in ihren Beiträgen in diesem Band zeigen, dann noch Aspekte wie Shopping-Malls hinzu. All dies ändert jedoch nichts an der Assoziation des Bahnhofs als einem Ort des Temporären. Im Gegenteil, die Einkaufsoptionen schließen daran an. Das Ausmaß der Optionen ist dabei an die Größe eines Bahnhofs gekoppelt, die wiederum vom Bahnhofsumfeld abhängig ist, was erneut zum Aspekt des verdichteten und gestreuten Raumes führt.

Im Zusammenhang von verdichtetem und gestreutem Raum entstehen am Ort Bahnhof unterschiedliche (Sozial-)Räumlichkeiten, für die dann auch die Bahnhofsmission ein Beispiel ist. Dabei kommt auch dem Zeitraum und der Raumerschließung (beides Osterhammel) eine wichtige Bedeutung zu.

Zunächst ist der Bahnhof selbst, wie eben skizziert, in Bezug auf Zeit ein Raum, der je nach Uhrzeit und Wochentag unterschiedlich stark frequentiert, respektive verdichtet oder gestreut von Menschen aufgesucht wird. Einen zusätzlichen Faktor stellt die äußere Verdichtung oder Streuung dar. Schlicht: Die äußere Verdichtung der Stadt Berlin wirkt in den Berliner Hauptbahnhof ebenso verdichtend, wie die äußere Streuung des Kreises Warendorf streuend in den Bahnhof der Stadt Warendorf wirkt. Was bedeutet das für die Bahnhofsmission?

Um diese Frage beantworten zu können, muss erneut auf die Grundbedingung des Bahnhofs verwiesen werden. Dieser ist, wie gezeigt, ein Raum an einem Ort, der sozialräumlich betrachtet mit der Assoziation des temporären Verweilens assoziiert ist. Die Konsequenzen bestehen darin, dass individuelle Sozialräume z. B. einer Reisenden auf dem Weg von Hamm nach Berlin und eines Reisenden auf dem Weg von Hamm nach München für eine kurze Begegnung im Quadrat der *Smoking Area* sorgen können, weil beide rauchen und die Züge vom selben Bahnsteig abfahren. Vielleicht kommt es zum Blickkontakt, vielleicht zu einem kurzen Gespräch, weil z. B. der Reisende sein Feuerzeug vergessen hat und die Reisende nach einem solchen fragt. Wenn aus dieser Situation keine filmreife Romanze entsteht, ist zu vermuten, dass in der Folge beide in ihre Züge steigen, ihre Laptops vor sich aufklappen und im sozialräumlichen Kontext des Zugabteils die vorangegangene Szene umgehend vergessen. Sie war und bleibt bedeutungslos.

Die Bahnhofsmission – als Raum im oder am Raum – ist der Gegenentwurf zur eben beschriebenen Szene. Und sie ist auch der Gegenentwurf zum Bahnhof insgesamt. Als Gast, wie die BesucherInnen der Bahnhofsmissionen genannt werden, mag die Assoziation auch hier temporäres Verweilen sein. Dies jedoch mit einer gedehnteren Zeitvorstellung oder -wahrnehmung und zudem mit dem Bewusstsein der Begegnung. Anders als es beim Bahnhof der Fall ist, ist die Bahnhofsmission ein Ort, mit dessen Räumlichkeit verbunden wird, in ihm Zeit verbringen zu können und zu *dürfen,* während diese im Bahnhof gemeinhin verbracht werden *muss*. Welche Bedeutung diese Differenz hat, macht Peter Bichsel in seiner sehr kurzen Erzählung *Zeit* (1995) eindrücklich klar. Er schreibt:

»Der Lebenslängliche, befragt, wie er das aushalte oder mache all diese Jahre im Gefängnis, antwortet: ›Weißt du, ich sage mir immer, diese Zeit, die ich hier verbringe, müßte ich draußen auch verbringen‹.« (S. 69)

Es würde an dieser Stelle zu weit führen, auf die verschiedenen Perspektiven (z. B. philosophisch oder physikalisch) einzugehen, die in Bezug auf Zeit möglich wären. Aus der minimalistischen Darstellung, wie Bichsel sie vornimmt, lässt sich für diesen Beitrag ableiten, dass Leben in Zeit stattfindet, die individuell als Lebensspanne von Geburt bis Tod definiert werden kann. Leben ist jedoch mehr als lediglich das Vergehen von Zeit; was letztlich die Reduktion auf den quantitativen Aspekt bedeutet. Diese Spanne wäre für sich ausgesprochen kurz, da Menschen ohne die Unterstützung Dritter bereits die Säuglingsphase nicht überleben würden. Daraus folgt, dass das Verbringen von Zeit wesentlich auch qualitative Bedeutungen haben muss. Und dann macht es sehr wohl einen Unterschied, ob ich im Gefängnis bin oder nicht. Und es macht ebenso einen Unterschied, ob ich den Bahnhof betrete, weil ich ankommen, verreisen, die Shoppingmöglichkeiten nutzen oder gezielt die Bahnhofsmission aufsuchen möchte.

Es werden in diesem Buch verschiedene Gründe aufgezeigt und in sozialräumliche Kontexte gebracht, die Menschen in die Bahnhofsmission führen. Deshalb ist es möglich, an dieser Stelle auf Beispiele zu verzichten. Deutlich geworden ist jedoch bereits jetzt die sozialräumliche Differenz, die sich am gewählten Beispiel für dieses Buch, die Bahnhofsmission, zeigen lässt. Zur Verdeutlichung: Man lege z. B. das 6(-10)-Felder-Modell (symbolisch) über eine Geschäftsreisende, ein Paar, das in den Urlaub fährt, einen Schaffner, die Verkäuferin aus dem Buchladen, einen Gast und eine ehrenamtlich Tätige der Bahnhofsmission. Dann wird umgehend deutlich, wie im Zusammenspiel von Zeit, Ort, Raum und Relationalität sozialräumlich unterschiedliche Realitäten entstehen.

5. Fazit und Ausblick

Es wurde gezeigt, dass in der Theorie die Deutung des Sozialraums in vergleichbarer Weise diskutiert wird. Hierbei konnten aus Platzgründen lediglich Ausschnitte aufgenommen werden. Zusammenfassend ist zentral festzuhalten, dass mit sozialen Räumen keine Zimmer gemeint sind, sondern die subjektiven Wahrnehmungen sozialer Gefüge. Dazu gehören dann durchaus auch Räume im physischen Sinn, wie z. B. die Wohnbebauung, die Ausdruck des Sozialen ist, da sich Menschen diese in einem Selbstverständnis (Lebenswelt) aneignen bzw. von anderen, Mächtigeren angeeignet und instrumentalisiert/funktionalisiert werden.

Der elementarste Raum ist jedoch der, der zwischen Menschen entsteht. Der Soziologe Georg Simmel beschrieb dies in seinem Aufsatz *Der Raum und die räumlichen Ordnungen der Gesellschaft* (1992, S. 689) wie folgt:

»Die Wechselwirkung unter Menschen wird – außer allem, was sie sonst ist – auch als Raumerfüllung empfunden. Wenn eine Anzahl von Personen innerhalb bestimmter Raumgrenzen isoliert nebeneinander hausen, so erfüllt eben jede mit ihrer Substanz und ihrer Tätigkeit den ihr unmittelbar eigenen Platz, und zwischen diesem und dem Platz der nächsten ist unerfüllter Raum, praktisch gesprochen: Nichts. In dem Augenblick, in dem diese beiden in Wechselwirkung treten, erscheint der Raum zwischen ihnen erfüllt und belebt.«

Demnach und im Kontext aller hier vorgestellten Theorien hat also jeder Mensch seinen eigenen Sozialraum und ist zugleich selbst Raum (weil diesen einnehmend), der in der Korrespondenz zu anderen Menschen Raum als Zwischenraum zwischen sich und den anderen schafft und somit temporär in der direkten Begegnung und je nach Bedeutung des Zusammentreffens (Freundschaft oder Bitte um Feuer in der Smoking Area) sozialräumlich auch über das physische hinaus auf den oder die dann andere/n wirkt.

Letztlich lässt sich mit dieser Analyse die gesamte Komplexität beschreiben, der sich sowohl professionelle AkteurInnen als auch deren AdressatInnen und Nicht-AdressatInnen ausgesetzt sehen. Es ist durchaus eine inklusive Situation, dass das, was hier als Sozialraum beschrieben wurde, für alle Menschen gleichermaßen gilt. Alle sind Raum, für sich und für andere. Somit ist auch jede professionelle Intervention durch die Begegnung im Kontext der Sozialräumlichkeit zu definieren. Die Kritik Hintes an der Gemeinwesenarbeit kann daher als Hinweis auf eine Missachtung dieser Tatsache zugunsten von Machtansprüchen verstanden werden. Daraus folgt, dass die methodischen Herangehensweisen, so sie denn sozialraumorientiert seien sollen, aufseiten der professionellen AkteurInnen ihre Grundlage in der Haltung oder besser bedingungslosen Akzeptanz finden, dass sie selbst womöglich andere Sozialräume haben als die AdressatInnen [und auch indirekten AdressatInnen (z. B. Nachbarn) und Nicht-AdressatInnen]. Ohne Machtanspruch ist die Begegnung zwischen professionellen AkteurInnen und AdressatInnen nichts anderes als die gegenseitige Erweiterung des jeweils eigenen Sozialraums um Teile des anderen Sozialraums. Es ist daher Grundbedingung, dies bei jeglichem theorie- und methodengeleiteten Handeln, wie es in diesem

Beitrag und den Literaturangaben empfohlen wird, zu beachten. Mit Simmel kann abschließend gesagt werden, dass es darum geht, dass Räume erfüllt werden; was offenbar nur gemeinsam geht. Somit weist sozialraumorientiertes Handeln auch über Partizipation, hin zu selbstbestimmter Teilhabe, hinaus.

Literatur

Ansen, Harald (2008): Soziale Beratung in prekären Lebenslagen. In: Klaus Grunwald/Hans Thiersch (Hg.): Praxis Lebensweltorientierter Sozialer Arbeit – Handlungszugänge und Methoden in unterschiedlichen Arbeitsfeldern. Weinheim/München

Aristoteles (1995): Philosophische Schriften 4. Hamburg

Bermond, Daniel (2002): Gustave Eiffel. Paris

Bichsel, Peter (1995): Zeit. In: Zur Stadt Paris. Frankfurt/M.

Biermann, Benno (2013): Sozialisation und Familie. In: Biermann, Benno et. al.: Soziologie – Studienbuch für soziale Berufe. München und Basel

Bourdieu, Pierre (1998): Praktische Vernunft – Zur Theorie des Handelns. Frankfurt/M.

Braun, Karl-Heinz/Wetzel, Konstante (2010): Sozialreportage – Einführung in eine Handlungs- und Forschungsmethode der Sozialen Arbeit. Wiesbaden

Deinet, Ulrich (Hg.) (2009): Methodenbuch Sozialraum. Wiesbaden

Dieckbreder, Frank/Meine, Jonas (2015): Vielfalt im Quartier – Perspektiven inklusiver Stadtentwicklung. Bielefeld-Bethel

Früchtel, Frank et. al. (2007[1]): Sozialer Raum und Soziale Arbeit – Textbook: Theoretische Grundlagen. Wiesbaden

Früchtel, Frank et. al. (2007[2]): Sozialer Raum und Soziale Arbeit – Fieldbook: Methoden und Techniken. Wiesbaden

Fürst, Roland/Hinte, Wolfgang (Hg.) (2014): Sozialraumorientierung – Ein Studienbuch zu fachlichen, institutionellen und finanziellen Aspekten. Wien

Grunwald, Klaus/Thiersch, Hans (2008): Praxis Lebensweltorientierter Sozialer Arbeit – Handlungszugänge und Methoden in unterschiedlichen Arbeitsfeldern. Weinheim/München

Herriger, Norbert (2010): Empowerment in der Sozialen Arbeit – Eine Einführung. Stuttgart

Hinte, Wolfgang/Lüttringhaus, Maria/Oelschlägel, Dieter (2011): Grundlagen und Standards der Gemeinwesenarbeit – Ein Reader zu Entwicklungslinien und Perspektiven. Stuttgart

Hinte, Wolfgang/Treeß, Helga (2007): Sozialraumorientierung in der Jugendhilfe – Theoretische Grundlagen, Handlungsprinzipien und Praxisbeispiele einer kooperativintegrativen Pädagogik. Weinheim/München

Kessl, Fabian/Reutlinger, Christian (2010): Sozialraum – Eine Einführung. Wiesbaden

Löw, Martina (2012): Raumsoziologe. Frankfurt/M.

Luhmann, Niklas (1987): Soziale Systeme – Grundriß einer allgemeinen Theorie. Frankfurt/M.

Noack, Michael (2015): Kompendium Sozialraumorientierung – Geschichte, theoretische Grundlagen, Methoden und kritische Positionen. Weinheim/Basel

Osterhammel, Jürgen (2013): Die Verwandlung der Welt – Eine Geschichte des 19. Jahrhunderts. München

Schulz, Claudia/Hauschild, Eberhard/Kohler, Eike (2010): Milieus praktisch I+II. Göttingen

Simmel, Georg (1992): Der Raum und die räumlichen Ordnungen der Gesellschaft. In Soziologie – Untersuchungen über die Formen der Vergesellschaftung Gesamtausgabe Band 11. Frankfurt/M.

Spengler, Oswald (1997): Weltgeschichte ist Stadtgeschichte. In: Steuer, Heiko und Zimmermann, Ulrich (Hg.): Streifzüge durch die frühen Hochkulturen – Ein historisches Lesebuch. München

Staub-Bernasconi, Sylvia (2007): Soziale Arbeit als Handlungswissenschaft – Systemtheoretische Grundlagen und professionelle Praxis – Ein Lehrbuch. Bern/Stuttgart/Wien

Thiersch, Hans (2012): Lebensweltorientierte Soziale Arbeit – Aufgaben der Praxis im Wandel. Weinheim/Basel

http://www.sinus-institut.de/sinus-loesungen/sinus-milieus-deutschland/ (Zugriff: 11.01.2016)

http://www.sinus-institut.de/fileadmin/user_data/sinus-institut/Bilder/sinus-mileus-2015/2015-09-25_Informationen_zu_den_Sinus-Milieus.pdf (Zugriff: 11.01.2016)

Wichtiges in Kürze

Sozialraum

Sozialraum ist ein aus zwei Wörtern, nämlich *Sozial* und *Raum*, zusammengesetzter Begriff. Mit ihm wird beschrieben, dass Räume sich durch Aneignung von Menschen konstituieren. Dadurch entsteht das, was Menschen als ihre Realität bezeichnen. Und da diese Realitäten durch Beziehungen (Relationen) zwischen Menschen entstehen, kann Sozialraum auf die Formel gebracht werden: »Realität ist relational.«

Sozialraum in Theorie und Methode

Für die Sozialraumtheorie ist die oben genannte Formel, dass Realität relational sei, die Grundmatrix. Sozialräumliches Methodenhandeln ist aus dieser Grundannahme abzuleiten. Wolfgang Hinte entwickelte als ein prominentes Beispiel daraus das Fachkonzept »Sozialraumorientierung«. Aus diesem geht hervor, dass der Sozialraum von Menschen handlungsleitend (orientierend) z. B. für sozialarbeiterische Interventionen ist.

Bezug von Sozialraum zur Bahnhofsmission

Die Bahnhofsmissionen sind Orte, an denen sich soziale Räume von Menschen in zeitlicher Unterschiedlichkeit konstituieren. Es gibt Menschen, die z. B. als Reisende dort eine Wartezeit überbrücken, für andere bedeutet die Bahnhofsmission sinnvolle Tagesstruktur (z. B. Ehrenamt) und/oder Zuflucht und Erwartbarkeit von Hilfe und Unterstützung. Daraus entstehen in den Bahnhofsmissionen unterschiedliche Realitäten und Bezüge von Menschen (»Realität ist relational«). Die Bahnhofsmissionen sind also Sozialraum mit vielen Sozialräumen.

Fragen zur Lernstandprüfung

Was unterscheidet den Ansatz der Sozialraumorientierung von der Gemeinwesenarbeit?

Was bedeutet die These, dass Realität relational sei?

»Bahnhof« - als (sozialer) Raum?

Thomas Zippert

»Denn wir haben hier keine bleibende Stadt,
sondern die zukünftige suchen wir.«
(Hebr 13,14)

1. Erfahrungen aus der Vorzeit

Um das Jahr 1969 muss ich das erste Mal in Frankfurt am Main gewesen sein. Nein, nicht wegen der Studentendemonstrationen, sondern wegen eines von der Grundschule organisierten Besuchs im Zoo. Weit eindrucksvoller als die dort eingesperrten Tiere waren für mich freilich die riesigen großen, damals noch von der Dampflokära geschwärzten Bahnhofshallen des Frankfurter Hauptbahnhofs. Größere Hallen hatte ich als Achtjähriger noch nicht gesehen, beeindruckt von ihrer Größe und doch auch lastenden Dunkelheit.

Letzte Auswirkungen der Nachkriegszeit. Die Bahnsteigschranken fielen in dieser Zeit. Es war die Zeit der N-, E- und D-Züge, die Zeit der Kurswagen, um das noch nicht durch den Stundentakt erleichterte Umsteigen zu vermeiden, die Zeit der dicken Kursbücher. Es war auch die Zeit der letzten TEE-Züge, die noch einen glasbedachten Panoramawagen für die Burgen am Rhein mit sich führten.

Es war auch die Zeit der geheimnisvollen Interzonenzüge, die ich dann bei ersten Besuchen in Westberlin von innen kennenlernte – einschließlich eines Aufenthaltes am Un-Ort des Bahnfahrens schlechthin: Bebra, einer Stadt, die nur für die Bahn gebaut schien und im Schatten der deutsch-deutschen Grenze eine letzte Spätblüte erlebte.

Die zweite Hälfte meiner Schulzeit pendelte ich als Fahrschüler zwischen Hofgeismar und Kassel. Immer in denselben Wagen, manchmal sogar noch aus der Reichsbahnzeit – oft mit denselben Menschen, mal einen Platz erwartungsfroh freihaltend, mal mit Gepäck blockierend – und immer noch mit Hausaufgaben beschäftigt.

Es war eine verschworene, aber kommunikationsarme Gemeinschaft. Immer noch sehe ich, wenn ich zur nullten Stunde um 6.14 Uhr fahren musste, die Henschel-Arbeiter vor mir, die ins Werk nach Kassel-Harleshausen fuhren. Entweder frühstückten sie, lasen die BILD-Zeitung (ich auch!) oder schliefen nach etwa zwei Minuten ein, um sich kurz vor dem Zielbahnhof schlafwandlerisch von ihrem Platz zu erheben und zum Ausgang zu gehen. Geheimnisvoll.

Wenn ich mal einen Zug verpasste oder – selten genug – ein Zug Verspätung hatte, stand ich vor der Wahl, entweder den Hunger auszuhalten oder irgendwo hinten in einer der letzten Ecken eine hausgemachte Zigeunerfrikadelle zu kaufen oder bei der Bahnhofsmission (BM) umsonst ein Glas ekligen Früchtetee und Fettenbrot oder einen trockenen Keks zu bekommen. (Inzwischen hat in der Diakonie Gott sei Dank der Kaffee die rot-gelb-grünen Tees mit immer dem gleichen Geschmack abgelöst.) Nicht immer war ich so schlecht bei Kasse oder so hungrig, dass ich den Weg zur BM einschlagen musste.

Verstanden hab ich nie, warum sie »Mission« heißt. Etwas unheimlich war es für mich deshalb, dorthin zu gehen, weil ich im Hinterkopf die Missionsgottesdienste und die Aufforderung des CVJM zu Bekenntnis und Lebensübergabe hatte und nicht wusste, zu was die BM-Frauen im Ernstfall in der Lage wären. Die BM gehörte zum Bahnhof, aber es war gut, wenn man nicht auf sie angewiesen war. »Herr, ich danke dir, dass ich nicht so hilfsbedürftig wie jene Reisenden bin, die auf die Bahnhofsmission angewiesen sind.«

Der Bahnhof Kassel Hauptbahnhof – der neue Bahnhof Wilhelmshöhe war noch nicht gebaut – war leider nicht halb so eindrucksvoll wie Frankfurt, aber immerhin strömten morgens, mittags und abends dort auch kleinere Massen. Es war jedes Mal ein Wettrennen, was der kürzeste und schnellste Weg zur Schule war, um gegebenenfalls morgens doch einen Zug später nehmen oder mittags einen früheren zu bekommen. Tempo und Taktung gehörten zu meinem Leben als Fahrschüler. Groß der Ärger, einem abfahrenden Zug hinterher zu schauen oder morgens wegen Zugverspätung nicht pünktlich zur Klassenarbeit zu kommen.

In diesen subjektiven Erfahrungen spiegelt sich viel vom alten – und auch neuen – Leben der Bahnhöfe. Mit diesen Erfahrungen liebe ich es, die alte Verfilmung von *Emil und die Detektive* (oder später *Berlin Alexanderplatz* oder dem *Zauberberg*) zu sehen. Ich weiß noch, wie diese Wagen rochen. Dampfloks habe ich live leider nicht mehr erlebt, aber den Geruch kann man bei Museumseisenbahnen erleben.

Mit diesen Erinnerungen sind die wesentlichen Dimensionen eines Bahnhofs lebendig:

- der Strom der PendlerInnen, ArbeitsmigrantInnen und FahrschülerInnen morgens (und mittags) und abends;
- die Reisenden, die in den Urlaub oder zu Verwandten fuhren oder von dort kamen, und sofort nach Einstieg ihre Butterbrote und Thermosflaschen auspackten und aßen, als gäbe es kein Morgen;
- die wenigen Geschäftsreisenden auf der kleinen Hauptstrecke zwischen Kassel und dem Ruhrgebiet;

- die ersten Rucksacktouristen mit dem auch von mir erträumten, aber nie erworbenen Interrailticket;
- die ersten Ausländer, auch die Menschen aus der DDR mit ihren besonderen Koffern;
- im Vorbeihetzen morgens oder mittags die tränenreichen Abschiede oder freudenreichen Ankünfte am Bahnsteig;
- beim Warten die Ungeduld und Sehnsucht, endlich auch mal ganz weit wegzufahren oder endlich die Ankunft der geliebten Freundin zu erleben;
- die Menschen, die bei der »Deutschen Bundesbahn« arbeiteten: stolz und selbstbewusst mit roter Mütze am Bahnsteig oder mit blauer Mütze, lauter Pfeife und einem alles öffnenden Vierkantschlüssel als Schaffner – sehr unterschiedlich barmherzig, wenn wir mal die Monatskarte vergessen hatten;
- schließlich die Menschen, die am Bahnhof gestrandet oder irgendwie halb zuhause waren. Ob sie damals schon in den Abfalleimern nach Pfandflaschen suchten, das weiß ich nicht mehr.

Ein Spiegel der Gesellschaft, ein Spiegel des Lebens dieser Gesellschaft, voller Routine und Aufregung, Alltag und Lebenswendepunkten, Langeweile, Emotionen und Drama, auch wenn es nicht gleich Unfälle sein müssen. Stiller und langsamer war es als heute – es gab noch keine Handys und keinen Stundentakt. Heute ist alles heller und schneller, und es sind wohl mehr Geschäftsreisende, mehr Laptops unterwegs – die Bahn wird ebenso zum reisenden Büro (das gab es vorher nur für Auserwählte im TEE) wie zum fahrenden Kinderzimmer.

Weitere Bilder kommen in den Sinn:

- die, die mein Vater von Auschwitz mitbrachte: Eisenbahnladerampen in ganz anderer Funktion – auch das war Eisenbahn (damals gerade 30 Jahre her);
- die Erzählung meiner Mutter von ihrer Flucht 1945, mit ihren vier Geschwistern von 1 bis 15 Jahren, als ihre Mutter etwas zu essen suchte und der Zug ohne sie abfuhr – von der noch heute spürbaren Angst, die nur wenig durch die Wiedersehensfreude vertrieben wurde, weil Oma sich die Loknummer gemerkt hatte und den Zug am nächsten Tag wieder fand;
- von Bundeskanzler Willy Brandt und DDR-Staatsratsvorsitzendem Willi Stoph 1970 im Zug, mal in Kassel, mal in Erfurt;
- die Schulabschlussfahrt mit dem Zug nachts über den Brenner nach Italien, dem Sehnsuchtsort der deutschen Humanisten ebenso wie der Neckermann-Touristen;
- die übervollen Züge aus Prag und Ungarn 1989 und die aus den Balkangebieten im Herbst 2015.

Züge und Bahnhöfe waren und sind Orte von Zeitgeschichte, der ganz großen wie der Alltags-, Wirtschafts-, Stadt- und Sozialgeschichte. Wenn Eisenbahnen (wie Autobahnen und Flugrouten) die Lebensadern, Arterien und Venen der modernen Gesellschaft sind, in denen die Lebenswege unendlich vieler Menschen tagtäglich sich kreuzen und verdichten, wenn sie dort zusammen- und wieder auseinanderlaufen, dann sind die Bahnhöfe (wie Flughäfen) das *Herz*, das der Stadt den Takt vorgibt.

Die Bahnhöfe mit ihren Hallen, Vorplätzen und dazu gehörenden Bahnhofsstraßen sind nach den aus dem Mittelalter stammenden Markt-, Kirchen- und Rathausplätzen die neuen nachgewachsenen Zentren der Stadt. Von hier aus geht es hinaus in die Peripherie (Osterhammel 2013, S. 378–387 und 437–446). Auf ihnen herrscht mehr Tempo als auf jenen, und es strömen mehr Menschen als auf den aus dem Mittelalter stammenden Markt- und Handelsplätzen. Zuschauer am Rand, Flaneure ohne Ziel, Gestrandete und Bettler gab und gibt es jedoch hier wie dort.

Bahnhöfe als *Verkehrsknoten* sind – das beginne ich erst jetzt zu lernen – eine sehr besondere, sehr originelle architektonisch-technisch-städtebauliche Raumkreation für eine große Zahl von Menschen. Genauer betrachtet sind sie im sozialarbeitswissenschaftlichen Sinn wohl kein Sozialraum, sondern eher das räumliche Gefäß bzw. eine sehr eigene Schnittmenge unterschiedlicher Sozialräume von Menschen – die, »wenn es läuft«, meist doch fast achtlos aneinander vorbeilaufen und auf den ersten Blick keinen Raum als Beziehungsraum um einen Menschen herum konstituieren.

Auf den zweiten Blick ist es anders: Es gibt die vielen Mitarbeitenden, die PendlerInnen mit ihren mehr oder weniger festen Gruppen, die Orte für die Gestrandeten, für die der Bahnhof eine Art »Aufenthaltsraum« oder Warteraum (auf was?) ist. Und es ist ein Raum im Sinne Bourdieus[1], der sofort und unbewusst Orte zuweist, nicht nur als 1., 2. oder 3. Klasse.

2. Zu Bahnhofsarchitektur und Sozialraum

Bahnhöfe gelten als »Kathedralen der Neuzeit«, was noch zu prüfen sein wird. Jedenfalls sind die großen alten Sackbahnhöfe (z. B. Frankfurt am Main, Leipzig, später Stuttgart und als Nachkriegsbahnhöfe Köln und München) eine Mischung aus enorm vergrößertem Stadttor, Kirche und Glas-Eisenpalast mit mehreren »Schiffen«. Zur Stadt hin eher spätklassisch-gründerzeitlich, zu den Gleisen hin radikal modern, funktional und technikorientiert, nach dem Mus-

1 Zu Bourdieu vgl. Dieckbreder, *Sozialraum und Sozialraumorientierung* in diesem Band.

ter der ersten großen Glaspaläste der Weltausstellungen in London und Paris. Beides verbunden durch die riesige Halle des Querbahnsteigs.

Die großen Durchgangsbahnhöfe (z.B. Hamburg Hbf./Dammtor, Dresden Hbf./Neustadt, Hannover, Bremen – meist auch die Bahnhofsneubauten) haben dieselben Tor-, Querverbindungs- und Hallenkörper, stellen sie nur anders zusammen, um die Verkehrsströme effektiv zwischen Zügen, Stadt und anderen Verkehrsmitteln zu lenken. Zur Steuerung dienen auch die Uhren an den Bahnsteigen, vorn an der Front oder am Bahnhofsturm – der neue Zeit- und Taktgeber nach Kirch- und Rathausturm bzw. dem Werkstor bzw. -turm (Niedenthal 2008, S. 146).

Im Unterschied zur Kathedrale fehlt den Bahnhöfen das Ruhe stiftende Zentrum (die Vierung mit Altar bzw. der Chor), weil sie nicht für besinnliche oder kultische Zwecke, sondern zur Kanalisierung enormer Menschen- und Verkehrsströme konzipiert wurden. In München, dem verkehrsreichsten Hauptbahnhof Deutschlands, sind es heute pro Tag 400.000 Menschen.

Begleitend werden am Rand der Querhalle und der Haupthalle die Dienstleistungsangebote der Bahn (Fahrkarten, Auskunft, Gepäck usw.) angeordnet, im Hintergrund die Räume für das Bahnpersonal. Es ist klar, dass das nicht reicht. Über die bahneigenen Dienstleistungen hinaus kommen schon sehr früh weitere Geschäfte für anderen Reisebedarf hinzu (Essen, Lesen, Geld/Wechselstuben, Blumen und andere Geschenke) sowie Räume zur Überbrückung der Wartezeit: Wartesäle und Gastronomie – damals nach Klassen, heute nach Preis differenziert, und natürlich die unvermeidlichen Bahnhofstoiletten.

Bahnhofsvorstand, Bundespost und Bahnhofspolizei, Erste Hilfe-Räume, im Zweiten Weltkrieg auch die großen Bahnhofsbunker, später dann die stadteigene »Tourist Information« repräsentieren die zur jeweiligen Zeit hoheitlichen Instanzen des Staates. Dazwischen dies und jenes an Informations- und Werbetafeln, Vitrinen, Telefonen, Mülleimern und anderen Dekorationsgegenständen des öffentlichen Raumes.

Schließlich werden dann irgendwo in den entfernteren Winkeln nachträglich auch noch Stationen der Bahnhofsmission eingerichtet.

Bis auf den Bereich der Bildung sind damit alle wesentlichen Lebensbereiche und Funktionssysteme einer Stadtgesellschaft in den Mauern des Bahnhofs vertreten (Zippert 2016). Warum? Als Knoten der Infrastruktur (gern auch mit den etwas weiter abgelegenen Güterabfertigungen) ist genau das seine Aufgabe, nämlich *Infra*-Struktur zu sein, also eine Struktur, eine Verbindung *zwischen* den Bereichen darzustellen und herzustellen. Denn offensichtlich ist es schon architektonisch nicht nur die Aufgabe, Verbindungen zu schaffen, sondern auch fast alle wesentlichen Lebensbereiche in seinem Mikrokosmos zu repräsentieren, und zwar sowohl aus Service-Gründen (im Zeitdruck vor und nach der Reise und immer schon zu deutlich längeren Öffnungszeiten verfügbar), als auch, um sich im neuen Zentrum symbolisch gegenwärtig zu zeigen – man denke nur an die stadttypische Hauptreklame an der Stirnseite einer Bahnhofshalle (»4711«)!

Der Bahnhof ist also ein tatsächlicher Knotenpunkt vieler Verkehrs- und früher auch Nachrichtenwege und aller dazu nötigen oder hilfreichen Dienstleistungen. Er ist ein Ort, der im Gesamtsystem der Gesellschaft Beziehungen zwischen deren Teilsystemen herstellt.[2] Und er ist ein Ort symbolischer Repräsentanz der wesentlichen Funktionen einer Stadtgesellschaft zu einem bestimmten Zeitpunkt – einschließlich einer sozialräumlichen Zuweisung bestimmter Milieus an bestimmte Teilorte im Bahnhof. Die »feinen Unterschiede« (Bourdieu) sortieren auch hier unmerklich, aber effektiv die Menschenströme. Schließlich ist er ein Ort für viele Menschen mit ihren jeweiligen Sozialräumen.

Dem dient eine funktional-sachliche Architektur, um diese Grundfunktionen zu erfüllen und dabei für alle offen bzw. erträglich zu sein.

Freilich ist das Miteinander dieser Menschen, Klassen, Milieus und neuerdings auch Zielgruppen von anderer Art als das auf dem Markt- und Handelsplatz, als in der Kirche, im Rathauskeller zur Vor- und Nachbereitung wichtiger Sitzungen. Die meisten dieser Menschen sind ja dauernd in Bewegung von A nach B oder auf Abruf, um in Bewegung zu kommen.

Abgesehen davon und von den hoheitlichen Funktionen des »Bahnhofspersonals« in Uniform findet sich nur wenig Publikum in Ruhe am Rand (oder in noch weiter versteckten Nischen oder nicht mehr genutzten Ecken) sitzend, bettelnd, beobachtend oder gemütlich flanierend, Zeitung lesend oder voller Sehnsucht, von hier irgendwann auch einmal fortkommen zu können. Ein Miteinander (emphatisch: »Gemeinschaft«) entsteht selten, und wenn, dann entweder als kurz und schnell erbrachte Dienstleistung oder eher aus gegenseitiger Beobachtung oder gar Störung statt aus irgendeinem tiefer verbundenen oder verbindlichen Mit- und Füreinander.

3. Stellung in der Stadt

Verortet sind die Bahnhöfe als neue Zentren entweder im Bereich der im 19. Jahrhundert frei werdenden Wallanlagen, auf bzw. bis zu denen sie mit ihrem riesigen, nach hinten breit anschwellenden Gleisfeld ins Stadtinnere vorstoßen können. Seltener werden sie als Durchgangsbahnhöfe eng an die alten Stadtzentren herangeführt wie in Köln von der Hohenzollernbrücke über den Rhein auf den Dom zu und dann in kühnem Bogen an ihm vorbei.

2 Vgl. Dieckbreder, *Sozialraum und Sozialraumorientierung* in diesem Band.

3So oder so werden sie zu neuen Subzentren der Städte mit großem Bahnhofsvorplatz zum Umsteigen in Autos, Taxis, Busse, Straßen- und U-Bahnen. Dieses neue Zentrum wird mit dem oder den alten Zentren verbunden. Und diese neuen Straßen ins Zentrum – meist ist es eine Hauptstraße: die Bahnhofsstraße – werden schnell zu Haupteinkaufsstraßen mit Hotels, Gastronomie und vielerlei, wohl auch horizontalem, Gewerbe.

So schaffen sie mit ihrer Symbolik des Tores ein neues Subzentrum oder Zentrum. Weil sie oft auf alten Grenzen lagen, liegen sie zwischen alten Stadtvierteln – als deren neue Grenze und zugleich Verbindung, die durch die je konkrete Architektur mal mehr gefördert, mal eher gebremst wird. Wenn ein klar kleinerer oder unscheinbarerer »Hinterausgang« ins ärmere Viertel führt, bildet damit die architektonische Differenz von Vorder- und Rückseite die städtebauliche Differenz Vorder- und Rückseite einer Stadt bzw. vorzüglicher und unansehnlicher Stadtteile samt der von ihnen bewohnten bzw. besuchten Menschen ab (Hamburg Hbf. zwischen Georgsviertel und Mönckebergstraße). Man konnte und könnte umgekehrt durch die Torarchitektur auch das Gegenteil erreichen.

Auch Bahndämme zerschneiden als Zufahrtswege die Stadt und schaffen neue Räume. Sie trennen Quartiere voneinander und schieben andere zusammen. Zwischen ihren Gleisfeldern entstehen z. B. die großen Schrebergartensiedlungen als mikroparadiesische Ausgleichsidylle für Arbeiter und Kleinbürger.

Am Bahnhof kamen und kommen nicht nur die PendlerInnen als ArbeitsmigrantInnen an. Um die Gleise herum verlaufen nicht nur Wege zur Arbeit, sondern auch die ins Blaue oder die Idylle der Schrebergärten. Bahnhöfe waren früher stärker, sind aber noch heute der Ort der Migration, der regelmäßigen wie der unregelmäßigen:

- Seien es die regelmäßigen Bildungs- und ArbeitsmigrantInnen, die frisch ankommenden Landflüchtlinge auf der Suche nach Arbeit: die jungen Männer und die durch das Stadtleben viel stärker gefährdeten jungen Frauen, um die zuerst sich die Bahnhofsmission in ihren Anfängen kümmerte (Zitt, 2003).
- Seien es die Gastarbeiter, die mit Sonderzügen aus Italien kamen, bevor sie mit den ersten eigenen Autos zurückfuhren.
- Seien es die Kriegsflüchtlinge aus dem Balkan, aus Syrien oder welchen aktuellen Region auch immer …
- und natürlich die Wohnungslosen, die »Tagediebe« und Streuner …

Als sich die Hauptverkehrsströme weg von der Bahn auf die Straße verlagerten und die Bahn an politischem Rückhalt verlor, verlor auch der Bahnhof zeitweise an Ansehen, was sich in den letzten Jahren zu ändern beginnt.

4. Sozialräumliche Neubewertung der Bahnhöfe

Nach einem wirtschaftlichen Niedergang in den 70er- und 80er-Jahren nehmen die Bahnhöfe und Bahnhofstraßen nach der Wende und Neuentdeckung der Bahnhöfe ab den 90er-Jahren wieder neuen Aufschwung.

Das liegt ebenso am Denkmalschutz, der die gründerzeitlichen Bahnhöfe neu bewertete, wie an der Wiederentdeckung und politisch motivierten Förderung des nun als ökologisch vorteilhaft geltenden Fern- und Nahverkehrs, die zum Bau neuer Strecken und Bahnhöfe führte (Kassel-Wilhelmshöhe, Berlin; die neuen Flughafenbahnhöfe in Frankfurt, Düsseldorf, Köln-Bonn u. a.). Auch die Innovationen im Bahnbetrieb förderten diese Entwicklung (Taktverkehr, ICEs, Bahnreform mit der Gründung regionaler Verkehrsverbünde, Übernahme der Nahverkehrskosten durch die Länder, Trennung von Netz und Betrieb und Bereitstellung neuer, attraktiverer und barriereärmerer Fahrzeuge). Auch die Stadtplanung fand neues Interesse an den Bahnhofsvierteln. Stadt und Bahn erfanden die großen Bahnhöfe neu: Über ihre Grundfunktion als Verkehrsknotenpunkt hinaus wurden sie zu hochwertigen und auf viele Zielgruppen ausgerichtete Einkaufs- und Dienstleistungszentren, die rund um die Uhr geöffnet sind (Niedenthal 2008, S. 62).

Anders sieht die Situation auf dem Land aus. Dort werden Bahnhöfe meist auf ihre Grundfunktionen für den Nahverkehr für Ausbildungs- und Arbeitszwecke zurückgefahren (Warten, Fahrkartenautomaten, Information zum Umsteigen, vgl. Niedenthal 2008, S. 74 und 116). Eine gewisse Chance haben Bahnhöfe mittlerer Städte, auch an Neubaustrecken (Montabaur, Limburg).

Für manche Bahnhöfe werden von der Bahn und den Städten gemeinsam (oder von der Stadt allein) neue Lösungen für eine neue gemeinwesenbezogene Nutzung gesucht und gelegentlich gefunden (Stadtbücherei, Arztpraxen, Einkaufszentren, Außenstellen von Ämtern (z. B. Iserlohn),[3] wenn neben und über die alten Zentren hinaus Bedarf besteht und Ressourcen vorhanden sind.

Die neuen Groß- und Innenstadtbahnhöfe hingegen versuchen auch die oft trennende Wirkung von Bahndämmen bzw. Verkehrswegen zu überwinden. Indem man sie zu Durchgangsbahnhöfen umbaut oder unter die Erde verlegt, werden ganze Stadtviertel neu gewonnen bzw. neue Wege zwischen Stadtvierteln erschlossen (Stuttgart 21; Niedenthal 2008, S. 112). Das gelingt aber auch dadurch, dass man Bahnhöfe als große Passagen in möglichst viele Richtungen

3 Zum inzwischen von einem Privatinvestor betriebenen Stadtbahnhof Iserlohn (mit Volkshochschule, Arztpraxen u. a. vgl. nicht die Seite der Stadt, die dazu schweigt, sondern: https://de.wikipedia.org/wiki/Bahnhof_Iserlohn.

öffnet – am besten zu erleben beim neuen Berliner Hauptbahnhof, an dem ja auch zu sehen ist, wie er – in der Nähe zum Zentrum politischer Macht – um sich herum ein neues städtebauliches Subzentrum entstehen lässt (Niedenthal 2008, S. 66).

Dadurch ändert sich erneut die Stellung der Bahnhöfe in der Stadt. Weniger die politisch-hoheitlichen Funktionen stehen im Vordergrund, sondern die *ökonomischen* und *zivilgesellschaftlichen.* Bahnhöfe werden als »transitorische Orte eine neue gesellschaftliche Mitte« (Niedenthal 2008, S. 140). Sie werden zu Eventmeilen; gehobene Gastronomie zieht ein (Berlin Hbf.). Als Knotenpunkte einer »seamless mobility« werden sie wie selbstverständlich zu neuen Tagungszentren. Zwischen Ankunfts-, Umsteige- und Abfahrtskonnektionen bieten sie als »hot spots« auch alle virtuellen Connections (ebd., S. 140: »Hotspot der neuen Nomaden«: ebd., S. 154). So können hier die neuen NomadInnen und MigrantInnen der virtuellen Welten real und virtuell kommunizieren und dabei ihre Akkus und die ihrer Maschinen auftanken, während sie surfen und Kaffee schlurfen.

Dass der Verkehr rechnergesteuert ist, versteht sich von selbst, lässt aber Pannen wie den Brand in einem Zentralstellwerk nur noch drastischer in ihren Auswirkungen werden. Im Aufbau befindet sich noch die rechnergesteuerte und -gestützte Verknüpfung für und zwischen allen anderen Verkehrsmitteln, wie Mietauto, Carsharing, Mietfahrrad oder Segway. Ob diese immer wichtiger und besser ausgebaute Funktion als Mobilitätsdrehscheibe für alle NutzerInnen auch barrierefrei zugänglich sein wird? (Niedenthal 2008, S. 102; zur »seamless mobility« vgl. ebd., S. 148).

Zu diesem Zweck differenzieren sich zwischen Fern- und Individualverkehr auch die Formen des öffentlichen Nahverkehrs weiter aus. Neben den klassischen lokalen Verbindungen (Bus, Tram, Taxi) und den regionalen S-Bahnen oder Sprintern in die weiter entfernte Region (RE oder IRE) finden sich Zwischenlösungen, um den Weg in die Stadt zu verkürzen: Regiotrams fahren in der Region auf Bahngleisen und wechseln dann auf die Straßenbahngleise, um ohne Umstieg mitten in die Stadt zu kommen (so zuerst in Karlsruhe), freilich immer auch am Hauptbahnhof vorbei oder unten drunter durch oder oben drüber weg. Fritz Lang hätte seine Freude, wie sich die Wirklichkeit der Metropolen den Imaginationen seiner *Metropolis* annähert. Die Menschenströme sortieren sich nicht nur nach Fahrtziel, sondern auch nach Herkunft und Finanzkraft.

Sogar die Kultur wagt erste Schritte ins alte Gelände der Technik: Ausstellungen finden sich in den Hallen. Kleinere Bahnhöfe oder solche, die in ihrer Bedeutung für den Verkehr zurückgestuft sind, werden zu »Kulturbahnhöfen« (z. B. der Kulturbahnhof im alten Hauptbahnhof Kassel, vgl. http://www.kulturbahnhof-kassel.de/, Zugriff 20.03.2016).

Die Großstadtbahnhöfe vollziehen also – bei Aktualisierung ihrer Grundfunktion als Verkehrsknotenpunkt – in rasantem Tempo den Wandel der Infrastrukturen hin zu mehr Virtualität, besserer Vernetzung (Tagungsort!), Abstimmung und Koordination aller Verkehrswege und -mittel mit. Wie früher bilden sie (bis auf den Bereich Bildung) die maßgeblichen bzw. jetzt en vogue befindlichen Grundfunktionen der Gesellschaft in nuce ab,. weisen in ihren Räumen bzw. nächster Nachbarschaft Repräsentanzen aus oder stellen sich den anderen Lebensbereichen der Stadtgesellschaft als Drehscheibe (das war mal ein bahntechnischer Begriff!), Plattform oder Hot Spot zur Verfügung.

Das wirkt sich auf die *Menschen* aus, die man lange Zeit dem Sozialraum Bahnhof zurechnete: Nachdem allerhand »finsteres Gesindel« das Erscheinungsbild des Bahnhofs und seines näheren Umfeldes mehr und mehr prägte, kehrt sich nun der Trend um. Es gelang mit dieser Neubewertung und Neuausrichtung im Verein mit weiteren, auch polizeilichen Mitteln, Armut und kriminelle Halbwelt bzw. die Menschen, denen diese »Eigenschaften« zugeschrieben werden, dort wieder (etwas mehr) in den Hintergrund zu drängen. So wurde z. B. das Drogenmilieu am Hamburger Hauptbahnhof durch das Abspielen klassischer Musik ins Georgsviertel zurückgedrängt.

Durch die Bahnhöfe fließen nun wieder große Menschenströme aus der Mitte der Gesellschaft – nicht mehr nur in den unterschiedlichen und individualisierten Takten der mobilen und mediatisierten Arbeitsgesellschaft, sondern auch in denen der Freizeit-, Kultur- und Konsumgesellschaft – einschließlich weltweiter Migrationsströme.

Wo bleibt unter diesen gewandelten Bedingungen die *Bahnhofsmission?* Wohl immer noch in den Ecken am Rand oder im Tunnel – und immer noch für die sorgend, die sich die Angebote der Event- und Dienstleistungszentren nicht leisten können, an deren Barrieren (auch den finanziellen) scheitern und Hilfe beim Ein-, Um- und Aussteigen brauchen, als Gestrandete nicht nur einen Platz zum Essen oder Trinken, sondern zum Ausruhen, Sprechen und Zuhören suchen oder als Menschen aus anderen Ländern auf der Suche nach Teilen ihrer Familie sind und Hilfe bei der Zusammenführung in einer ihnen fremden Mobilitätslogik brauchen. Oder einfach Unterstützung, weil sie Augen- oder Ohrenzeuge von einem der drei bis vier täglichen Suizide im Bahnverkehr geworden sind oder weil sie eine Nachricht erreicht hat, die sie anders als freudig überrascht hat.

Auch als modernstes Zentrum einer *seamless mobility* fallen in einem Bahnhof Menschen durch das Netz, die Maschen oder die Ketten. Menschen bewegen sich nicht nur störungsfrei in den Arterien und Venen der realen und virtuellen Welten, sondern verursachen Störungen oder werden Opfer derselben und stranden hier oder dort an.

5. Spiritualität als Fazit

Bahnhöfe sind Orte von Kontingenzerfahrung. Als Ort sehr alltäglicher und sehr existenzieller Erfahrungen sind sie in aller Hetze ein »dichter« Ort. Indem sie die Verkehrsströme ins Zentrum oder aus ihm heraus verdichten, sind sie auch ein Ort der Verdichtung fundamentaler menschlicher Gefühle, Erwartungen und Erfahrungen.

Bahnhöfe sind Orte des hautnah erlebbaren Widerspruchs von perfekter menschlicher Planung und dem immer wieder auftretenden Einbruch von Kontingenz, seien es die Verspätungen, die Erfahrung von Abschied und Trennung, des Sich-Treffens und Verpassens, des Strandens und Anlandens (auch z. B. nach großen Bahnunglücken wie in Eschede 1998 oder in Bad Aibling 2016).

Da sollten Kirche und Diakonie keine »Mission« haben? Gott bewahre! (Niedenthal 2008, S. 146 ff.).

So wie früher die Kirchenportale großer Kathedralen die Welten schieden,[4] so scheiden sich an den Bahnhöfen bzw. an den Toren der Bahnhöfe die Welten: Sie trennen und verbinden gleichzeitig, je nachdem, wie sie gestaltet werden und belebt sind. Und doch bleiben sie aufgrund ihrer zentralen Funktion und Architektur ein Ort des »Durchzugs« im doppelten Sinn: Heimelig wird es bei Wind und Durchzug ebenso wenig wie durch die fast immer sich bewegenden Menschenmassen – es sind nur wenige, die am »Rand stehen« – und das sind oft genug die »Randständigen«.

So sind die Bahnhöfe nicht nur symbolische Repräsentanz von wesentlichen Funktionen und Mächten einer Gesellschaft und zugleich Ortsanweisung für die durchziehenden Massen, sondern auch Ort der sinnlich erlebbaren (aber nicht thematisierten oder diskutierten) Selbstoffenbarung einer Gesellschaft in ihrer aufeinander bezogenen und sich voneinander abhebenden Selbst-Differenzierung.

Auch wenn die Bahn mittlerweile nur zwischen erster und zweiter Wagenklasse unterscheidet, gibt es mit den einfacher ausgestatteten Zügen des Berufsverkehrs doch faktisch noch eine dritte Klasse. Für die vierte Klasse ist dann die Bahnhofsmission zuständig, wenn die üblichen Verdächtigen der Diakonie und Caritas auch im Bahnhof aufkreuzen. Dort gehören sie in der Regel nicht zu den umworbenen KundInnen des Dienstleistungszentrums einer *seamless mobility* in einer hoch mobilen und vernetzten Gesellschaft, sondern stellen eine

4 Vgl. die kongeniale Beschreibung der (vermuteten) Wirkung eines solchen Portals auf einen Menschen des Mittelalters in Umberto Ecos Roman *Der Name der Rose,* 1980 (deutsche Taschenbuchausgabe 1982, S. 56 ff. »Erster Tag. SEXTA«).

Störung im Betrieb dar, sind aufgrund von Mobilitätseinschränkung, Sprachlosigkeit o. a. ein nicht durch Tickets bezahlter Kostenfaktor, weil es barrierefreies Reisen zwischen unterschiedlichen Verkehrssystemen schon aus logistischen Gründen nicht geben kann. Es sind also die üblichen Hilfsbedürftigen, die den Betrieb stören und verlangsamen würden, wenn nicht die Bahnhofsmission für »reibungslosen Ablauf« sorgen bzw. die (einstweilen noch als verkehrssystemfremd geltende) Mehrarbeit tragen würde.

Anders als im alten Zentrum der Stadt, in dem meist noch die Kirchen stehen, zeigt der der Bahnhofsmission angewiesene oder von ihr gesuchte Ort den Platz, den die Kirche inzwischen in der Mobilitätsgesellschaft zugewiesen bekommt. Sie erscheint hier eigentlich nur noch als sozialdiakonischer Dienstleister, und ist auch nur für die vierte Klasse vonnöten. So positioniert oder sich selbst positionierend, entgeht ihr freilich die Spiritualität des Mobilitätssystems selbst.

Aus unerfindlichen Gründen kann die zu Ortsheiligtümern zurückgekehrte Kirche parochialer Gemeinden die ihr seit Abraham und Mose, seit babylonischem Exil und den Reisen der Apostel eingeschriebene eigene Mobilität nicht mehr in Welt und Bild der Mobilitätsbasiliken wahrnehmen. Es wird von ihr jedenfalls nicht in auffallender Weise aufgegriffen bzw. scheint in ihrer jetzigen Organisationsgestalt als wohnortnahes Freizeitangebot nicht integrierbar.

Ein Gedankenbild zum Schluss: So wie die Weihnachtskrippen die alpenländisch inkulturierte Weihnacht des 18. bzw. 19. Jahrhunderts tradieren und symbolisieren, so könnte eine in die Gegenwart inkulturierte Weihnacht (»Deine Geschichte wird hier gespielt«) heute mit guten Gründen am Bahnhof spielen. Wenn es eine Volkszählung mit Rückkehr zum Heimatort gäbe, könnte es leicht geschehen, dass Jesus entweder im Wartesaal oder auf dem Bahnsteig geboren würde. Wenn er Glück hätte, stünde an der Seite des Bahnhofs ein Rettungswagen, in dem Ärzte in ihrer Freizeit wohnungslose Menschen unentgeltlich behandeln. Die Hirten wären die Reinigungskräfte des Bahnhofs und die Magier irgendwelche Syrer aus dem Morgenland, die mit einer Kombination aus Astro- und Bahn-App den Weg in genau diesen Wartesaal gefunden hätten. Und Ochs und Esel wären wohl eher zwei große Lokomotiven, die statt Heu und Stroh Strom fressen.

Literatur

Herzog, Markwart/Leis, Mario (Hg., 2010): Der Bahnhof: Basilika der Mobilität – Erlebniswelt der Moderne (Irseer Dialoge 14). Stuttgart

Niedenthal, Clemens (Hg., 2008): Bahnhöfe in Deutschland. Stations in Germany. Moderne städtische Zentren. Modern urban Centers. Berlin

Osterhammel, Jürgen ([7]2013): Die Verwandlung der Welt. Eine Geschichte des 19. Jahrhunderts. München

Zippert, Thomas (2016): Teilhabe. Zu einem Grundbegriff einer Theologie der Diakonie (Diakonat – Kirche – Diakonie Bd. 2). In: Thomas Zippert/Jutta Beldermann/Bernd Heide (Hg.): Brücken zwischen Sozialer Arbeit und diakonischer Theologie. Zur Eigenart der sozialdiakonischen Doppelqualifikation von Diakoninnen und Diakonen Leipzig

Zitt, Renate (2003): Diakonisch-soziales Handeln im städtischen Kontext am Beispiel der Bahnhofsmission. In: Heinz Schmidt/Renate Zitt (Hg.): Diakonie in der Stadt. Reflexionen – Modelle – Konkretionen (Diakoniewissenschaft. Grundlagen und Handlungsperspektiven Bd. 8). Stuttgart

Wichtiges in Kürze

»Bahnhof« – als (sozialer) Raum?

Es gibt kaum eine Biografie, in der nicht Wichtiges auf dem Bahnhof geschah. Insofern ist der Bahnhof nicht nur ein Schnittpunkt von Eisenbahn-, Bus- und Straßenbahnlinien ebenso wie Kommunikationskanälen, sondern auch von biografischen Linien. Er kanalisiert Verkehrs-, d. h. Menschenströme in die und aus der Stadt und ist insofern neben den alten Stadtzentren ein (das?) pulsierendes Herz der Stadt. In ihm sind (bis auf das System Bildung) alle wesentlichen gesellschaftlichen Subsysteme vertreten. In den letzten Jahren hat er neue städtebauliche Aufmerksamkeit gefunden als dialektische Verbindung bzw. Trennung städtischer Räume. Aus einem transitorischen Ort wird für eine mobile Gesellschaft eine neue gesellschaftliche Mitte. Diese neuen Zentren der Mobilität weisen der Bahnhofsmission wie ihren Hauptkunden einen Ort am Rand zu. Mit dieser ihr zugeschriebenen diakonischen Spiritualität decken sie freilich nur einen Teil der im Raum des Bahnhofs erfahrbaren Spiritualität ab: der Erfahrung von Kontingenz, der von gesellschaftlichen Mächten, deren Ordnung und deren Opfern.

Fragen zur Lernstandprüfung

Was haben Sie am Bahnhof erlebt und als für sich Wesentliches erfahren?
Was symbolisiert der Bahnhof mit seinen strömenden, verweilenden oder auch strandenden Menschen für Sie?

Die Geschichte der sozialen Hilfe am Bahnhof

Bruno W. Nikles

1. Einleitung

Relativ bescheidene Räumlichkeiten, meist am Rande des Reisegeschehens, beherbergen eine Einrichtung, die zu den ältesten diakonischen Institutionen gehört und auf eine facettenreiche Geschichte zurückblicken kann. Ihre Wurzeln reichen in das 19. Jahrhundert zurück, in dem die Gesellschaft durch tiefgreifende soziale und technische Entwicklungen geprägt wurde. Auf die veränderten Lebensbedingungen reagierten einzelne Persönlichkeiten und gesellschaftliche Gruppen mit neuen Initiativen der sozialen Hilfe. Neben der Sorge um arme, kranke und sozial entwurzelte Menschen rückten auch die wachsende Mobilität der Menschen und die Eisenbahn als erstes *Massenverkehrsmittel* der Geschichte ins Blickfeld des sozialen Engagements. Merkmale der sich nach und nach organisatorisch formierenden Hilfe am Bahnhof waren einerseits ein spezifisches und zunächst eher ungewöhnliches Auftreten von Frauen in der Öffentlichkeit des Verkehrssystems und andererseits eine geradezu modern anmutende Vernetzung mit weiteren Unterstützungs- und Hilfeangeboten der sich entfaltenden Wohlfahrtspflege. So gab es Verbindungen zu den Bestrebungen gegen den Alkoholmissbrauch oder den Initiativen gegen den Mädchenhandel, zu Übernachtungsheimen und Obdachlosenasylen, zu Ausbildungsstätten mit Arbeitsvermittlung und anderem mehr. Die zentralen AkteurInnen haben ihre Wirkungspotenziale gerade deshalb entfalten können, weil sie in unterschiedlichen, aber fachlich verwandten Bezügen standen und mit großer Flexibilität auf wechselnde Herausforderungen zwischen Reisehilfe und sozialer Hilfe reagierten. Zudem waren sie in kirchlichen Kontexten aktiv verankert, sowohl auf protestantischer wie auch katholischer Seite.

Die beiden Kernaufgaben, zum einen *Reisehilfen* und zum anderen *Unterstützungsleistungen* für hilfebedürftige Menschen in besonderen Lebenslagen, die den Bahnhofsraum kurzzeitig aufsuchen, dann beraten und gegebenenfalls auf weiterführende Angebote verwiesen werden, wurden in der Geschichte durch Großereignisse und Krisen in spezifischer Weise zusätzlich herausgefordert oder überlagert. Zu nennen sind hier beispielhaft die Betreuung von heimkehrenden Soldaten im Ersten Weltkrieg, die Betreuung der Flüchtlinge und Vertriebenen nach dem Zweiten Weltkrieg, die Hilfen für die angeworbenen ausländischen Arbeiter in den 1960er-Jahren und die Mithilfe in der aktuellen Flüchtlingskatastrophe des Jahres 2015.

Die *Bahnhofsmissionen* – sowie die zeitweise existierenden weiteren *Bahnhofsdienste* – sind »verortet« im »Sozialraum Bahnhof«, wobei dieser in den letzten einhundertfünfzig Jahren zum Teil erheblichen Veränderungen ausgesetzt war; nicht ohne Auswirkungen auf das Tätigkeitsprofil, auf die Kooperations- und Organisationsmuster sowie die »Konfliktlinien der Hilfe«, die im Kontext dieser Darlegungen nur ansatzweise angesprochen und zeitgeschichtlich zugeordnet werden können.

Sowohl der Begriff als auch das Organisationsprofil der »Hilfe am Bahnhof« ist nur in Deutschland in dieser Form entstanden und bekannt. Während partiell vergleichbare Einrichtungen in anderen europäischen und außereuropäischen Ländern nur an einigen wenigen Orten anzutreffen sind, entwickelte sich die Hilfe an den Bahnhöfen unter der Bezeichnung »Bahnhofsmission« in Deutschland zu einem »flächendeckenden« Netz. Der Begriff stand und steht in der Tradition der diversen »Bindestrich-Missionen«, die vor allem die evangelischen Kirchen seit der Mitte des 19. Jahrhunderts pflegten, ausgehend von der »inneren Mission«, die zuerst von Johann Hinrich Wichern als innergesellschaftliches Aufgabenfeld gegenüber der so genannten im Ausland betriebenen »äußeren Mission«, der so genannten »Heidenmission«, angestoßen wurde. Gemeinsames Anliegen der auf bestimmte Berufsgruppen (Seeleute, Eisenbahnarbeiter, Kellner) oder auf das Leben in der Stadt (Stadtmission, Mitternachtsmission) ausgerichteten Aktivitäten war es, Menschen, die außerhalb ihrer angestammten Kirchengemeinden lebten, zu erreichen. Und dies vor allem durch diakonisches Handeln. Die katholischen Bestrebungen folgten mit einem zeitlichen Abstand von wenigen Jahren dieser Entwicklung. Man schloss sich – im preußisch-evangelisch geprägten Kaiserreich – katholischerseits ohne große Diskussion dieser Begriffsbildung an. (Teschner in: Lutz/Nikles/Sattler 2013)

So entstand, gründend auf dem breiten wohlfahrtspflegerischen Engagement der großen christlichen Kirchen, angetrieben durch einen besonderen Wettbewerb zwischen den Konfessionen und schließlich einmündend in eine zunehmend »ökumenische« Partnerschaft ein großes Netz an Stationen. Die Tradition dieses Arbeitsfeldes ist, abgesehen von den Jahren des Zweiten Weltkriegs und die Zeit von 1956 bis 1990 in der Deutschen Demokratischen Republik, bis heute ungebrochen.

2. Gründungskontexte

Der Entstehung der Bahnhofsmissionen in Deutschland (Nikles 1994) sowie vergleichbarer Einrichtungen in europäischen und außereuropäischen Ländern lief zunächst die Entwicklung von Korrespondenznetzen bürgerlicher Kreise voraus, auf deren Basis stellensuchenden und ins Ausland wandernden Mädchen und jungen Frauen Empfehlungen gegeben, Ratschläge erteilt und Vermittlungen durchgeführt wurden. Dass diesbezügliche organisatorische Initiativen vor allem von der französischen Schweiz ausgingen, kann nicht als Zufall gelten, denn nicht wenige junge Schweizerinnen waren in verschiedenen Ländern als Hausangestellte und Lehrerinnen tätig. Zunächst konstituierte sich ein überkonfessionell orientierter Verein, der sich nach Abspaltung einer katholischen Sektion dem protestantischen Raum zuordnete. Der dann entstehende Internationale Verein der Freundinnen junger Mädchen (*Union International des Amies de jeune Fille*, gegr. 1877 in Genf, Sitz: Neuchâtel) organisierte wenige Jahre nach seiner Gründung bereits 1884 in Genf das erste »Bahnhofswerk«, sowohl an der Anlegestelle der Schifffahrt als auch an der Eisenbahnstation. Dieses wurde zum Vorbild einer weiten Ausbreitung entsprechender Dienste in anderen Ländern, vor allem aber in Deutschland. Der *Gründungskontext in Genf* im September 1877 im Rahmen eines übernationalen Treffens der Internationalen abolitionistischen Föderation, markiert die bereits erwähnte enge Verbindung mit anderen Initiativen, so beispielsweise mit der kontinentaleuropäischen Abstinenzbewegung (Beck 1980, S. 127) sowie mit weiteren Bestrebungen protestantischer Sittlichkeitsbewegungen – nicht zu vergessen mit den diversen Aktivitäten der »Frauenbewegung«.

Zwar hatten die *Freundinnen junger Mädchen* (Deutscher Zweig, gegr. 1882) bereits ein beachtliches Korrespondenznetz, das sich mit anderen Kommunikationsverbindungen der Inneren Mission gelegentlich dort traf, wo Frauen protestantischer Kirchenmänner sich in diversen Feldern sozial engagierten, doch führte dies zunächst nur zu zeitlich begrenzten und gering organisierten Hilfeangeboten an den Bahnhöfen. Die Vereine und Gruppen boten über Plakatanschläge, Handzettel oder kleine Adressenführer ihre Hilfe an. Für die um die Jahrhundertwende und bis zum Ersten Weltkrieg andauernde erste Entwicklungsphase von Bahnhofsmissionen in Deutschland war aber die Initiative des Pastors Johannes Burckhardt in Berlin entscheidend, der auf der personellen Basis des von ihm gegründeten Berliner *Vereins zur Fürsorge für die weibliche Jugend* mit Einrichtungen der Mädchenfürsorge und Mädchenbildung sowie des Vorständeverbandes der Berliner (evangelischen) Jungfrauenvereine (Brinkmeier 2003) die erste regelmäßig betriebene Bahnhofsmission am 1. Oktober 1884 eröffnete. Jahre zuvor schon waren gelegentlich Diakonissen vom Marthashof sowie Anfang der achtziger Jahre auch *Freundinnen junger Mädchen* an den Bahnhöfen erschienen waren. Vermutlich erst im Mai 1897 schlossen sich die *Freundinnen,* die sich zunächst weder mit dem Namen Bahnhofsmission noch mit der eher fürsorgerischen und auch auf untere soziale Schichten gerichteten Arbeit anfreunden konnten, voll an. In der Kritik an diversen, oben bereits erwähnten diakonischen »Missionen« verdichteten sich Vorbehalte etablierter kirchlicher Kreise gegenüber nicht parochialem und nicht traditionell verfasstem seelsorgerischem Arbeiten. Hinzu kam, dass gehobene bürgerliche Kreise ehrenamtliche und repräsentative Tätigkeiten eher schätzten als die an den Bahnhöfen notwendige zupackende und unmittelbar helfende Tätigkeit. Mit Hochachtung begegneten die Bahnbeamten deshalb denjenigen Frauen aus »gut bürgerlichem« Milieu, die sich dennoch in das Getümmel der Bahnhofswelt begaben. Die tragenden freiwilligen Kräfte der Bahnhofsmissionen vor Ort stammten dagegen später auch – wie wir heute formulieren würden – aus der »unteren Mittelschicht«.

Katholischerseits förderte der Kapuzinerpater Cyprian Fröhlich in München die erste Bahnhofsmission, die ihren Betrieb Anfang 1887 in Abstimmung mit den bereits vorhandenen zaghaften Ansätzen der dortigen *Freundinnen junger Mädchen* und des 1885 gegründeten *Marianischen Mädchenschutzvereins* aufnahm. Das katholische Pendant zu den *Freundinnen* wurde als Internationaler Katholischer Mädchenschutzverband *(Association catholique pour la Protection de jeune Fille)* 1897 in Fribourg in der Schweiz gegründet.

Während unter Führung der Berliner sehr verschiedene örtliche protestantische Frauengruppen, nicht immer direkt auch die örtlichen Gruppen der *Freundinnen,* unter der Bezeichnung *Deutsche Bahnhofsmission* den Weg zu einem eigenständigen verbandlichen Dienst fanden, blieben die katholischen Bahnhofsmissionen bis auf wenige Ausnahmen Arbeitsfelder des Katholischen Mädchenschutzvereins und erreichten keine verbandliche Selbstständigkeit.

Noch vor der Jahrhundertwende kamen mit einigen Eisenbahngesellschaften Vereinbarungen zustande, die es ermöglichten, über die *Plakatierungen an den Bahnhöfen* hinaus auch in den Zügen – und zwar in der Regel an den Abteilwänden hinter den Sitzen – auf die Arbeit aufmerksam machen zu können. Die Eisenbahnverwaltungen legten jedoch sehr früh Wert auf eine interkonfessionelle Abstimmung. Im heutigen Verständnis handelte es sich also noch nicht um eine »ökumenische« Zusammenarbeit, sondern eher um ein pragmatisches »Zusammengehen« der beiden konfessionellen Partner. Im Kontext der die Bahnhofsmission tragenden Vereine und Verbände entstanden neue Heime und Einrichtungen für junge Frauen. Das Angebot dieser Wohnheime und Freizeittreffpunkte wurde nicht zuletzt durch die Vernetzungsmöglichkeiten der

Bahnhofsmissionen und deren Zugang zur Kommunikationstechnik der Bahn (Telegrafie und Telefon, Bahnpost und Informationsweitergabe durch Bahnbedienstete) publik. Viele Einrichtungen überstanden aber die 1920er- und 1930er-Jahre aus finanziellen Gründen nicht.

Hinsichtlich der Arbeitsstrukturen und der betreuten Klientel zeichnete sich bereits Anfang des Jahrhunderts in den Metropolen eine Vielgestaltigkeit und zum Teil auch eine konflikthafte Mischung von Hilfen für Reisende einerseits und für andere, an den Bahnhöfen »gestrandete« Personen andererseits ab. Es ist zu bedenken, dass die spezifische Bedeutung der Eisenbahn als Massentransportmittel an den Bahnhöfen einen Raum entstehen ließ, in dem sich die gesellschaftlichen Bewegungen abbildeten, und dies nicht nur zu den Zeiten, in denen Krieg, Vertreibung, Landflucht, Durch- und Zuwanderung die Bahnhöfe zu Durchgangstoren einer zunehmend mobileren Gesellschaft werden ließen. In den quasi »exterritorialen« Raum der Bahnhöfe hinein erstreckten sich zum Teil städtische Szenen des – auch illegalen – Handels sowie sozial belasteter Menschen und Gruppen. Lagen die größeren Bahnhöfe zu Beginn der Entwicklung der Eisenbahn vielfach »vor den Toren der Stadt«, so umschlossen die baulichen Entwicklungen nach und nach dieselben, bildeten *Bahnhofsviertel* und veränderten auch den Bahnhof als *Sozialraum* selbst.

3. Zusammenarbeit der konfessionellen Verbände bis 1919

Im Jahre 1910 wurden die späteren kräftigen Entwicklungen des Arbeitsfeldes der Bahnhofsmission grundgelegt. Zur Jahreswende 1909/1910 stellte der evangelische *Verband Deutsche Bahnhofsmission* mit Theodora Reineck (1874–1963) die erste hauptamtliche Geschäftsführerin ein. 1914 konnte in Berlin-Dahlem eine eigene Geschäftsstelle eingerichtet werden. 1916 dann folgte die registergerichtliche Eintragung als Evangelische Deutsche Bahnhofsmission. Das Bemühen um Profilierung zeichnete viele Verbandsentwicklungen in den Kriegsjahren aus. Folgerichtig fand die konfessionelle Ausrichtung als »evangelisch« auch in der Vereinsbezeichnung ihren Niederschlag. Denn inzwischen nannte sich der entsprechende Arbeitsbereich des katholischen Mädchenschutzverbandes »Katholische Bahnhofsmission«.

Interessanterweise war die verbandliche Profilierung der evangelischen Seite zugleich mit einer Verstärkung der Kooperation mit dem katholischen Pendant verbunden. 1910 begann die Zusammenarbeit zwischen den evangelischen und den katholischen Bahnhofsmissionen als *Interkonfessionelle Kommission für Bahnhofsmission* in Deutschland. Dies ist ein frühes Beispiel dafür, dass die einzelnen wohlfahrtspflegerischen Initiativen zunehmend eine wohlfahrtsverbandliche »Landschaft« über die Grenzen der verschiedenen konfessionellen und ideellen Ausrichtungen hinweg bildeten. Seit 1910 gibt es also ein organisatorisches Dach mit einem Wechsel oder einer Doppelspitze der verbandlichen Repräsentanz. Die zur Zeit der nationalsozialistischen Herrschaft aus Gründen der Verdeutlichung des unmittelbaren kirchlichen Bezuges in *Konferenz für kirchliche Bahnhofsmission* umfirmierte Arbeitsgemeinschaft war die äußere Klammer um eine Vielzahl von örtlich unterschiedlichen Konstellationen. Es gab Bahnstationen, die nur von einer katholischen oder einer evangelischen Bahnhofsmission versorgt wurden. An den größeren Stationen existierten beide Bahnhofsmissionen, mal enger zusammen, mal parallel arbeitend. Die Vielzahl der örtlichen Konstellationen einerseits und der gleichzeitige Druck auf eine pragmatische Zusammenarbeit muss eine gewisse Faszination ausgeübt haben, gerade unter schwierigen Arbeitsbedingungen. Dies lässt sich erkennen an »kulturellen« Ausprägungen wie dem Entstehen von Gedichten und Theaterstücken sowie der Herausbildung einer eigenen Festkultur, die vermutlich auch zur zunehmenden Kohärenz der einzelnen konfessionellen Richtungen beitrug.

Nur die größeren Bahnhofsmissionen hatten einen täglichen Dienst, die kleineren waren tage- oder stundenweise besetzt. Dies war an einigen Stationen durchaus funktional, denn es gab noch keinen »Taktverkehr«, sondern bestimmte zeitliche Ankunfts- und Abreise-»Schwerpunkte«. Darüber hinaus existierte »Bahnhofsmission auf Anmeldung«, also ein Abholdienst aufgrund von vorheriger Korrespondenz oder telegraphischer Nachricht. Nicht nur die Gründungsverbände und ihre selbstständigen Gliederungen waren als örtliche Träger tätig. Bis zu einem Dutzend verschiedener Gruppierungen, von evangelischen Frauenverbänden bis hin zu Dienststellen der Inneren Mission, waren beteiligt. Auf katholischer Seite war die Trägerlandschaft dagegen nicht so breit entwickelt. Mit deutlich bescheidenerem Aufwand stand man gelegentlich im übermächtigen Organisationsschatten der Protestanten. Die Zusammenarbeit der Verbände wurde aber immer wieder als ein Beispiel sehr frühen ökumenischen Wirkens in der sozialen Arbeit herausgestellt. Jenseits mancher Rhetorik und örtlich nachweisbarer Konflikte dürfte in der Tat das über die Konfessionsgrenzen hinausgreifende verbandliche Netz, das in Deutschland zeitweise sogar die *Bahnhofshilfe des Jüdischen Frauenbundes* (Nikles 1989) überspannte und international auch eher laizistische Bahnhofsdienste in die Korrespondenztätigkeit einbezog, durchaus vorbildhaft gewirkt haben. Obgleich bei der Vermittlung von Hilfe immer die konfessionelle Zuordnung beachtet wurde – dies war sogar vertraglich festgelegt – konnten doch ein verbindendes diakonisches Verständnis und eine konfessionsübergreifende Handlungslogik realisiert werden.

4. Entfaltung des Arbeitsfeldes von 1920 bis 1933

Der Erste Weltkrieg brachte hinsichtlich der organisationsbezogenen Entfaltung des Arbeitsfeldes einerseits einen äußeren Stillstand dadurch, dass sich an den Bahnhöfen keine wesentlich neuen räumlichen Positionierungsmöglichkeiten ergaben. Auch bremste die staatlich gelenkte Kriegswohlfahrt verbandliche Eigenentwicklungen zunächst aus. Andererseits führten diese Bedingungen bei den Verbänden und Trägern, die in der kriegsbedingten Zunahme der Aktivitäten der Vereine des Roten Kreuzes und der kommunalen Vereinheitlichungsbestrebungen der Wohlfahrtstätigkeit erhebliche Bedrohungen ihrer Eigenständigkeit sahen, zu einem Erstarken ihrer spezifischen fachlichen und identitätsbezogenen Bestrebungen. So waren dann die ersten Jahre der Weimarer Republik zwar durch erhebliche finanzielle Beschwernisse markiert, doch bildete die sozialstaatliche Expansion der Wohlfahrtspflege hervorragende Voraussetzungen für den hohen Organisationsgrad der Bahnhofsmission Ende der zwanziger, Anfang der dreißiger Jahre. Zwischen 1921 und 1936 stieg die Zahl der Bahnhofsmissionen von 198 auf 362. Wurden 1914 vor Ausbruch des Ersten Weltkriegs 40 »hauptamtliche« Mitarbeiterinnen im Bereich der evangelischen Bahnhofsmissionen gezählt, so betrug 1935 die Zahl der »angestellten Berufsarbeiterinnen« 170. Die Zahl der Ehrenamtlichen stieg im gleichen Zeitraum von 600 auf 3000. Um 1910 erfolgte an etwa 20 Bahnhöfen ein »ständiger« Dienst im Sinne täglicher Anwesenheit der Damen der Bahnhofsmissionen (katholisch und/oder evangelisch). Die Mitarbeiterinnen verfügten über Stehpulte oder hielten sich im Bereich der Warteräume auf. In seltenen Fällen besaßen die Bahnhofsmissionen einen eigenen Raum. 1933 dürften zwischen 70 und 80 Bahnstationen einen räumlich und organisatorisch fest installierten Dienst gekannt haben, wobei in den großen Metropolen fast »rund um die Uhr« gearbeitet wurde. Dies wurde auch ermöglicht durch die Zusammenarbeit mit den in den 20er-Jahren entstandenen Bahnhofsdiensten für die männliche Klientel, die an einem guten Dutzend Orten tätig waren (Nikles 1994, S. 171–190). Die *Bahnhofsdienste,* ein erster evangelischer war in Berlin schon 1903 eingerichtet worden, wurden von evangelischen und katholischen (Männer-) Fürsorgeverbänden gegründet, um junge Männer zu betreuen, die »nicht sesshaft« oder auf der Suche nach Arbeit während der wirtschaftlichen Krisenjahre der Weimarer Republik in erheblicher Zahl an den Bahnhöfen »aufliefen«. Die die Bahnhofsmissionen tragenden Frauen(-Verbände) konnten sich der männlichen Konkurrenz erfolgreich erwehren und diese Dienste in ihre organisatorischen und räumlichen Arbeitsstrukturen integrieren. Den Bahnhofsdiensten dürfte es – ergänzend zur Bahnhofsmission – dagegen gelungen sein, zumindest einen Teil der männlichen »Gefährdeten« im Vorfeld der eigentlichen Bahnhofsgebäude anzusprechen und ihnen weitere Hilfeangebote zu vermitteln. In den Arbeitskonzepten gab es auch bereits eine Art »Straßensozialarbeit«. Die männlich orientierten Bahnhofsdienste wurden nach dem Zweiten Weltkrieg nicht wieder eingerichtet. In den ersten beiden Nachkriegsjahrzehnten blieben die Bahnhofsmissionen daher weiterhin Domänen weiblicher Wohlfahrtspflege. Erst seit den 1970er-Jahren sind in begrenztem Maße Männer, in wenigen Fällen auch in Leitungsfunktion, in den Bahnhofsmissionen tätig.

Die evangelische Bahnhofsmission hatte bis in unsere Zeit hinein einen ehrenamtlichen männlichen Vorsitzenden. Dies war im Kaiserreich unter gesellschaftlichen Regularien und Normen durchaus funktional. Und während der Zeit des Nationalsozialismus gehörte es zur Überlebensstrategie, verhandelten doch die wohlfahrtspflegerischen Statthalter des Regimes grundsätzlich nicht mit den Frauen, die als Geschäftsführerinnen oder Generalsekretärinnen allerdings das fachliche und organisationsbezogene Geschäft intern voll im Griff hatten. Bei den katholischen Bahnhofsmissionen trat die männliche Repräsentationsfigur in Gestalt von geistlichen Präsides auf. Grundsätzlich war das Arbeitsfeld der Bahnhofsmissionen jedoch – mehr als es die übrige Wohlfahrtspflege ohnehin kennzeichnet – ein *Arbeitsfeld von Frauen,* auch was die Leitungsaufgaben anbelangte. Dies führte zu einer spezifischen Kohärenz der Arbeit auch und gerade in Zeiten äußerer Belastung. Gewiss ist die Bahnhofsmissionsarbeit auch in der Spannung zwischen Frauenbewegung und dem gesellschaftlichen Prozess zu sehen, »Mütterlichkeit« zum Beruf (Sachße 1986) zu machen. Ob der leicht negative Unterton des Titels der Studie von Kirchhof (2011) über die Tätigkeit der »Dienstfräulein« an den Berliner Bahnhöfen der emanzipatorischen Bedeutung der Arbeit der »Bahnhofsmissionarinnen« im öffentlichen Raum vollends gerecht wird, bleibe dahingestellt. Organisationsbezogen muss in jedem Fall mit Entschiedenheit darauf hingewiesen werden, dass die Bahnhofsmissionsarbeit über viele Jahrzehnte ein von Frauen getragenes und effizient gesteuertes Feld diakonischer sozialer Arbeit darstellte.

Der in der Weimarer Zeit erreichte hohe Organisationsstand der Bahnhofsmission lässt sich nicht nur an der Zahl der Stationen belegen. Beginnend im Jahre 1925 wurden in Berlin mehrtägige Lehrgänge für »Bahnhofsmissionarinnen« abgehalten. Nach einem durchstrukturierten Lehrplan haben zwischen 1925 und 1938 schätzungsweise 800 Mitarbeiterinnen an den Kursen teilgenommen. Zwischenzeitlich hegte man sogar die Illusion, es könne eine eigene Ausbildung für Berufsarbeiterinnen in der Wohlfahrtspflege etabliert werden. Zeichen der Organisationskraft war auch die Lösung von der Bürogemeinschaft mit der Verbandszentrale der evangelischen weiblichen Jugendverbände im Burckhardt-Haus. Die Bahnhofsmission bezog 1928 ein eigenes Haus in Berlin-Dahlem, wo auch die Schulungen stattfanden. Bemerkenswerte Kennzeichen der Eigenständigkeit und des speziellen Arbeitsprofils stellten zudem Arbeitsmappen für die Informationstätigkeit in Schulen, eigene Broschüren und eine Fachzeitschrift sowie der – allerdings in der Fläche gescheiterte – Versuch dar, entsprechend dem Zeitgeist eine eigene, uniformmäßige Dienstkleidung durchzusetzen. Dies scheiterte nicht nur an finanzieller Überforderung, sondern auch am Stolz der Frauen, die bewusst in eigener Zivilkleidung nur mit Armbinde, einer schmutzabweisenden Schürze oder einem Kittel am Bahnhof tätig sein wollten.

Die Entwicklung der Bahn kam der inneren Festigung der Organisationsstrukturen sehr entgegen. 1920 erfolgte die Unterstellung der Länderbahnen unter die Reichshoheit sowie die Gründung der Deutschen Reichsbahngesellschaft 1924. Damit gab es zunehmend vergleichbare bürokratische Muster bei den einzelnen regionalen Bahndirektionen und die Möglichkeit, den Anliegen der Bahnhofsmission auch zentral Gehör zu verschaffen.

5. Verbot und Ende der Arbeit am Bahnhof 1939

Weniger aufgrund ihrer Bedeutung im Kontext der Wohlfahrtspflege, sondern vielmehr im Hinblick auf die Präsenz kirchlicher Einrichtungen an exponierter öffentlicher Stelle war die Bahnhofsmission seit 1933/1934 den nationalsozialistischen Organisationen, insbesondere der Nationalsozialistischen Frauenschaft und der *Nationalsozialistischen Volkswohlfahrt* (NSV) ein unliebsamer Träger sozialer Dienste, zumal die Bahnhofsmissionen sich in den Großstädten auch Menschen zuwandten, die ohne Wohnung und Stelle waren, umherreisten und so das Ordnungsbild der Nationalsozialisten störten. Hinzu kam, dass – nachdem die jüdischen Bahnhofsdienste bereits kurz nach der Machtübernahme 1933 ihre Arbeit einstellen mussten – auch jüdische Reisende noch einige Zeit weiter betreut wurden. Parteistellen und die NSV bauten ab 1935 nach und nach ein eigenes System von Bahnhofsdiensten auf (Nikles 1989). Den Bahnhofsmissionen gelang es allerdings bis auf wenige Ausnahmen, ihre angestammten Plätze in den Bahnhofsgebäuden zu halten. Sie standen zwar nicht mehr unter dem Schutz der Deutschen Reichsbahn, dennoch fanden die regionalen Eisenbahnverwaltungen gelegentlich Wege, die Konkurrenzproblematik dadurch zu lösen, dass man der NSV neue Räume oder gar Plätze für große Kioske zuwies, wo sie sich mit ihrem Dienst publikumswirksam gegenüber den »Volksgenossen« präsentieren konnte. Empfindlicher getroffen wurden die Bahnhofsmissionen durch die Einschränkung der Sammlungsmöglichkeiten der freien Wohlfahrtspflege seit 1934 und deren vollständige Unterbindung ab 1936. Im selben Jahr wurde sodann untersagt, von den Heimen der die Bahnhofsmission tragenden Verbände aus weiter im Bereich der staatlich lizensierten Vermittlung von Arbeitsstellen tätig zu bleiben. Dies traf die Bahnhofsmissionen zwar nicht existenziell, aber die Vernetzung mit anderen Einrichtungen und Diensten wurde damit weiter eingeschränkt. Ab dem Spätherbst 1938 kündigte sich eine noch härtere Vorgehensweise an. Die NSV-Bahnhofsdienste traten in eine Expansionsphase und wurden professionell zu einem flächendeckenden Hilfsnetz an den Bahnhöfen ausgebaut. Das Ende kam dann keineswegs überraschend. Kirchliche Einrichtungen konnten im öffentlichen Raum angesichts der Kriegsvorbereitungen nicht länger geduldet werden. Die meisten Bahnhofsmissionen mussten bis zum Frühsommer des Jahres 1939 ihre Arbeit einstellen. In Berlin scheiterten im Herbst 1939 letzte Versuche, Mitarbeiterinnen mit den Armbinden der Bahnhofsmission beim *NSV-Bahnhofsdienst* weiter mitarbeiten zu lassen. Die meisten »Bahnhofsmissionarinnen«, aber vermutlich nicht alle, zogen sich in den kirchlichen Raum zurück. Einige waren später im Dienst »an der wandernden Gemeinde«, wie man dieses Aufgabenfeld bezeichnete, in der Betreuung von Evakuierten, Flüchtlingen und Heimatlosen tätig. Die tragenden Verbände stellten zumindest formal ihre Arbeit ein, während sich der NSV-Bahnhofsdienst neben und in Verbindung mit Diensten des Deutschen Roten Kreuzes zu einer tragenden Säule der sozialen Hilfe im Eisenbahnverkehrsnetz nicht nur des Reichsgebietes, sondern auch der annektierten oder besetzten Nachbarländer betätigte. 1943 wird von über 300 ständigen Dienststellen berichtet, eine vermutlich propagandistisch deutlich übertriebene Zahl. Die vom Hauptamt für Volkswohlfahrt erlassenen Richtlinien ähnelten in vielerlei Hinsicht den Arbeitsgrundsätzen der Bahnhofsmission. Allerdings durften »Juden, Polen, Zigeuner, Asoziale usw.« nicht betreut werden.

6. Wiederaufnahme der Arbeit nach 1945

Die Bahnhofsmission hatte ihre weitere Selbstständigkeit als Fachorganisation dem Umstand zu verdanken, dass sie zu den ersten sozialen Einrichtungen gehörte, die nach dem Ende des Krieges ihre Arbeit wieder aufnahmen. Zudem konnte sie sich organisationsbezogen als evangelische *und* katholische Bahnhofsmission präsentieren. Versuche, die Dienste völlig in die Innere Mission einzugliedern, konnten so abgewehrt werden. Auch beim Deutschen Caritasverband existierten Überlegungen, die Bahnhofsmissionen als Aufgabe nicht mehr einem Fachverband zugeordnet zu lassen. Die Bahnhofsmissionen mit vielen älteren Mitarbeiterinnen, die zum Teil mit dieser Arbeit auch ihre eigene soziale Lage als Witwen stabilisierten, konnten so weitgehend selbstbestimmt rasch wieder ein übergreifendes Netz entwickeln. Flüchtlinge, obdachlose Jugendliche, Heimkehrer und *Displaced Persons* gehörten zur Klientel der Bahnhofsmissionen in den ersten Jahren nach dem Krieg. Später wurde die Betreuung der aus der Sowjetischen Besatzungszone respektive der Deutschen Demokratischen Republik kommenden Rentner eine wichtige Aufgabe. Zur Normalität der Arbeit gehörte in vielen Regionen auch die Sorge um Fahrschüler, bis sich ein weitgehend ausgeglichenes Netz an Schulen entwickelte und Schulbussysteme die Eisenbahn zum großen Teil ersetzten.

Nur noch etwa ein gutes Dutzend Jahre konnte die Bahnhofsmission von einem deutlich überalterten Stamm an gering bezahlten Mitarbeiterinnen zehren. Mehr und mehr wurden haupt- und nebenberufliche Kräfte eingestellt. Die in den 50er-Jahren einsetzende Einbeziehung der Anstellungsverhältnisse in den kirchlichen Tarif führte schließlich zu einer stärkeren Integration in die Organisationsstrukturen der beiden kirchlichen Spitzenverbände der Freien Wohlfahrtspflege – und damit begann eine durchgreifende Professionalisierung der Arbeit.

Die Bahnhofsmission profitierte in den Nachkriegsjahrzehnten vom Status der »Deutschen Bundesbahn« als Staatsunternehmen, in dem sie zumindest symbolisch von den korporatistischen Strukturen zwischen Staat und freier Wohlfahrtspflege geschützt wurde. Es kommt hinzu, dass ihre Hilfestrukturen bei der Reise von Heimkehrern, Flüchtlingen, mit Reiseerlaubnis ausgestatteten Rentnern aus der DDR, bei der Ankunft von angeworbenen ausländischen Arbeitskräften auch stark durch öffentliche Mittel gestützt wurden.

7. Besondere Entwicklung in der DDR

Die Arbeitsbedingungen der Bahnhofsmissionen in der Sowjetischen Besatzungszone und späteren Deutschen Demokratischen Republik (DDR) waren einerseits durch materiellen Mangel und durch die fehlenden oder erschwerten Vernetzungen mit anderen sozialen Einrichtungen gekennzeichnet. Das gesamtdeutsche Eisenbahnnetz war zudem durch die innerdeutsche Grenze »amputiert«. Andererseits drängte sich bereits ab 1946 die sozialistische Wohlfahrtsorganisation *Volkssolidarität* (VS) in die Arbeit hinein (Tischner 2001 und Talkenberger 2002). 1952 waren schon 30 ihrer Bahnhofsdienste tätig, während die Bahnhofsmission auf etwa 60 bis 70 Stationen kam, allerdings viele mit personell sehr schwacher und zeitlich begrenzter Besetzung. Die Politik der Verdrängung der kirchlichen Bahnhofsmissionen hatte zunächst ihren generellen Grund in dem Bestreben, die Wohlfahrtsarbeit der Kirchen zurückzudrängen. Die Ausgrenzungspolitik gegenüber der so genannten »nicht staatlichen« Wohlfahrtspflege betraf weite Arbeitsbereiche von Diakonie und Caritas (Willing 2008). Das taktische Vorgehen ähnelte dem der Nationalsozialisten: Gründung von Arbeitsgemeinschaften unter dem Dach der VS, Schaffung eines eigenen Dienstes, Herausdrängen aus den bedeutenderen Bahnhöfen. Hinzu kam das Bestreben des Staates, die Verkehrswege besser kontrollieren zu können. In eine ernste Existenzkrise gerieten die Bahnhofsmissionen 1953, als den Mitarbeiterinnen die Zutritte zu den Bahnsteigen ohne die normalen kostenpflichtigen Bahnsteigkarten verboten wurde. Bislang genutzte Räumlichkeiten in den Bahnhofsgebäuden mussten zugunsten der Volkssolidarität geräumt werden. Nach Beendigung vielfältiger administrativer Schikanen konnte 1954 die Arbeit, zum Teil in speziell mit Finanzierungshilfe aus Westdeutschland erstellten Baracken an etwa 30 Stationen fortgeführt werden. Den politischen Entscheidern waren schließlich die »Liebesgaben der Adenauer-Clique«, wie die Paketaktionen der westdeutschen Patenschafts-Stationen für die Mitarbeiterinnen genannt wurden, ein Dorn im Auge (Köster 2001). Die Mitarbeiterinnen waren für diese und andere Hilfen aus Westdeutschland dankbar, aber zum Teil auch auf sie angewiesen. Ähnlich, jedoch unter weitaus schwierigeren Bedingungen als im Westen, standen ältere und sozial wenig abgesicherte Frauen dort im Dienst. Für sie war die Tätigkeit auch ein Gutteil Beheimatung und soziale Sicherung. 1956 dann sahen sich die Bahnhofsmissionen dem Vorwurf der Spionagetätigkeit für den Westen ausgesetzt und wurden verboten. Dabei scheute man nicht vor spektakulären Verhaftungen zurück, die später allesamt aufgehoben wurden. Das Verbot war Teil breiter antikirchlicher und politischer Kampagnen.

Seither war das *Deutsche Rote Kreuz* unter der Bezeichnung Bahnhofsdienst oder Bahnhofshilfsstellen an den Bahnstationen präsent. Die Aufgabe bestand allerdings nicht mehr primär in der Hilfe für Reisende oder in fürsorgerischer Tätigkeit. Im Kern handelte es sich um die Etablierung des Rettungswesens im Kontext des Bahnsystems. Dass man letztlich nicht die *Volkssolidarität* beauftragte, in einer fachlichen Kontinuität die Arbeit der Bahnhofsmissionen fortzuführen, mag damit zusammenhängen, dass das Rote Kreuz als nationale Rettungsorganisation politisch stringenter kontrollierbar war als der zwar politisch privilegierte, aber dennoch stärker »zivilgesellschaftlich« ausgerichtete Wohlfahrtsverband *Volkssolidarität,* der immerhin an manchen Stationen einige Jahre einvernehmlich und sogar im »Schichtdienst« mit der Bahnhofsmission zusammenarbeitete. Winkler (2010) weist darauf hin, dass Wohlfahrtsarbeit der Volksolidarität aus »institutionalisierten« Versorgungsbereichen zurückgedrängt und auf einen reinen Mitgliederverband mit spezieller Orientierung auf die ehrenamtliche Arbeit für ältere Menschen verpflichtet wurde.

Lediglich in Ostberlin, am Schlesischen Bahnhof/Ostbahnhof konnte neben dem Bahnhofsgebäude weiterhin eine Bahnhofsmission tätig sein, in gewisser Weise geschützt durch den »Vier-Mächte-Status« von Berlin.

Die Bahnhofsmissionen und später die Bahnhofs(hilfs)dienste hatten im Verkehrssystem der DDR insofern eine wichtige Funktion, als die Bevölkerung auf die Bahn als öffentliches Verkehrsmittel besonders angewiesen war. Im Vergleich zu Westdeutschland existierte ein sehr dichtes Bahnnetz, trotz erheblicher Ausplünderung der Bahninfrastruktur durch die sowjetische Besatzungsmacht im Sinne von Reparationsleistungen bis 1947/48, die die Belastungsfähigkeit des Streckennetzes erheblich reduzierte, und trotz eines danach jahrzehntelang währenden schlechten Unterhaltungszustandes. Der Individualverkehr mit dem eigenen Auto besaß einen ungleich geringeren Stellenwert.

Nach der Vereinigung der beiden deutschen Staaten richteten Caritas und Diakonie mit Unterstützung der Fachverbände an einigen Bahnstationen wieder Bahnhofsmissionen ein. Zwischen 1991 und 1993 nahmen sechs Stationen ihren Betrieb auf. Weitere drei erst zwischen 2008 und 2012. Die Wiedergründungen stellten einen gewissen »Kraftakt« dar, denn die tragenden Verbände verfügten über noch geringere Ressourcen für die Quersubventionierung der Arbeit, als dies im übrigen Deutschland der Fall war und ist. Und die Rekrutierung Ehrenamtlicher stieß zumindest im kirchlichen Raum vielfach auf deutliche Grenzen. Große Teile der ostdeutschen Bevölkerung gehören keiner Kirche an. Die Offenheit der Träger für die Mitwirkung kirchlich nicht gebundener MitarbeiterInnen war und ist deshalb eine wichtige Voraussetzung der Tätigkeit der Bahnhofsmissionen. Nach der Fusion der Deutschen Bundesbahn mit der Deutschen Reichsbahn wurde das ostdeutsche Bahnnetz merklich reduziert, zumal mit der deutschen Einheit das private Auto zu einem dominanten Verkehrsmittel wurde. Aufgrund der eingeschränkten Handlungsmöglichkeiten der Träger konnte das Netz der Bahnhofsmissionen nicht im von den Verbänden gewünschten Umfang wieder hergestellt werden. Einige große Bahnstationen, so Dresden und Erfurt, verfügen bis heute noch nicht über eine Bahnhofsmission. Zuletzt wurde im September 2014 in Schwerin wieder eine Station eingerichtet. Derartige »Lückenschlüsse« sind wichtig, um die vernetzten Mobilitätshilfen in Ostdeutschland zu stärken.

8. Fazit und Ausblick

Stellt man Geschichte und Gegenwart der Bahnhofsmission in einen struktur-funktionalen konzeptionellen Rahmen und betrachtet die verschiedenen Tauschbeziehungen, so lassen sich folgende Spannungen markieren.

Zunächst sind die *Veränderungen des Verkehrssystems* insgesamt zu thematisieren. Die Eisenbahn war, aber ist jetzt nicht mehr das einzige Massenverkehrsmittel der Moderne. Mit dem Aufkommen des Personenkraftverkehrs setzten die ökonomisch bessergestellten Kreise auf das Reisen mit dem eigenen Auto. Und auch bei Gruppenreisen bediente man sich zunehmend des Omnibusses, zunächst nicht auf längeren Strecken, aber zunehmend auch im Fernverkehr. Konkurrenz erhielt die Bahn durch den Flugverkehr, zunächst überwiegend genutzt durch geschäftlich Reisende. Im regionalen Verkehr konkurriert die Bahn heute mit dem Pkw, in den Ballungsgebieten allerdings weniger als im ländlichen Raum, der heute nur noch ein recht ausgedünntes Bahnnetz kennt. Interessant ist die derzeitige Expansion der Fernbusanbieter, die zu einer ernsthaften Konkurrenz der Bahn aufgestiegen sind. Angesichts der zunehmenden Individualisierung des Mobilitätsverhaltens einerseits und der – auch sozial feststellbaren – Entmischung der NutzerInnen unterschiedlicher Verkehrsträger stellt sich immer wieder die Frage nach der Optimierung und Anpassung des standortbezogenen Hilfeangebots der Bahnhofsmission.

Sodann wird man den Blick auf die *Reisenden* richten und darauf, welchen sozialen Gruppen sie zuzuordnen sind. Während in den ersten Jahrzehnten des Bahnverkehrs die meisten Reisenden auf das Bahnsystem angewiesen waren, stellt sich die Reisekundschaft heute differenzierter dar. Im Nah- und Regionalverkehr wird die Bahnhofsmission noch gefragt sein bei Menschen, die wegen Gebrechlichkeiten oder *Behinderungen* Hilfe benötigen. Vielfach reichen die inzwischen bereitstehenden technischen Einstiegshilfen etwa in Form von Hebebühnen nicht aus, denn die Verbesserungen an den Wagen halten sich in Grenzen. Die Bahnen und andere Verkehrsträger sind in den letzten Jahren verstärkt in die Pflicht genommen worden, selbst Mobilitätshilfen anzubieten. So ist mithin die Bahnhofsmission immer neu herausgefordert, veränderte Bedarfe und auch »Konkurrenzen« in ihrem Aufgabenportfolio zu berücksichtigen. War es in den 1950er-Jahren beispielsweise die Betreuung der Fahrschüler, so ist es heute die Begleitung reisender Kinder zu ihren entfernt lebenden Eltern(teilen).

Angedeutet wurde bereits oben, dass das Verhältnis zwischen Bahn und Bahnhofsmission gleichermaßen in der Vergangenheit wie auch heute immer wieder neu austariert werden muss. Die Bahn hat in den letzten Jahrzehnten ihre Verkehrstechnik verschlanken und damit Raum schaffen können für die

Umwandlung der *Bahnhöfe in Verkehrs- und Handelszentren.* Das Werbewort vom »Einkaufsbahnhof« bringt diesen Wandel auf den Punkt. Heute kann man grob zwei Typen von Bahnhöfen unterscheiden: Wir kennen einerseits Bahnstationen, die vornehmlich größere Haltestellen darstellen, mit dem minimalen Angebot eines Kiosks oder kleineren Imbissbetriebes. Bahnhofmissionen finden hier unter anderem dann noch Aufgaben, wenn ein umfangreicherer Umsteigeverkehr stattfindet. Der traditionelle größere Bahnhof als ein komplexeres räumliches Gefüge hat häufig weit über die Verkehrsfunktion hinaus die Form eines innerstädtischen Zentrums angenommen. Würde man die Reisenden optisch ausblenden, so richteten sich die Blicke des Betrachters auf eine Vielzahl von Einzelhandelsgeschäften und Bistrobetrieben, ganz nach dem Stil der traditionellen Einkaufspassagen. Die mobile städtische Gesellschaft nutzt diese Angebote für den kleinen und schnellen Einkauf, den Kaffee im Pappbecher oder das Brötchen auf die Hand. Am Rande dieses Geschehens oder eingemischt darin sieht man Eltern, die wegen eines verpassten Zuges den Kinderwagen in die Bahnhofsmission schieben, dort eine Wickelmöglichkeit für das Baby suchen. Aber auch personal oder sozial belastete Großstadtbewohner holen sich hier Rat oder vertrauen sich in einem Gespräch einer Mitarbeiterin an.

Überall dort, wo die Existenz der Bahnhofsmissionen durch einen Wohlfahrtsträger gesichert ist, unterstützt auch die Deutsche Bahn deren Arbeit mit der *Bereitstellung von Räumlichkeiten* und mit einem Beitrag zu den Unterhaltungskosten. Art und Umfang dieser freiwilligen Unterstützung hing und hängt nicht nur vom Wissen ab, dass Reisende gegebenenfalls Hilfe benötigen, sondern dass der Bahnhof ein öffentlicher Raum ist, an dem sich auch gesellschaftliches Leben in einer den Reiseverkehr überschreitenden Form entwickelt. Es ist darüber hinaus nicht ohne Bedeutung, welche soziale Kultur das Denken der Führungsetagen der Bahn und das Handeln des Bahnhofsmanagements prägt. Was in früheren Zeiten zentral schlicht angeordnet werden konnte, muss heute bei der Sicherung der Arbeitsbedingungen mit aufwendiger Kommunikation und mit einem Gespür für die komplexen Interessenlagen geregelt werden.

Waren die Bahnhofsmissionen ehemals eingebunden in ein Netz von Heimen und Einrichtungen, waren sie in der Nachkriegszeit relativ einsame Sozialstationen im Bahnhof, so stehen sie – besonders ausgeprägt in den großen Metropolen – heute in einem *Netz unterschiedlicher Hilfestrukturen,* auch und gerade für Menschen mit besonderen sozialen und psychischen Problemen. Notschlafstellen, Armenküchen und andere Einrichtungen sind in den Metropolen rund um die Bahnhöfe zum Teil fußläufig erreichbar. Dies ist zum einen eine Entlastung der Bahnhofsmission, die nur begrenzt in der Lage ist, innerstädtische Sozialstation zu sein, weil sie sonst zu sehr in Konflikt mit der Bahn und ihrem

Anspruch gerät, den Reisenden einen modernen und »geordneten« Bahnhof anzubieten. Zum anderen stellen alle Einrichtungen zusammen ein recht tragfähiges Netz für die soziale Hilfe rund um die Uhr bereit.

Alle Anstrengungen, Reisende und Hilfesuchende im Bahnsystem »niedrigschwellig«, kosten- und selbstlos von früh bis spät zu unterstützen, gründen vor allem auf *freiwilligem und ehrenamtlichem Engagement* von Menschen, die einen Teil ihrer Zeit und Arbeitskraft zur Verfügung stellen – denn nur die Leitungskräfte sind durch *Mischfinanzierungen und Quersubventionierungen* der kirchlichen Träger finanzierbar.[1] Dies geschieht von Ort zu Ort unter jeweils unterschiedlichen und zum Teil prekären Bedingungen. Hier hat sich seit hundert Jahren kaum etwas geändert. Dennoch hat die Bahnhofsmission viele Krisen und Konflikte durchgestanden.

Literatur

Beck, Werner (1980): Sie wagten Nächstenliebe. Louis-Lucien Rochat, Arnold Bovet, Curt von Knobelsdorff. Wuppertal

Brinkmeier, Petra (2003): Weibliche Jugendpflege zwischen Geselligkeit und Sittlichkeit. Zur Geschichte des Verbandes der evangelischen Jungfrauenvereine Deutschlands (1890–1918). Potsdam: Diss. Humanwiss. Fakult. Verfügbar: http://opus.kobv.de/ubp/volltexte/2006/1022/pdf/brinkmeier_diss.pdf (Zugriff: 15.2.2013)

Kirchhof, Astrid Mignon (2011): Das Dienstfräulein auf dem Bahnhof. Frauen im öffentlichen Raum im Blick der Berliner Bahnhofsmission 1884–1939. Stuttgart

Kösters, Christoph (2001): Staatssicherheit und Caritas 1950–1989, in: Christoph Kösters (Hg.), Caritas in der SBZ/DDR 1945–1989, Paderborn 2001, S. 87–135

Nikles, Bruno W. (1989): Die Bahnhofshilfe des Jüdischen Frauenbundes (1904–1933), in: Gefährdetenhilfe Jg. 31, S. 98–101

Nikles, Bruno W. (1989): Machtergreifung am Bahnhof. Nationalsozialistische Volkswohlfahrt und kirchliche Bahnhofsmission 1933 bis 1945, in: Neue Praxis Jg. 19, S. 242–261

Nikles, Bruno W. (1994): Soziale Hilfe am Bahnhof. Zur Geschichte der Bahnhofsmission in Deutschland (1894–1960). Freiburg

Sachße, Christoph (1986): Mütterlichkeit als Beruf. Sozialarbeit, Sozialreform und Frauenbewegung 1871–1929. Frankfurt/M. (rev. Fassung Weinheim 2004).

Talkenberger, Wolf-Dietrich (2002): Nächstenliebe am Bahnhof. Zur Geschichte der Bahnhofsmission in der Sowjetischen Besatzungszone (SBZ) und der DDR. Berlin

Teschner, Klaus (2013) : Mission und Zeugnis in der Bahnhofsmission, in: Bernd Lutz/Bruno W. Nikles/Dorothea Sattler (Hg.): Der Bahnhof. Ort gelebter Kirche. Ostfildern, S. 55–87

Tischner, Wolfgang (2001): Katholische Kirche in der SBZ/DDR 1945–1951. Die Formierung einer Subgesellschaft im entstehenden sozialistischen Staat. Paderborn, S. 442–448

Willing, Matthias (2008): »Sozialistische Wohlfahrt«. Die staatliche Sozialfürsorge in der Sowjetischen Besatzungszone und der DDR (1945–1990). Tübingen

Winkler, Gunnar (2010): Zur Geschichte der Volkssolidarität 1945–2010. Berlin

1 Weitere Optionen vgl. Dieckbreder, *Ökonomie und Solidarität* in diesem Band.

Wichtiges in Kürze

Geschichtliche Zusammenhänge

Die Eisenbahn war das erste Massenverkehrsmittel der Geschichte, Produkt und zugleich treibende Technik der Industrialisierung. Sie trug sowohl zu steigender räumlicher als auch zu wachsender sozialer Mobilität bei. Die Bahnhöfe, die zunächst außerhalb der alten Kernstädte entstanden, bildeten durch die einsetzenden Stadtentwicklungsprozesse nicht nur neue Verkehrszentren, sondern wurden zu Kristallisationsorten städtischen Lebens. Damit kennzeichneten neben den Verkehrsfunktionen auch die spezifischen sozialen Problemlagen diesen Ort. Die bereits im 19. Jahrhundert gegründeten Bahnhofsmissionen stellten eine Reaktion auf diese Probleme dar.

Bahnhofsmission und Konfession

Die Bahnhofsmissionen sind wesentlich aus protestantisch-diakonischer Initiative hervorgegangen und wurden rasch durch entsprechende katholische Einrichtungen ergänzt. Konkurrenz und Kooperation zugleich bildeten den Motor für eine bereits früh einsetzende interkonfessionelle Zusammenarbeit. Im Nationalsozialismus und in der DDR wurden die Bahnhofmissionen zunächst verdrängt, schließlich verboten und durch »regimetreue« Organisationen ersetzt. Heute bestimmt ein ausgeprägter »ökumenischer« Geist die Zusammenarbeit der Konfessionen.

Bahnhofsmission heute

Die Eisenbahn steht heute im Wettbewerb mit dem Kraftfahrzeug, mit Bussystemen und dem Flugzeug. Neue Muster der Organisation des Individualverkehrs etablieren sich. Reise- und Mobilitätsbedürfnisse ändern sich ebenso wie die Klientel, die durch die Bahnhofsmission Unterstützung erfährt. Neben der unmittelbaren Unterstützung vor Ort wachsen die Ansprüche an die Beratung und die Vermittlung von Hilfen. Die Präsenz der Bahnhofsmission ist weiterhin abhängig von der Unterstützung der Deutschen Bahn, der kirchlichen Wohlfahrtsverbände und dem Engagement ehrenamtlicher Helferinnen und Helfer.

Fragen zur Lernstandprüfung

Welche Relevanz hat Ihrer Meinung nach die historische Betrachtung von sozialen Arbeitsfeldern?

Gibt es Gründe, warum die Bahnhofsmission schon so lange existiert?

Die Aufgaben der Bahnhofsmission

Christian Bakemeier

1. Einleitung: Nächste Hilfe Bahnhofsmission

Spot 1: »Ist heute nicht ein wunderbarer Tag, um sich das Leben zu nehmen?«, fragt ein Gast beim Betreten der Bahnhofsmission Dortmund und wird fortan von einem hohem Repräsentanten der Konferenz für Kirchliche Bahnhofsmission (KKBM) zitiert, wenn dieser gebeten ist, über die Aufgaben der Bahnhofsmission zu berichten. Die KKBM ist die ökumenische Arbeitsgemeinschaft der Bahnhofsmission auf Bundesebene.

Die Frage hinterlässt Eindrücke: über die extreme Lebenslage des Gastes, über die Mitarbeitenden der Bahnhofsmission, die gefordert sind, sich seiner anzunehmen, und über die Aufgaben der Bahnhofsmission als sozial-diakonischer Anlaufstelle am Bahnhof.

Ein Gast kommt, sagt etwas und ihm wird zugehört. Erkennbar sind Gäste einerseits und HelferInnen andererseits. Auffällig ist, dass der Gast sein Problem chiffriert und seine Motive nur andeutet. Deutlich wird ein Wunsch nach Kommentierung oder Nachfrage. Diese erfolgt dann auch durch einen Mitarbeiter in einer gut sichtbaren blauen Weste, der dem Gast ein Gesprächsangebot in einem Nebenraum macht.

Spot 2: Ein alter Mann in abgewetzter Kleidung klingelt an der Tür der Bahnhofsmission am Berliner Hauptbahnhof. Eine diensthabende Mitarbeiterin betätigt den Summer und lässt ihn ein. Der Mann grüßt und setzt sich an einen der Tische im Gastraum. Die Mitarbeiterin bringt ihm nach einiger Zeit eine Tasse Kaffee. Am Nebentisch sitzt eine junge Frau und spielt mit einem Kleinkind.

Auch hier entstehen Eindrücke: Menschen kommen in eine Bahnhofsmission und nutzen diese, um dort zu verweilen. Äußere Merkmale geben Hinweise auf ihre soziale Lebenslage, eine darauf bezugnehmende Intervention vonseiten der Mitarbeitenden findet nicht statt.

Die Aufzählung von Beispielen von Menschen und Begebenheiten in Bahnhofsmissionen ließe sich unendlich fortsetzen. Dabei würden wahrscheinlich mehr Unterschiede als Gemeinsamkeiten sichtbar – ein Zeichen für die Vielschichtigkeit der Gäste der Bahnhofsmissionen und ihrer Lebenswelten und -lagen, ein Zeichen aber auch für die Heterogenität des fachlichen Ansatzes der Arbeit?

In diesem Beitrag wird die Entwicklung des konzeptionellen Selbstverständnisses der Bahnhofsmissionen in den letzten zwanzig Jahren nachvollzogen und das daraus resultierende Angebotsportfolio der Gegenwart wird aufgefächert. Das Konzept »Sozialraumorientierung« bildet dabei sowohl den »Raum« für einige organisationsdynamische Reflexionen als auch für einen selbstbewussten Blick in die Zukunft.

2. Anlaufstelle Bahnhofsmission

Bahnhofsmissionen sind Anlaufstellen am Bahnhof und somit Orte der Begegnung von Menschen. Diese findet in den Räumen der Bahnhofsmissionen statt, aber auch im Bahnhofsgebäude, auf den Bahnsteigen, im Umfeld des Bahnhofs und mittlerweile zudem unterwegs im Zug. Konzipiert sind die Bahnhofsmissionen als Einrichtungen der offenen Tür; d.h., eine Nutzung ist lediglich durch Öffnungszeiten eingeschränkt und auch möglich, ohne ein konkretes Hilfe- oder Unterstützungsanliegen zu formulieren. Die NutzerInnen werden als Gäste bezeichnet. Eine Titulierung als »Kunden« hat sich im Fachdiskurs der Bahnhofsmissionen genauso wenig durchgesetzt, wie der Begriff »Klient« bzw. »Klientin«.

Die Bahnhofsmissionen praktizieren einen Mix aus einer Komm-Struktur und zugehenden Hilfen im und um den Bahnhof. Wird von den Gästen das Anliegen einer Hilfestellung formuliert, erfolgt eine Bearbeitung im Rahmen sozialer Einzelfallhilfe (Fachlexikon der sozialen Arbeit 2011, S. 220). Häufig führt die Bahnhofsmission in diesem Rahmen eine erste Bestandsaufnahme (Clearing) durch und leitet anschließend an eine örtliche Fachstelle weiter.

Aufgrund der personellen Struktur wird die Hilfe überwiegend von ehrenamtlichen Mitarbeitenden geleistet. Die Tätigkeit der Ehrenamtlichen wird etwa im Verhältnis 1:9 von hauptamtlichen Mitarbeitenden begleitet und koordiniert. So viel zur kurzen Bestandsaufnahme.

3. Sozialraum Bahnhofsmission

Wie gelingt nun eine sozialräumliche Perspektive auf die Bahnhofsmission? Hofinger (Zugriff 21.03.2016) beschreibt einen Sozialraum als einen »sozial konstruierten Raum: einen Lebensraum und sozialen Mikrokosmos, in dem sich gesellschaftliche Entwicklungsprozesse manifestieren«.

Die Fallbeispiele am Anfang lassen sich mühelos mit den Merkmalen dieser Definition verbinden. Sie sind anwendbar auf das soziale Geschehen in den Bahnhofsmissionen, die zudem von sich sagen, Seismographen gesellschaftlicher sozialer Entwicklungen zu sein, die sich am Bahnhof manifestieren (Deutscher Caritasverband 1984, S. 82–85). Am Ende des 19. Jahrhunderts reisten junge Frauen und Männer vom Land in die Städte, um dort ihren Lebensunterhalt zu sichern und eine Zukunft aufzubauen, am Ende zweier Weltkriege waren es die Bahnhöfe, an denen sich Kriegsheimkehrer, Flüchtlinge und Vertriebene versammelten und von den Bahnhofsmissionen versorgt wurden. In den 60er-Jahren wurden dort Gastarbeiter begrüßt und DDR-Rentner auf dem Weg zu ihren bundesdeutschen Verwandten, in den 80er- und 90er-Jahren waren es Spätaussiedler und Asylbewerber. Bis heute stehen die Bahnhofmissionen an den Bahnhöfen als markanten Kulminationspunkten im Mittelpunkt gesellschaftlicher Veränderungen. Mit einem Mix aus menschlicher Zuwendung und pragmatischer Hilfe eröffnen sie soziale Empfangsräume, erschließen örtliche soziale Netzwerke und vermitteln dorthin weiter. Gleichzeitig sind sie Bestandteil der örtlichen Versorgungsstruktur für benachteiligte Menschen und gewähren auch hier soziale Hilfe und Schutz vor Ausgrenzung.

Bahnhofsmissionen sind als sozialräumlicher Mikrokosmos Teil größerer Sozialräume, etwa des Bahnhofes oder des den Bahnhof umgebenden städtischen Quartiers. Sie prägen die sozialen Milieus dieser Sozialräume mehr oder weniger stark mit und leisten so implizit von jeher sozialraumorientierte Arbeit. Trotzdem existiert bisher weder ein sozialraumorientiertes Fachkonzept für die soziale Arbeit in Bahnhofsmissionen, noch findet der Bahnhof in der Sozialraumdebatte besondere Beachtung. Das mag daran liegen, dass der Bahnhof als Ort der Mobilität und des Konsums oberflächlich betrachtet wenig beständige und vertiefte soziale Strukturen aufweist und somit aus dem Referenzrahmen der Sozialraumarbeit herausfällt.

4. Leben am Bahnhof

Bei näherem Hinsehen wird aber schnell deutlich, dass bestimmte Gruppen von Menschen den Bahnhof als dauerhaften Aufenthaltsort nutzen und sich sehr wohl Sozialstrukturen entwickeln, die weit mehr als temporär sind. Ins Auge fallen jedem Bahnhofsbesucher und jeder Bahnhofsbesucherin sofort die Flaschensammler, die Wohnungslosen oder die Drogenabhängigen, die sich im Bahnhof aufhalten, weil es hier trocken und geschützt ist und sich darüber hinaus wirtschaftliche Einnahmequellen bieten.[1] Wer in einer Bahnhofsmission gearbeitet hat, weiß dass der Bahnhof auch jugendliche, einsame und psychisch kranke Menschen anzieht. Vielleicht sind es die Anonymität und die relativ geringe soziale Kontrolle, die es für diese Menschen interessant macht, sich den Bahnhof als Lebens- und Sozialraum zu erschließen. Wegen der Bedingungslosigkeit des Zugangs, des Kontaktangebotes und nicht zuletzt auch des Versorgungsangebotes mit Getränken, Nahrung und Bekleidung sind die Bahnhofsmissionen für diese Menschen attraktive Anlauf- und Aufenthaltsstellen. Die Arbeit mit diesen Zielgruppen macht einen nicht unerheblichen Teil der Arbeit in den Bahnhofsmissionen aus.

Sie bietet eine der Zugangsoptionen zu einem erneuerten, sozialraumorientierten Hilfeverständnis der Bahnhofsmissionen. Bisher bleibt es aber noch die Ausnahme, Gäste aktiv in die Milieu- und Angebotsgestaltung einzubeziehen, wie es in sozialräumlichen bzw. gemeinwesenorientierten Hilfekonzepten verbreitet ist (Deutscher Verband 2011, S. 173).

Gleichwohl ist das Interesse der Bahnhofsmissionen an einer stärkeren sozialräumlichen Ausrichtung der Arbeit in den letzten Jahren gewachsen. Dies wird unter anderem durch die große Nachfrage der Stationen nach einschlägigen Informations- und Fortbildungsveranstaltungen belegt. Im Fokus des Interesses stehen dabei allerdings weniger ein buchstabengetreuer sozialraumorientierter Hilfeansatz oder ein verstärktes Interesse der Ausrichtung der Arbeit an Bedarfen des Bahnhofsquartiers. Deutlich wird vielmehr, dass die maßgeblichen sozialräumlichen Funktionen der Bahnhofsmissionen über derzeit bestehende Fachkonzepte und Leistungsstandards nicht ausreichend erfasst wird: die eines regelmäßigen und verlässlichen (Tages-)Aufenthaltes für Menschen aus dem örtlichen Gemeinwesen, zumeist in besonderen Lebenslagen. Für die Arbeit

1 Nicht näher eingegangen werden soll im Zusammenhang dieses Beitrags auf eine mögliche Wechselwirkung zwischen den steigenden Mobilitätserfordernissen moderner Gesellschaften und einem daraus resultierenden erweiterten Verständnis des Sozialraumbegriffs. Diese Erweiterung hat die Bundesarbeitsgemeinschaft Katholischer Bahnhofsmissionen bereits vorgenommen (Sauter-Ackermann 2014, S. 173).

mit diesen im internen Sprachgebrauch »Stammgäste« genannten Menschen erscheint eine Konzeptrevision bzw. eine fachliche Weiterentwicklung notwendig. An deren Anfang soll hier eine historische Einordnung der fachlichen Entwicklung der Bahnhofsmissionen und der damit verbundenen Fachdebatte in den letzten zwanzig Jahren[2] stehen:

5. Die Entwicklungen in den 90er-Jahren

Ein verbindliches, allgemeingültiges Hilfekonzept der Bahnhofsmissionen hat es bis in die 90er-Jahre des 20. Jahrhunderts nicht gegeben, weil sie »im Hinblick auf die Betreuung schwerpunktmäßig unterschiedlicher Besucherkreise zur Verarmung dieses Dienstes führen«, wie es der Vorsitzende der KKBM, Theodor Schober (zitiert in Reusch 1987, S. 221) einmal formulierte.

Veränderte Gästestrukturen und verändertes Hilfeverständnis

Hinweise für die praktische Arbeit existierten bis zu dieser Zeit in Form der *Arbeitshilfen für Bahnhofsmissionen,* einer Loseblatt-Sammlung, die von der KKBM herausgegeben wurde und die eine allgemeine Orientierungshilfe für die Arbeit gab.

Mitte der 90er-Jahre kam es dann durch eine Initiative hauptamtlicher Leitungen großstädtischer Bahnhofsmissionen zur Gründung eines zunächst informellen *Arbeitskreises Metropolbahnhofsmissionen.* Der Arbeitskreis aus Vertretungen wirtschaftlich und personell vergleichsweise gut ausgestatteter Stationen setzte sich zum Ziel, übergreifende fachliche Standards zu entwickeln und diese in ihren Stationen verbindlich in die Praxis umzusetzen.

Diese Initiative wurde von den Bundesgremien der KKBM aufgegriffen und mündete schließlich 2004 in die Verabschiedung des bis heute gültigen Leitbildes *aller* Bahnhofsmissionen – auch die daraus abgeleiteten Leistungsstandards (Konferenz für kirchliche Bahnhofsmission in Deutschland 2004) haben bis heute Gültigkeit.

2 Plattformen für die Fachdebatte in den Bahnhofsmissionen bilden traditionell formale Arbeits- und Gremienstrukturen auf kommunaler, regionaler und Bundesebene einerseits und informelle Interessensgruppierungen andererseits. Aufgabe der KKBM als ökumenischer Arbeitsgemeinschaft der Bahnhofsmission auf Bundesebene ist es, die im Diskurs entstehenden Impulse aufzugreifen, zu bündeln und zu gewichten. Die daraus hervorgehenden Produkte sind im Hinblick auf die Gestaltung der täglichen Praxis weniger normativ-standardisierend, als vielmehr orientierend und einen größeren Rahmen setzend.

Vorausgegangen war eine Entwicklung der Bahnhofsmissionen, die sich seit den 60er-Jahren von einem kirchlichen Hilfsdienst für bedürftige Reisende immer mehr zu einer kommunalen kirchlichen Sozialstation am Bahnhof erweitert hatte. Dabei veränderte sich die Sozialstruktur der Gäste und Besucher maßgeblich. So gaben in einer repräsentativen Befragung im Jahr 1987 (Reusch 1987, S. 167) über 77 Prozent der Bahnhofsmissionen an, im Schwerpunkt »Nichtsesshafte«[3] zu versorgen. Unter den »Nichtsesshaften« wurden Obdachlose, Menschen ohne festen Wohnsitz, Menschen mit sozialen Problemen o.Ä. zusammengefasst. Ähnlich häufig als Schwerpunktzielgruppe der Hilfe genannt wurden noch die »Körperbehinderten« mit ca. 61 Prozent.

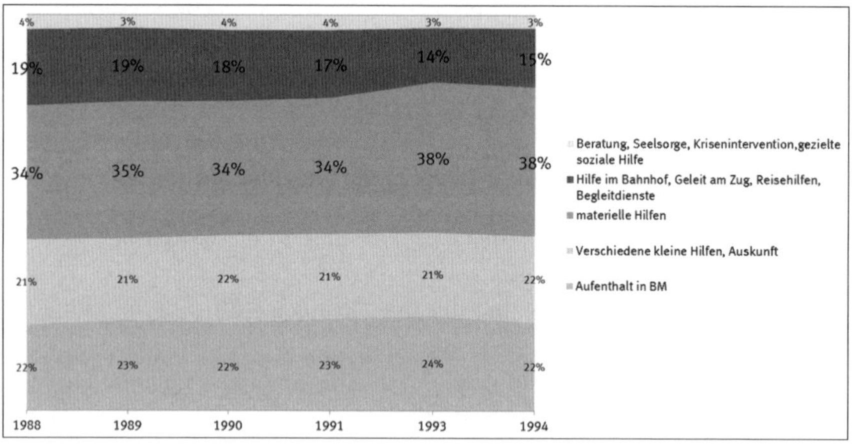

Die statistische Entwicklung der geleisteten Hilfen in den Jahren 1988 bis 1994 dokumentiert, wie sich das Verhältnis der Hilfen für die Schwerpunktzielgruppen zueinander verändert hat. Abzulesen ist in diesem Zeitraum ein sukzessiver Rückgang der Reisehilfen und ein Anstieg der materiellen Hilfen auf 38 Prozent. Die anderen Hilfeleistungen blieben weitgehend konstant, was bis heute so ist und unten in diesem Beitrag einer genaueren Betrachtung unterzogen wird.

3 Aus Gründen der historischen Richtigkeit wird hier der damals verwendete Begriff verwendet und in Anführungszeichen gesetzt.

6. Der Arbeitskreis (AK) Metropolbahnhofsmissionen als Think Tank der Bahnhofsmissionen

Die inhaltlichen Akzente, die der AK gesetzt hat, bildeten einen deutlichen Kontrast zu den bis Mitte der 90er-Jahre praktizierten Hilfen. Aus seinen Arbeitsergebnissen geht der Entwurf eines standardisierten Angebotsmix' der Bahnhofsmissionen hervor aus Reisehilfen, einer Sozialberatung im Sinn einer Krisenambulanz und Vermittlungsleistungen, flankiert von weiteren Serviceleistungen für Reisende (s. Kasten auf S. 71).

Dieses neue Portfolio bildete eine Abkehr von der damals verbreiteten Hilfe- und Versorgungspraxis vieler Bahnhofsmissionen. Nach Auffassung des *AK Metropolbahnhofsmissionen* sollten materielle Hilfen nur noch nachrangig, d. h. in Notfällen gegeben werden. Eine »Regelversorgung« mit Verpflegung durch die Bahnhofsmission wurde programmatisch ausgeschlossen.

Arbeitskreis: Bahnhofsmissionen an Metropolbahnhöfen
Vision Bahnhofsmission 2011

Thesen zur Leitbildentwicklung der Deutschen Bahnhofsmissionen

- Veränderung ist unser Programm.
- Wir überleben nur, wenn wir mobil sind.
- Wir überleben nur, wenn wir bundesweit transparente Standardangebote und eine transparente einheitliche Struktur entwickeln.
- Das beinhaltet z. B. eine zentrale Bundesgeschäftsstelle, drei Geschäftsführer/innen mit den jeweiligen Schwerpunkten *Personal/Organisationsentwicklung *Geschäftsführung *PR und Marketing.
- Es gibt einen bundesweiten Aktionstag aller Bahnhofsmissionen.
- Wir brauchen eine Ausrüstung und technische Standards, die den mobilen Anforderungen entsprechen.
- Wir wollen Spaß haben.
- Ehrenamtliche sind keine Lückenbüßer, kein Einsparungspotenzial, sondern ehrenamtliche Arbeit ist eine Qualität an sich, die es zu optimieren gilt. Wir brauchen eine Professionalisierung der Zusammenarbeit von Haupt- und Ehrenamtlichen, eine Professionalisierung des Ehrenamtes und haben eine Konzeption »Ehrenamt in der Bahnhofsmission«.
- Bei uns kann man Karriere machen.

- Wir sind auf dem Sozialmarkt ein attraktiver Partner.
- Personalentwicklung/Organisationsentwicklung ist Standard in den örtlichen Bahnhofsmissionen.
- Mitarbeiterbeteiligung ist auf allen Ebenen fest verankert.
- Bahnhofsmission ist der verlässliche Dienstleister der Kirchen an 150 Bahnhöfen und Flughäfen.
- Bahnhofsmission arbeitet europaweit. Der Name ist weltweit geschützt.
- Bahnhofsmission ist die Kirche am Bahnhof. Es gibt keine »Teppichboden-Spiritualität« ohne den Staubsauger.
- Bahnhofsmission bietet Consulting.
- Bahnhofsmission ist eine gesamtstädtische Sozialambulanz.
- Bahnhofsmissionen haben personelle Mindeststandards hinsichtlich der Qualifikationen der hauptamtlichen Stelleninhaber/innen. Leitungen haben immer eine volle Stelle.

Dass dieser veränderte Hilfeansatz sich durchsetzen und in den folgenden Jahren den fachlichen Mainstream der Arbeit der Bahnhofsmissionen bilden sollte, lag begründet zum einen in der Zielgerichtetheit des *AK Metropolbahnhofsmissionen,* der diese in den bundesweiten Gremien zur Entscheidungsreife brachte. Befördert wurde dieser Prozess andererseits aber durch einen externen Impuls, der sich nachhaltig auf das Selbstverständnis der Bahnhofsmissionen auswirken sollte: das »Verbot« der Essensausgabe durch die Bahn.

Hartmut Mehdorn, der damalige Vorstandsvorsitzendende der Deutschen Bahn AG (DB), unterstellte in einem Interview mit der BILD am Sonntag am 14.1.2001, dass die Existenz der Bahnhofsmissionen und insbesondere deren Essensausgabe benachteiligte Menschen in die Bahnhöfe ziehe und die Attraktivität des Standortes Bahnhofes für andere Besuchergruppen darunter leide. Er forderte die Bahnhofsmissionen deshalb auf, in den Bahnhöfen kein warmes Essen mehr auszugeben. Dies wurde von diesen als Infragestellung ihrer Daseinsberechtigung gewertet und zog massive öffentliche Proteste und Solidaritätsbekundungen vieler sozialer Organisationen und Verbände nach sich.

Mehdorn korrigierte seine Aussagen in der Folge verschiedentlich und stellte in seinen öffentlichen Verlautbarungen fortan den Nutzen der Bahnhofsmissionen heraus. Gleichzeitig leistete er aber mit seiner Kritik einen maßgeblichen Anstoß für die Entwicklung der ersten übergreifenden Rahmenkonzeption der Bahnhofsmissionen. Diese orientierte sich stark an den konzeptionellen Prämissen des *AK Metropolbahnhofsmissionen* und fand 2003 erstmals Niederschlag in einem offiziellen Dokument:

Es wurde ein Rahmenvertrag[4] mit der DB AG abgeschlossen, in dem die Aufgaben der Bahnhofsmissionen als »unmittelbare soziale Hilfe für Reisende und Bahnhofsbesucherinnen und -besucher« und »die Vermittlung an örtliche Einrichtungen und Dienste (…)« definiert wurden.

»Die unmittelbare Hilfe umfasst eine erste Hilfe in Form eines Gespräches, eines Rates, einer Stärkung, einer kurzzeitigen Aufnahme sowie sicheres Geleit (…). Weitergehende Hilfe leistet die Bahnhofsmission nicht, vermittelt sie aber.«

An die Stelle des bisher praktizierten fürsorgerisch/versorgenden Hilfeansatzes, der implizit einen nicht nur kurzen Aufenthalt in der Bahnhofsmission ermöglichte, trat ein »übergangsorientierter« Hilfeansatz, der zwar noch unmittelbare kurzfristige Hilfeleistungen vorsah, als Ziel der Hilfe aber eine baldige Weitervermittlung an Fachstellen formulierte. Die bis dato eng mit der Vergabe materieller Hilfen verbundene Funktion der Bahnhofsmissionen als Tagesaufenthalt rückte konzeptionell in den Hintergrund.

Die Möglichkeit der Versorgung mit Nahrung blieb zwar in Form der »Stärkung« (ebd.) bestehen, eine regelmäßige Ausgabe von Mahlzeiten an Bedürftige wurde aber nur noch an wenigen Standorten praktiziert. Der mit dem Rahmenvertrag begonnene restriktive Umgang mit der Lebensmittelausgabe fand seine Fortsetzung in den 2004/2005 geschriebenen Leistungsstandards der Bahnhofsmissionen. Dort wurde selbst die traditionsreiche und symbolträchtige Versorgung mit Heiß-Getränken (Tee, Kaffee) nicht mehr erwähnt.

Von Armut und Ausgrenzung betroffene Menschen als maßgebliche NutznießerInnen der Versorgung mit Lebensmitteln und prä-

Der Masterplan zur Grundausbildung der Mitarbeitenden in den Bahnhofsmissionen enthält fünf verpflichtende Teile:

1. die Einarbeitung vor Ort,
2. ein Erste-Hilfe-Kurs
3. die viertägige Grundstufe I
4. die viertägige Grundstufe II
5. die Einführung in die Gesprächsführung (vor Ort)

Der Masterplan wird fortlaufend fortgeschrieben und fokussiert bis heute im Kern die »stationäre« Arbeit im Bahnhof und in den Räumen der Bahnhofsmission. Die Fortbildungen des Masterplanes werden jährlich derzeit von fast 500 Teilnehmenden besucht.

4 Rahmenvertrag über die Zusammenarbeit zwischen der DB Station und Service und der KKBM (2003) Frankfurt und Freiburg.

gende GestalterInnen des »Sozialraums Bahnhofsmission« wurden nur noch indirekt genannt, wohingegen mobilitätseingeschränkte Reisende als Zielgruppe der Bahnhofsmissionen explizite Erwähnung fanden.

Reise- und Mobilitätshilfen rückten in den Fokus fachlicher Entwicklung und Spezialisierung und mündeten in der Folge in neue Angebotsstrukturen, beispielsweise den bundesweiten Kinderbegleitservice *Kids on Tour* (seit 2003) und regionale Angebote basierend auf der Rahmenkonzeption *Bahnhofsmission Mobil* (seit 2007).

Die »stationär«, d. h. im Bahnhof bzw. der Bahnhofsmission praktizierte Hilfe wandelte sich hin zur Clearingstelle in Krisensituationen im Sinn eines semi-professionellen Beratungs- und Seelsorgeansatzes – praktiziert auch durch die ehrenamtlichen Mitarbeitenden. Beratungskompetenz wurde zum integralen Qualifizierungsbestandteil der Grundausbildung des *Masterplans Fortbildung* (siehe Kasten) der Bahnhofsmissionen, der bis heute für alle ehrenamtlichen Mitarbeitenden der Bahnhofsmissionen verpflichtend zu absolvieren ist.

Parallel zum Masterplan entwickelte sich ein spezialisiertes Fortbildungsprogramm für die mobilen Begleitdienste, das regional *(Bahnhofsmission Mobil)* und bundesweit *(Kids on Tour)* praktiziert wird und zu einem spezifischen Kompetenzerwerb der in diesem Hilfefeld aktiven Bahnhofsmission beigetragen hat.

In der weiteren Entwicklung diversifizierte sich das Angebotsportfolio der Bahnhofsmissionen: Stationen im großstädtischen Raum mit traditionell großer Gästezahl entwickelten ihr Angebotsprofil als offene Anlaufstellen und Krisenambulanzen. Stationen an kleinen und mittleren Standorten engagierten sich zunehmend im Bereich der Reise-Assistenzen. Mobile Begleitdienste führten aufgrund ihrer Kooperationserfordernisse zu einer verstärkten Zusammenarbeit und Vernetzung der Stationen.

Eine wichtige Funktion aller Bahnhofsmissionen aber blieb trotz aller Veränderungen erhalten und bildet bis heute eine maßgebliche Säule der Arbeit: die Bahnhofsmission als Ort des Verweilens und des Aufenthalts.

Der Blick auf die bundesweite Entwicklung der Hilfeleistungen in den Jahren 2003 bis 2014 zeigt, dass der Veränderungsprozess seine größte Wirkung im Bereich der materiellen Hilfeleistungen entfaltet hat. Die materiellen Hilfen sind seit dem Jahr 2003 um über 70 Prozent zurückgegangen, wobei statistisch der stärkste Rückgang im Jahre 2008 zu verzeichnen war (–42 %). Dies hängt u. a. damit zusammen, dass ab dem 01.01.2008 ausgegebene Getränke nicht mehr gezählt wurden.

Dem starken Rückgang der materiellen Hilfen gegenüber stehen zumeist unauffällige bzw. moderate Entwicklungen bei den anderen Hilfeleistungen.

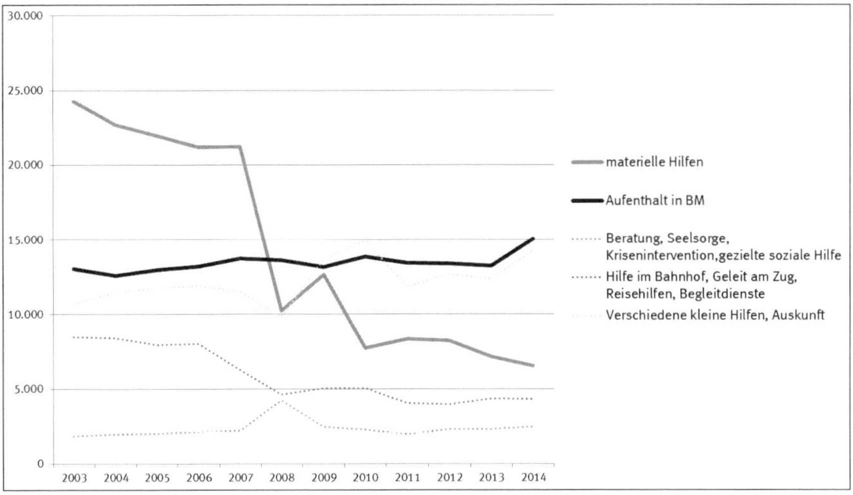

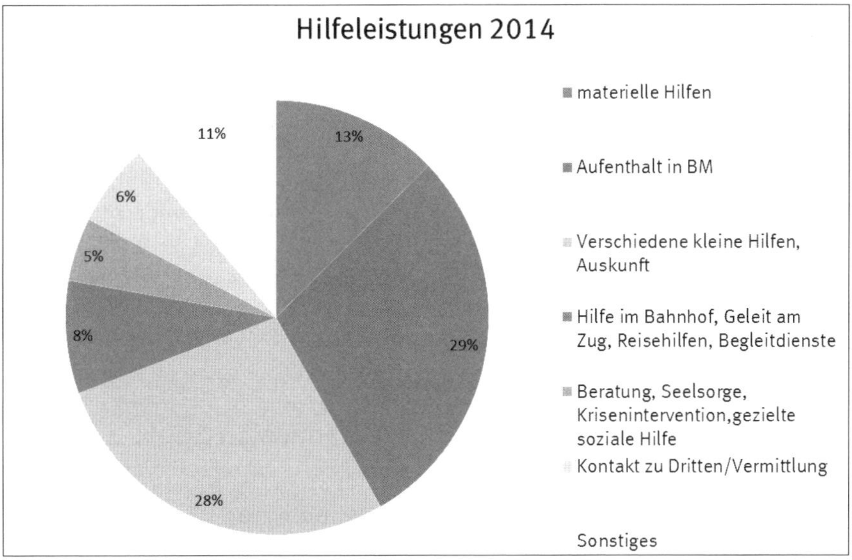

Das Hauptgeschäft der Bahnhofsmissionen aber bestand zwischen 2003 und 2014 weiterhin aus einer Kombination von kleinen Hilfen und einem Aufenthaltsangebot für die Gäste. Diese machten im Mittel 48 Prozent der angebotenen Unterstützungsleistungen aus. Ein Trend, der auch unter der Bedingung eines restriktiven Umgangs mit der Vergabe materieller Hilfen stabil geblieben ist. Insgesamt machen die Gewährung von Aufenthalt, die kleinen Hilfen und die materiellen Hilfen weiterhin fast 80 Prozent der Hilfen aus.

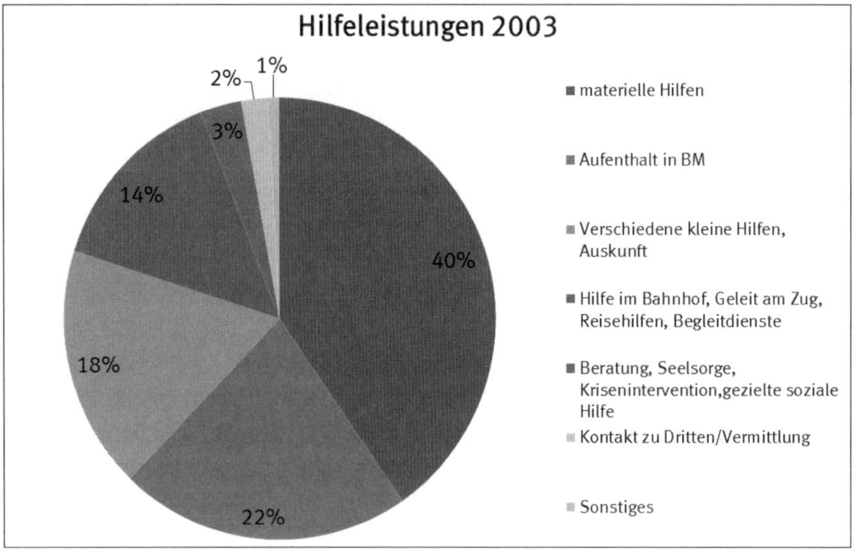

Die Bahnhofsmissionen scheinen also auch jenseits des materiellen Versorgungsaspektes Anziehungskraft für ihre Gäste zu entwickeln – im Kontext dieses Bandes eine gute Gelegenheit, sich eingehender mit den materiellen und immateriellen Ressourcen und Restriktionen der Bahnhofsmission zu befassen und daraus Rückschlüsse für die zukünftige fachliche Architektur einer sozialräumlich orientiert arbeitenden Bahnhofsmission zu ziehen.

7. Nächste Hilfe am Bahnhof: Was macht die Arbeit der Bahnhofsmission heute aus?

Niedrigschwelliger Zugang und pragmatische Hilfe

Die Bahnhofsmissionen sind Einrichtungen der evangelischen und katholischen Kirchen an den Bahnhöfen »am besonderen Ort« (Lutz/Nikles/Sattler 2013) Bahnhof. Die meisten werden getragen von kirchlichen Wohlfahrtsverbänden auf Orts- oder Landesebene, einige befinden sich aber auch in Trägerschaft von Kirchengemeinden.

Die Bahnhofsmissionen praktizieren einen pragmatischen und niedrigschwelligen Ansatz diakonischer Hilfe. Die Räume der Bahnhofsmissionen stehen grundsätzlich allen Gästen zur Nutzung offen, unabhängig von Geschlecht, sexueller Orientierung, nationaler, kultureller, religiöser und ethnischer Herkunft oder anderen Unterscheidungsmerkmalen. Es ist nicht relevant, ob mit dem Besuch ein konkretes Hilfeanliegen verbunden ist. Das Hilfespektrum reicht von der praktischen Hilfe, beispielsweise in Form einer Fahrplanauskunft, bis hin zum seelsorgerlichen Gesprächsangebot in Lebenskrisen. Das Angebot wird in jedem Jahr bundesweit von mehr als zwei Millionen Gästen genutzt.

Hilfe zur Selbsthilfe

Im Sinne des christlichen Verständnisses der unveräußerlichen Würde des Menschen wollen Bahnhofsmissionen dazu beitragen, dass ihre Gäste selbstbestimmt und würdevoll ihr Leben gestalten können. Ihr Handeln ist dabei auf eine Entfaltung der Eigenkräfte der Hilfesuchenden gerichtet. Sie distanzieren sich somit von einem Menschenbild, das die Gäste in paternalistischer Weise zu passiven Objekten der Hilfe macht, wie dieses noch bis in die 70er-Jahre des letzten Jahrhunderts in kirchlichen Hilfereinrichtungen verbreitet war (Becker 2011, S. 15). Bahnhofsmissionen reklamieren für sich vielmehr ein partnerschaftliches Hilfeverständnis.

Netzwerkexpertise

Bahnhofmissionen verfügen dabei in mehrfacher Hinsicht über ausgeprägte Netzwerk-Kompetenzen: Um ihrem Selbstverständnis als Erstanlauf-, Clearing- und Vermittlungsstelle gerecht zu werden, verfügen sie über fundierte Kenntnisse der örtlichen Hilfeangebote für Menschen in besonderen Lebenslagen einerseits und für Menschen mit Behinderungen andererseits. Sie arbeiten mit den örtlichen Behörden genauso zusammen wie mit Einrichtungen der Eingliederungs-, Jugend- oder Wohnungslosenhilfe, Sozialberatungsstellen und nicht zuletzt den örtlichen Kirchengemeinden.

Viele Gemeindeglieder engagieren sich ehrenamtlich in den Bahnhofsmissionen und sind gleichermaßen wichtig als HelferInnen und als MultiplikatorInnen der Arbeit in die Gemeinden. Im Bahnhof arbeiten die Bahnhofsmissionen Hand in Hand mit den Mobilitätsdiensten von DB-Station und -Service, der Bahnsicherheit, der Bundespolizei, dem Bahnhofsmanagement, den Kaufleuten im Bahnhof und anderen mehr.

Die Unterstützung von Reisenden nicht nur stationär im Bahnhof, sondern auch unterwegs auf Reisen führt zu einer vermehrten Vernetzung der Bahnhofsmissionen untereinander. Beim Kinderbegleitdienst *Kids on Tour* kooperieren beispielsweise bundesweit mehr als dreißig Stationen in freiwilliger Selbstverpflichtung, um Kindern eine sichere Reise durch das Land zu ermöglichen.

Mobile Begleitdienste in den Regionen erfordern Kooperationsabsprachen zwischen benachbarten Stationen genauso wie mit den Verkehrsgesellschaften, die diese Dienste unterstützen.

Mobilität

Eine der traditionsreichen und vermutlich auch eine der zukunftsträchtigen Aufgaben der Bahnhofsmissionen sind die Hilfen für Reisende. Im vorangehenden Abschnitt bereits unter dem Blickwinkel der darüber entstehenden Vernetzungen und Kooperationen beschrieben, ist davon auszugehen, dass diese Hilfeform auch zukünftig einen hohen Stellenwert für die Bahnhofsmissionen haben wird.

Entscheidend dafür ist der Standort Bahnhof, der die Arbeit der Bahnhofsmissionen zwangsläufig in Bezug setzt zum maßgeblichen Zweck des dortigen Geschehens: dem Reisen. Eine Bahnhofsmission ohne Bahnhof ist nicht denkbar und Reisende sind nach den Menschen in besonderen Lebenslagen mit jährlich mehr als 650.000 Gästekontakten deren zweitgrößte NutzerInnengruppe.

Die Bahnhofsmissionen gewähren Reisenden Aufenthalt und übernehmen einen Teil der Mobilitätshilfen, die in durchaus vergleichbarer Weise auch vom Servicepersonal der Bahn geleistet wird. Im Fokus der zuletzt ca. 430.000 Hilfen (2014) im Reiseverkehr sind dabei allerdings durchweg Reisende mit Mobilitätseinschränkungen. Die meisten von ihnen wären ohne diese Assistenz nicht imstande zu reisen. Dazu gehören Menschen mit Behinderungen, ältere Menschen, allein reisende Eltern mit Kindern und unbegleitete Kinder.

Durch den demografischen Wandel wird besonders der Anteil der älteren Menschen in den kommenden Jahrzehnten erheblich steigen und mit ihnen der Anteil der altersbedingten Mobilitätseinschränkungen. Daraus resultiert ein Assistenzbedarf im öffentlichen Personenverkehr, auf den zumindest im Schienenverkehr kein sozialer Dienst so unmittelbar reagieren kann wie die Bahnhofsmissionen.

Migration und Integration

Eine stark steigende Nachfrage erfahren die Bahnhofsmissionen in den letzten Jahren durch Menschen mit Migrationshintergrund. In dieser keineswegs homogenen Zielgruppe verbinden sich Aspekte der Mobilität, der Ausgrenzung und des Sozialraums.

Grob unterschieden werden können binneneuropäische MigrantInnen, die die Freizügigkeit in der Europäischen Union nutzen und ihre Heimatregionen verlassen, um Armut und Ausgrenzung zu überwinden und vielfältigen Formen der Diskriminierung zu entgehen. Hinzu kommen Flüchtlinge und Asylbewerber aus den Krisenregionen des Nahen Ostens, Afrikas, Asiens und auch Südosteuropas. Beide Personenkreise nutzen das Angebot der Bahnhofsmissionen auf der Ein- und Durchreise und bringen einen existenziellen Hilfebedarf mit, der die HelferInnen vor große Herausforderungen stellt.

Festzustellen ist gleichzeitig eine vermehrte Nutzung der Bahnhofsmissionen durch bereits länger hier lebende MigrantInnen; ein Trend, der im Zusammenhang mit einer sozialräumlichen Orientierung der Arbeit in den Blick genommen werden muss.

In der Hilfe für MigrantInnen erfahren die Mitarbeitenden der Bahnhofsmissionen, welche individuellen Auswirkungen der Migrationsprozess und die mit der Einwanderung verbundenen politischen Restriktionen (Aufenthaltsregelungen, Zugänge zum Arbeitsmarkt, Ansprüche auf Sozialleistungen) auf die Menschen entfalten und wie eng damit biografische Erfahrungen der Hoffnung und des Angenommenseins einerseits und des Scheiterns andererseits verbunden sind.

Die Bahnhofsmissionen sind aktuell gefordert, sich diesen Entwicklungen zu stellen und ein besonderes Augenmerk auf die kultur- und religionssensible Entwicklung ihrer Angebote zu legen. Eine interkulturelle und -religiöse Öffnung wird nicht nur durch äußerliche Merkmale wie mehrsprachige Informationsmaterialien und ehrenamtliche Mitarbeitende mit Fremdsprachenkenntnissen deutlich, sondern durch die Bereitschaft zum gleichberechtigten interkulturellen und -religiösen Diskurs und zur eigenen Veränderung unter Beibehaltung eigener Identität. Erst diese ermöglicht es, kulturelle und religiöse Grenzen zu überwinden und nicht nur eine »Bahnhofsmission für Andere« zu sein, sondern eine »Bahnhofsmission mit Anderen« (Becker 2011, S. 58). Bis dahin ist es noch ein weiter Weg.

Solidarität und Sinnstiftung – die Bahnhofsmission als Feld des Engagements

Die Bahnhofsmission ist in erster Linie ein ehrenamtlicher Dienst, für den 90 Prozent der Mitarbeitenden ihre Zeit und ihr Engagement freiwillig und unentgeltlich zur Verfügung stellen. Nach einer im Jahr 2013 durchgeführten Studie entscheiden sich die ehrenamtlichen Mitarbeitenden für ein Engagement in der Bahnhofsmission, weil sie sozial und wirtschaftlich abgesichert sind, über Zeit und Energie verfügen und eine sinnvolle Aufgabe suchen. Sie wollen gern mit anderen Menschen zusammenkommen und die Gesellschaft solidarisch mitgestalten, indem sie Menschen in Not helfen. Diese Erwartungen werden durch die Arbeit in den Bahnhofsmissionen weitestgehend erfüllt. (Beusker 2013, S. 23 ff.)

Bahnhofsmissionen bieten aber auch für andere Menschen ein sinnvolles Lern- und Beschäftigungsfeld. Hier engagieren sich Absolventen des Bundesfreiwilligendienstes, des freiwilligen sozialen Jahres, von öffentlichen Beschäftigungsmaßnahmen und andere mehr.

Die bundesweit fast 2.000 Freiwilligen stellen die große Humanressource der Bahnhofsmissionen dar, was für die hauptamtlichen Verantwortlichen, für die Träger der Stationen und auch für die überörtlichen Organisationen der Bahnhofsmission Chance und Herausforderung gleichermaßen ist. Anders als in anderen Hilfefeldern, in denen professionelle hauptamtliche Sozialarbeit sukzessive die ehrenamtliche Arbeit ersetzt hat, haben Ehrenamt und Hauptamt sich in der Geschichte der Bahnhofsmission immer ergänzt. Zu den Aufgaben der bundesweit ca. 380 hauptamtlichen Mitarbeitenden in Teil- und Vollzeit gehört es, die Dienste der Freiwilligen zu planen, zu koordinieren und zu begleiten.

Die Qualifizierung der Freiwilligen teilen sich die örtlichen Stationen und die KKBM, die eine modulare Grundausbildung für die Arbeit in den Bahnhofsmissionen anbietet. Diese wird ergänzt durch verschiedene Kursmodule zu weiterführenden Themen.

Anlaufstelle für Arme, Benachteiligte und Ausgegrenzte

Sozial ausgegrenzte und einkommensarme Menschen bilden die mit Abstand größte NutzerInnengruppe[5] der Bahnhofsmissionen. Jede der bundesweit 104 Bahnhofsmissionen zählte 2014 durchschnittlich fast 11.000 Gäste in besonderen sozialen Schwierigkeiten,[6] was einer Steigerung gegenüber dem langjährigen Mittelwert von mehr als zehn Prozent entspricht (insgesamt mehr als eine Million Kontakte). Somit befand sich 2014 fast jeder zweite Gast der Bahnhofsmissionen in einer längerfristigen prekären Lebenslage. Steigende Zahlen bei den Menschen mit psychischen Erkrankungen und Abhängigkeitserkrankungen weisen auf weitere soziale und psychische Belastungen der Gäste hin. Auch hier sind in den letzten Jahren stetige Steigerungsraten zu verzeichnen.

Die Verteilung weist allerdings starke regionale Unterschiede auf: Die großstädtischen Bahnhofsmissionen werden erheblich stärker von Menschen in

5 Die Statistik der Bahnhofsmissionen lässt die Mehrfachnennung sozialer Merkmale zu. Schnittmengen zwischen den einzelnen Gruppen können nicht dargestellt werden, d. h. es ist nicht ersichtlich, zwischen welchen Merkmalen signifikante Überschneidungen entstehen.

6 Vgl. Definition des § 67 SGB XII und Wolf, *Endstation Bahnhof? – Die Zwiespältigkeit des Sozialraums für wohnungslose Menschen* in diesem Band.

besonderen sozialen Schwierigkeiten frequentiert als die Stationen in den kleinen und mittleren Kommunen, bei denen die größte Gruppe die Reisenden sind.

Ein Motiv für die Nutzung durch sozial mehrfach belastete Menschen mag sein, ob und in welchem Umfang Nahrungsmittel und andere materielle Hilfsgüter durch die Bahnhofsmissionen ausgegeben werden. Die Ausgabe von Essen, Kleidung und anderen Hilfsgütern an täglich ca. 500 Gäste der Bahnhofsmission am Berliner Bahnhof Zoologischer Garten macht in diesem Zusammenhang fast die Hälfte (48 Prozent in 2014) aller materiellen Hilfen bundesweit aus und beeinflusst die Gesamtstatistik stark. Vergleichbare großstädtische Standorte (Hamburg, Frankfurt/Main, München) weisen nur einen Bruchteil des Umfangs an materiellen Hilfen aus, zählen aber ähnlich viele sozial benachteiligte Menschen unter ihren Gästen. Ein Zusammenhang zwischen der Vergabe materieller Hilfen und der Nutzungshäufigkeit der Bahnhofsmissionen durch sozial benachteiligte Menschen ist also von Ort zu Ort unterschiedlich und lässt keineswegs generalisierbare Rückschlüsse zu.

Welche Gründe und Motive der Gäste sind es dann, die zu einer ungebrochen hohen Nutzung der Bahnhofsmissionen durch sozial benachteiligte Menschen führen?

Hierzu können mangels valider Daten bisher nur Hypothesen gebildet werden: Von den PraktikerInnen häufig angeführte Gründe sind Bedingungen wie das Fehlen offener Anlaufstellen vor Ort, die Bedingungslosigkeit des Zugangs und des Aufenthalts, die Gastfreundschaft, die Zuwendung und Fürsorge der Mitarbeitenden, die Toleranz gegenüber Andersartigkeit, die Heterogenität der NutzerInnengruppen und die damit verbundene Möglichkeit von Kontakten auch über soziale Grenzen hinweg.

Den Bahnhofsmissionen gelingt es offenbar ein Milieu zu schaffen, das benachteiligte und ausgegrenzte Menschen zum Verweilen einlädt. Im Blick zurück auf die jüngere Geschichte verwundert dies, weil doch viel gestaltende Energie der zurückliegenden Jahre darauf verwendet wurde, den Aufenthalt zu begrenzen und die Bahnhofsmissionen zu Clearing- und Vermittlungsstellen zu entwickeln und mit Case Management- und Netzwerk-Kompetenzen zu versehen. Dies ist im Sinn des Ziels einer nachhaltigen Integration von ausgegrenzten Menschen sicher auch weiterhin notwendig. Gleichzeitig aber bedarf es einer Neudebatte über die wichtige sozialräumliche Funktion der Bahnhofsmissionen.

Die Beantwortung der Frage, warum sich deren Kompetenz, sozialräumliche Milieus zu gestalten, bisher eher nach innen, in die Bahnhofsmissionen hinein, verwirklicht hat und nicht selbstbewusst nach außen, in den Bahnhof oder das Bahnhofsquartier hinein, ist Gegenstand des folgenden Abschnitts.

8. Tue Gutes und rede nicht drüber – Restriktionen und Widersprüche

Spannungsverhältnisse am Bahnhof

Die Arbeit der Bahnhofsmissionen wird durch den Bahnhof als Ort, an dem sie geleistet wird, in Spannungsverhältnisse gesetzt. Der Bahnhof weist zwar eine Reihe von Attributen eines städtischen Sozialraums oder Quartiers auf, seine Zweckbestimmung als Ort der Mobilität und des Konsums macht dies aber zweifelhaft aus der Sicht maßgeblicher NutzerInnengruppen. Zu nennen sind in erster Linie die DB als privatrechtliche Eigentümerin, Betreiberin und Vermarkterin der Bahnhöfe, aber auch die Kaufleute und andere Dienstleister im Bahnhof.

Diese AkteurInnen betrachten den Bahnhof primär unter kommerziellen Gesichtspunkten und knüpfen an ihre dortigen Aktivitäten die Erwartung eines wirtschaftlichen Gewinns. Angehörige von Randgruppen gefährden dieses Ziel vermeintlich, besonders dann, wenn sie sich sozial unangepasst verhalten und aus ökonomischer Sicht die Attraktivität des Standortes mindern.

Mit der *Hausordnung für Bahnhöfe und Vorplätze* (Deutsche Bahn AG, 06/2011) verfügt die DB über ein Instrument, das es ihr ermöglicht, Menschen bei unbefugter Nutzung aus dem Bahnhof zu verweisen. Verboten sind unter anderem das Sitzen auf dem Boden und auf Treppen, das Durchsuchen von Abfallbehältern und das Betteln. Durchgesetzt wird die Hausordnung im Bedarfsfall durch bahneigene Sicherheitsdienste; im Konfliktfall wird die in den Bahnhöfen zuständige Bundespolizei hinzugezogen.

Als offene Anlaufstellen und Sozialstationen in den Bahnhöfen werden die Bahnhofsmissionen somit in nicht geringem Maß von Menschen genutzt, die einerseits zum Erscheinungsbild zumindest jedes großstädtischen Bahnhofs gehören, andererseits aber dort nur geduldet sind, wenn sie sich unauffällig verhalten. Die Hausordnung gilt laut Rahmenvertrag von 2003 auch für die Räume der Bahnhofsmissionen, was gelegentlich zu Konflikten führt, wenn die Bahnsicherheit oder die Bundespolizei versuchen, das Hausrecht der DB gegenüber den Gästen der Bahnhofsmission durchzusetzen.

In der überwiegenden Zahl der Fälle sind Mitarbeitende von Bahnhofsmissionen aber routiniert darin, Konflikte zu deeskalieren, die am Bahnhof im Kontakt mit Angehörigen von »Randgruppen« entstehen. Oft genug werden sie von den Sicherheitsdiensten einbezogen, wenn es darum geht, sozialen Frieden wiederherzustellen. Sie nehmen damit eine wichtige stabilisierende Funktion im sozialen Gefüge der Bahnhöfe wahr.

Aus einem vor Jahren noch kontroversen Gegeneinander von DB und Bahnhofsmission, was den adäquaten Umgang mit »Randgruppen« am und im Bahnhof angeht, hat sich so sukzessive ein Kooperationsverständnis entwickelt, das sowohl soziale Belange der Gäste der Bahnhofsmissionen berücksichtigt als auch Ordnungsinteressen der anderen AkteurInnen am und im Bahnhof.

Randgruppenarbeit in der Nische

Gleichwohl basiert die Hilfe der Bahnhofsmissionen, was einen erheblichen Teil ihrer »Gäste ohne Reiseanliegen« angeht, auf dem Prinzip der Duldung vonseiten der DB und nicht auf dem Prinzip eines verlässlichen Kontraktes, der notwendige strukturelle Rahmenbedingungen für die Arbeit mit sozialen Randgruppen gewährleistet. Ein Teil der Hilfepraxis der Bahnhofsmissionen findet somit in einer Nische bzw. Grauzone statt. Der Euphemismus der Hilfe für »Reisende durchs Leben« über den letztlich jede/r die Unterstützung der Bahnhofsmission für sich beanspruchen kann, ist schöner Beleg für deren sprachliche Kunstfertigkeit in der Rechtfertigung dieser Angebote.

Systemisch betrachtet befinden sich die Bahnhofsmissionen damit als Organisationen in ähnlichen Abhängigkeiten wie ihre Gäste, denen es durch fehlende Teilhabemöglichkeiten verwehrt bleibt, sich aktiv in gesellschaftliche Prozesse einzubringen und diese mitzugestalten. Viele der Gäste resignieren bzw. stagnieren darüber dauerhaft. Sie suchen und finden in den Bahnhofsmissionen nicht die *nächste Hilfe*[7] auf ihrem Weg zur Integration in die Gesellschaft, sondern eine *letzte Hilfe,* und damit einen Ort, der sie barmherzig aufnimmt. »Gott will und liebt jeden Menschen. Er nimmt ihn an vor jeder Leistung, auch im Scheitern und in Schuld und verleiht ihm damit eine unverfügbare Würde« heißt es dazu im Leitbild der Bahnhofsmissionen (2004, S. 6).

Anders als ihre Gäste reagieren die Mitarbeitenden der Bahnhofsmissionen in dieser prekären Situation aber nicht mit Resignation, sondern mit einem unermüdlichen helfenden Einsatz, der sie oft genug an den Rand der Erschöpfung führt.

Bahnhofsmission – Arm, aber zukunftsträchtig?

Diese Organisationsdynamik findet sich in der Diskussion der hauptamtlichen Leitungen wieder, wenn chronische Überlastung beklagt und Forderungen nach besseren Rahmenbedingungen für die Arbeit formuliert werden. Es liegt nahe, diese an die DB zu richten, deren Kunden von der Bahnhofsmission mit vielen

7 Claim der Bahnhofsmissionen.

Leistungen unterstützt und entlastet werden. Die DB bleibt aber bis heute bei ihrer Haltung, über die kostenfreie Möglichkeit der Raumnutzung und anlassbezogene Spenden hinaus keine regelmäßige wirtschaftliche Unterstützung für die Bahnhofsmissionen zu leisten.

Auch viele der kirchlichen Trägerorganisationen, denen die Bahnhofsmissionen als Arbeitsfelder zugeordnet sind, statten diese mit Ressourcen aus, die im Hinblick auf die Aufgaben nicht ausreichen. Hintergrund ist unter anderem, dass Bahnhofsmissionen sich im unmittelbaren Wettbewerb mit den anderen sozialen Diensten der Kirchen befinden. Dabei haben sie einen Wettbewerbsnachteil, wenn es um die Verwendung der knapper werdenden Eigenmittel geht. Die Forderungen nach einer besseren Ausstattung erscheinen in diesem Zusammenhang nicht sehr realistisch – sind doch die meisten diakonischen Arbeitsfelder mittlerweile mit sozialgesetzlichen Pflichtaufgaben betraut und nur zum kleineren Teil eigenmittelfinanziert. Bei der Finanzierung der Bahnhofsmissionen ist es genau anders herum, der Anteil der öffentlichen Zuschüsse ist zu vernachlässigen, und der Eigenmitteleinsatz überwiegt.

Dass sich die Bahnhofsmissionen in den vergangenen Jahren trotz schwieriger Rahmenbedingungen behauptet haben, liegt daran, dass sich ein Teil gesellschaftlicher Ausgrenzungsprozesse weiter an den Bahnhöfen manifestiert und sich die Bahnhofsmissionen einer ungebrochenen Nachfrage ihrer Gäste erfreuen. Gleichzeitig betreiben sie zunehmend sozial-unternehmerisch die Absicherung ihrer Arbeit. Im Fokus innovativer fachlicher Entwicklungen der vergangenen Jahre standen dabei vornehmlich die Reisehilfen, vermutlich auch unter dem Aspekt daraus resultierender neuer Finanzierungsquellen. Sie profitieren unter anderem von der hohen Bekanntheit der Marke Bahnhofsmission, für die in den letzten Jahren eine eigene Marketingstrategie entwickelt und umgesetzt wurde.

9. Fazit und Ausblick: Sozialraum Bahnhofsmission – Anknüpfungspunkte zum Sozialraumkonzept

Eine weitere Zukunftschance bietet sich den Bahnhofsmissionen in der sozialraumorientierten sozialen Arbeit: durch die Erweiterung des Konzeptes einer auf existenzielle Bedürfnisse reagierenden sozialen Ambulanz am Bahnhof hin zu einer Organisation, die sich konsequent für eine partnerschaftliche Randgruppenarbeit einsetzt, Selbsthilfekräfte aktiviert, für Partizipation sorgt und sich für die Übernahme sozialer Verantwortung auch durch die anderen AkteurInnen des Sozialraums Bahnhof einsetzt. Dazu werden im letzten Abschnitt dieses Beitrags einige weitergehende Überlegungen angestellt.

Die Bahnhofsmission ist als sozialräumlicher Mikrokosmos Bestandteil des Bahnhofs und des Bahnhofsquartiers. Mit ihrem Hilfeangebot für Reisende leistet sie einen Beitrag zur primären Funktionalität des Bahnhofs und senkt Zugangsbarrieren zum Reisen für mobilitätseingeschränkte Personen ab. Damit leistet sie einen Beitrag zur Teilhabegerechtigkeit in der Gesellschaft, erfüllt aber noch keine explizite sozialräumliche Funktion im Sinne gängiger Konzepte.[8]

Diese nimmt sie wahr, wenn sie ihre Räume und Angebote für Menschen öffnet, die den Bahnhof frequentieren, ohne dass damit die Absicht der Nutzung des Verkehrsmittels Bahn verbunden ist. Dieser Personenkreis ist vielfältig. Zu ihm gehören Menschen ohne Arbeit, ohne festen Wohnsitz, mit Abhängigkeitserkrankungen, mit Migrationshintergrund und heimatlose junge Menschen. Zu ihr gehören unter einem erweiterten sozialräumlichen Blickwinkel aber auch die Bahnbediensteten, die Mitarbeitenden der Geschäfte im Bahnhof, deren Kunden und das Sicherheitspersonal.

Neben den Reisenden sind es besonders die von Ausgrenzung bedrohten oder betroffenen Menschen, die von den Bahnhofsmissionen erreicht werden und diesen ihre Daseinsberechtigung geben. Dabei wird häufig nicht das Angebot vermittelnder sozialer Hilfe genutzt, sondern das zur sozialen Begegnung.[9]

Das Angebot der Bahnhofsmissionen als Einrichtungen der offenen Tür am Bahnhof knüpft genau an diesem Bedarf an und bildet eine semi-formelle Nische, in der die Gäste sich aufhalten und einander begegnen können, ohne eine Verdrängung aus dem Bahnhof befürchten zu müssen. Die Bahnhofsmissionen sprechen in diesem Zusammenhang von einem Schutzraum.

Das so entstehende sozialräumliche Milieu bietet – zumindest theoretisch – gute Anknüpfungspunkte für die Entwicklung eines sozialraumorientierten Hilfekonzeptes der Bahnhofsmissionen. Um dieses strategisch wirksam zu entwickeln, braucht es allerdings eine Infragestellung der eigenen Nischenexistenz und den Willen, sich mitgestaltend einzubringen in die sozialen Milieus des Bahnhofs und des umgebenden Quartiers.

---

8 Hier sei noch einmal verwiesen auf eine ggf. angezeigte Weiterführung des Sozialraumkonzeptes auf neue sozialräumliche Modelle, die sich im Zusammenhang einer wachsenden gesellschaftlichen Mobilität ergeben.

9 Die These, dass Angehörige von Randgruppen den Bahnhof für soziale Begegnung nutzen, wird gestützt durch eine Befragung, die ein Konsortium europäischer Eisenbahngesellschaften und sozialer Bahnhofsdienste unter Menschen ohne festen Wohnsitz durchgeführt hat: Bahnhöfe werden von diesen überproportional häufig aufgesucht und nur 13 Prozent der Befragten in drei europäischen Hauptstädten gaben an, dies zu tun, weil sie dort ein soziales Hilfeangebot vorfinden. Einen viel höheren Stellenwert hat die Funktion des Bahnhofes als innerstädtischer »social meeting point« (Kesselring et al. 2009, S. 23).

Als Lobby für Teilhabe und soziale Gerechtigkeit könnten die Bahnhofsmissionen in diesem Zusammenhang darauf hinwirken, dass ausgegrenzte Menschen an den Bahnhöfen einen Platz beanspruchen können, und für diese Möglichkeiten der Partizipation und Mitgestaltung schaffen. Als diakonischer Dienst der Kirchen am Bahnhof würden sie sich für ein solidarisches Miteinander einsetzen und für Plattformen der Begegnung und Verständigung sorgen. Sie könnten Kompetenzen für Bearbeitung von Interessenskonflikten entwickeln und diese nutzen, um zu moderieren und zwischen Interessengruppen zu vermitteln.

Gegenüber den anderen AkteurInnen am Bahnhof wäre ihr Bestreben, Potenziale für die gemeinsame Gestaltung des Sozialraums Bahnhof zu erschließen, diese zu koordinieren und miteinander zu vernetzen. Eine sozialräumliche Ausrichtung ihrer Freiwilligenarbeit würde für Menschen *am* Bahnhof Möglichkeiten des freiwilligen Engagements *im* Bahnhof schaffen. Gelingt ein solcher Prozess, kann der Bahnhof auch als überwiegend privat genutzter und verantworteter Raum in neuer Weise in das örtliche Gemeinwesen einbezogen werden.

Auf dem langen Weg zu einer sozialraumorientierten Bahnhofsmission der Zukunft könnten die Bahnhofsmissionen davon profitieren, dass sie in ihren Räumen seit jeher ihren eigenen sozialräumlichen Mikrokosmos gestalten. Dieser lässt sich vortrefflich als Lern- und Experimentierfeld nutzen, um mehr NutzerInnenorientierung zu wagen, gemeinsam mit Haupt- und Ehrenamtlichen und Gästen neue Wege auszuprobieren in der gemeinsamen Gestaltung des Sozialraums Bahnhofsmission und dabei die Kompetenzen aller zu nutzen. Vielleicht gelingt es bereits bei diesem Schritt der sozialräumlichen Reorganisation der Bahnhofsmission, auch andere AkteurInnen aus dem Bahnhof einzubeziehen und einen ersten Schritt aus der Nische zu wagen.

Literatur

Becker, Uwe (2011): Perspektiven der Diakonie im gesellschaftlichen Wandel. Neukirchen-Vluyn

Beusker, Andreas (2013): Ehrenamt in der Bahnhofsmission. Berlin

Deutscher Caritasverband (1984): Bahnhofsmission – Seismograph in der Not, Freiburg

Deutscher Verband für öffentliche und soziale Fürsorge e. V. (^{7}2011): Fachlexikon der Sozialen Arbeit, Baden-Baden

Hofinger, Karl F.: http://www.partizipation.at/sozialraum.html (Zugriff 21.03.2016)

Kesselring, Alexander et al. (2009): Hope in Stations, Final Evaluation Report. Wien

Konferenz für kirchliche Bahnhofsmission in Deutschland (2004): Leitbild und Leistungsstandards der Bahnhofsmissionen in Deutschland, Stuttgart und Freiburg

Lutz, Bernd/Nikles, Bruno W./Sattler, Dorothea (Hg., 2013): Der Bahnhof – Ort gelebter Kirche. Ostfildern

Reusch, Wolfgang (1987): Bahnhofsmissionen in Deutschland 1897–1987. Frankfurt/Main

Sauter-Ackermann, Gisela (2014): Der Bahnhof, ein Tor zur Stadt und ein Ort sozialer Arbeit. In: Neue Caritas, Jahrbuch des Deutschen Caritasverbandes 2014, Freiburg

Wichtiges in Kürze

Bahnhofsmissionen

Bahnhofsmissionen sind soziale Einrichtungen, deren inhaltliche Ausgestaltung wesentlich durch die Konferenz für Kirchliche Bahnhofsmission (KKBM) als ökumenische Arbeitsgemeinschaft der Bahnhofsmission auf Bundesebene fortgeschrieben wird. Die als »Gäste« bezeichneten Hilfesuchenden bilden ein breites gesellschaftliches Spektrum ab, das von Reisehilfen für durch Alter oder sonstige Beeinträchtigung hilfsbedürftige Menschen und für unbegleitete Kinder bis zu direkten Hilfen für Menschen in sozialen Schwierigkeiten reicht. Seit den 1990er-Jahren, in denen noch wesentlich materielle Hilfen im Fokus standen, entwickeln sich die Bahnhofsmissionen zunehmend zu sozialraumorientiert aufgestellten Organisationen, die im Rahmen ihrer Reichweite Gesellschaft mitgestalten wollen.

Bahnhofsmission und Sozialraum

Viele tausend Menschen sind jährlich aus unterschiedlichen Motiven Gäste der Bahnhofsmissionen und bringen ihre jeweiligen Sozialräume mit. In den Bahnhofsmissionen wird dabei traditionell auf die jeweiligen Bedürfnisse und Bedarfe der Gäste eingegangen. Aus dieser Sozialraumorientierung entsteht zunehmend eine Erweiterung hin zu jenen, die sich im Nahraum der Bahnhofsmissionen befinden. Hier sind sowohl die Bahn, Bahnbedienstete, wie auch Angestellte und BetreiberInnen von Geschäften im Bahnhof angesprochen, die bestimmte Gäste (Randgruppen) der Bahnhofsmission eher als störend und ggf. geschäftsschädigend wahrnehmen. Die Bahnhofsmissionen sind impulsgebend, um den geteilten (öffentlichen) (Sozial-)Raum Bahnhof gemeinsam zu gestalten.

Fragen zur Lernstandprüfung

Wie wandelten sich Hilfeverständnis und Angebotsstruktur der Bahnhofsmissionen in den letzten 20 Jahren?

Welche Rahmenbedingungen sind maßgeblich für diese Veränderungen und welche generellen Rückschlüsse lassen sich daraus für die zukünftige Entwicklung der sozialen Arbeit ziehen?

Teil 2: Sozialräume der Bahnhofsmission in Handlungsfeldern

Zum Ehrenamt in der Bahnhofsmission

Jonas Meine unter Mitarbeit von Karen Sommer-Loeffen

1. Einleitung

Eine Auslegung anhand des Wortes *Ehrenamt* erreicht schnell Grenzen. Die geschichtliche Bezeichnung steht für eine Auszeichnung für »amtliche« Würdenträger, die in einer besonderen Verantwortung standen. Diese im 18. Jahrhundert zeitgenössische sprachliche Deutung ist wenig verständlich und in der Folge nicht klar zu definieren. Gemeinsprachlich ist mit dem Ehrenamt stets und im Regelfall unausgesprochen eine dem Gemeinwohl dienende Tätigkeit verbunden, die ihre Bedeutung in Form sozialer Anerkennung findet und unentgeltlich erfolgt. (Hoffmeister/Hille 2015, S. 3753)

Wird der Begriff aus sozialwissenschaftlicher Perspektive betrachtet, umfasst das Ehrenamt produktive Tätigkeiten. Diese Form der Arbeit charakterisiert sich dadurch, dass sie nicht an eine Organisation angebunden ist und zugunsten Dritter geleistet wird. Leistungen gegen Dritte sind entsprechend dem Kriterium dann produktiv, wenn sie im Prinzip auch im Rahmen von Dienstverträgen, also gegen Bezahlung, geleistet werden können.

Es handelt sich bei ehrenamtlichen Aktivitäten folglich um Arbeit. Das Kriterium der Unentgeltlichkeit grenzt das Ehrenamt zum einen von der Erwerbsarbeit ab, zum anderen bestehen wesentliche Unterschiede im Vergleich zu anderen, ebenfalls unbezahlten Tätigkeiten. Diese Aktivitäten, wie beispielgebend das Kochen oder Putzen, beschreiben sich im Wesentlichen durch das Merkmal der »Eigennützigkeit«. Zudem findet, anders als im Ehrenamt, Netzwerkhilfe unter Freunden, in der Nachbarschaft oder in der Familie im Regelfall spontan statt und ohne eine organisatorische Einbindung.

Die erste schriftliche Erwähnung des Begriffs Ehrenamt stammt aus der Landesgemeindeordnung aus dem Jahr 1856. In der jüngeren Zeit entstand ein Diskurs über seine zeitgemäße Verwendung. In dieser Diskussion ist zum einen der Begriff »Freiwilligenarbeit« entstanden. Dieser Begriff enthält zum einen eine einfache Anknüpfung an die internationale Debatte unter dem englischen

Begriff »volunteering«. Zum anderen werden ehrenamtliche Tätigkeiten zunehmend unter dem umfassenden Begriff *Bürgerschaftliches Engagement* subsumiert.

Sowohl der Begriff der Freiwilligenarbeit als auch der des bürgerschaftlichen Engagements ist verbunden mit einer normativen Aussage. Freiwilligkeit ist als Abgrenzungskriterium gegenüber anderen Arbeitsformen nur bedingt geeignet. Es entsteht der Eindruck, dass soziales Engagement immer freiwillig erbracht wird. Diese Suggestion verneint aber den *sozialen Druck* als Motiv für ehrenamtliche Arbeit von vornherein.

Der Begriff des bürgerschaftlichen Engagements krankt daran, dass hier in einer ungeeigneten Weise versucht wird, bestimmte Tätigkeiten normativ von anderen abzugrenzen, indem prinzipiell eine Gemeinwohlorientierung bei solchen Tätigkeiten unterstellt wird. Negiert wird hierdurch, dass ehrenamtliche Arbeit durchaus auch das Gemeinwohl schädigen kann, wenn es beispielsweise um Aufgaben und Funktionen von rechtsextremen Organisationen[1] geht. Zudem werden unterschiedlich formalisierte Tätigkeiten des Ehrenamts, der nicht organisationsgebundenen Netzwerkhilfe oder auch Spontanaktivitäten von Unternehmen unter dem Label *Bürgerschaftliches Engagement* vermischt (Erlinghagen 2013, S. 199 f.).

Die Publikationen der vergangenen Jahre lassen deutlich werden, dass das Ehrenamt sowie das bürgerschaftliche Engagement zu Top-Themen geworden sind. Die Gründe dafür sind vielfältig. Mit an Sicherheit grenzender Wahrscheinlichkeit sind zumindest Teilgründe darauf zurückzuführen, dass die Reform- und Erneuerungspotenziale von Markt und Staat als erschöpft gelten.

Auf der Suche nach Lösungen für eine gerechtere Gesellschaft und ein stabiles demokratisches Gemeinwesen finden sich grundsätzlich Erneuerungs- und Reformstrategien. Für deren Umsetzung wird im zunehmenden Maße auf Selbstorganisation und freiwilliges Engagement gesetzt (Schwalb/Walk 2007, S. 95).

Neben dem Begriff des Ehrenamtes etabliert sich, forciert durch das im Jahr 2001 von den Vereinten Nationen ausgerufene *Internationale Jahr der Freiwilligen* und untermauert durch die Enquete-Kommission des Deutschen Bundestages *Zukunft des Bürgerschaftlichen Engagements* (2002), letzterer Begriff deutlich.

Es entsteht auf den ersten Blick der Verdacht, es handle sich um eine ausgemachte Lösung, staatliche Aufgaben ohne großen finanziellen Aufwand an die BürgerInnen weiterzuleiten, um die »leeren Kassen« nicht weiter zu strapazieren.

1 An dieser Stelle ist beispielsweise auf rechtsgerichtete Aktivitäten zu verweisen, die ebenfalls im Rahmen von freiwilligem Engagement stattfinden können.

Dieser Verdacht lässt sich weder vollständig noch pauschal auflösen. Die Idee der Bürger-, Zivil- oder Verantwortungsgesellschaft ist darüber hinaus mehr als eine politische Verlegenheitsantwort auf die Situation der öffentlichen Haushalte.

Die Grundgedanken der Bürgergesellschaft fußen auf der Vorstellung, dass das Gemeinwesen, ausgehend von verbrieften Grundrechten und im Kontext einer demokratischen Verfassung, durch selbst organisiertes Engagement in entscheidendem Maße mitgeprägt werden kann.

Diesem Gedanken folgend ist die Bürgergesellschaft Programm. Ermöglicht wurde sie erst, als sich Staat und Gesellschaft in zwei Teilbereiche aufgliederten, der politischen Öffentlichkeit und der vom Staat befreiten Privatheit. In der Folge war es für kritische BürgerInnen möglich, die staatliche Gewalt im Rahmen der neu gestalteten öffentlichen Meinung zu beobachten.

Auf diesem Nährboden entstanden – angefangen in den Städten – zahlreiche Kooperationen, Genossenschaften und Vereine und in der zweiten Hälfte des 19 Jahrhunderts dann auch zunehmend privates, wohltätiges Engagement für die Armen und Hilfsbedürftigen, das in verschiedene Vereinsgründungen mündete. (Schroeter/Zängl 2006, S. 7 f.)

Neben diesen Schlagworten haben sich bis heute nach Bubmann et al. (2012, S. 327) weitere differenzierte Begriffe herausgebildet, welche einen jeweiligen Schwerpunkt fokussieren:

- Ehrenamt (moralischer Anspruch und funktionaler Aspekt),
- Freiwilligenarbeit oder freiwilliges Engagement (motivationsorientiert),
- Bürgerarbeit oder bürgerschaftliches Engagement (Kern der Zivilgesellschaft,
- Gemeinwohltätigkeit (zielorientiert),
- Selbsthilfe oder Initiativarbeit (arbeitsformenorientiert),
- Volunteering (international gebräuchlicher Begriff).

Es ist an dieser Stelle zu berücksichtigen, dass die unterschiedlichen Begrifflichkeiten in der Praxis nicht trennscharf sind. Zudem werden sie in der Literatur uneinheitlich verwendet.

Zusammenfassend handelt es sich beim freiwilligen Engagement um eine Art »Allzweckmittel« gegen die vielschichtigen Probleme der Postmoderne. In diesem Zusammenhang wird die ehrenamtliche Arbeit als eine sinnstiftende Form für den Fall gesehen, in dem Erwerbsarbeit diese Rolle nicht mehr übernehmen kann oder durch ehrenamtliche Arbeit die Berufschancen von Erwerbslosen verbessert werden können.

Darüber hinaus – so ein häufiges Argument – fördert ehrenamtliches Engagement den Bürgersinn, stärkt somit unausweichlich die Demokratie, fördert als

Nebeneffekt den Abbau von Bürokratie und wirkt zeitgleich gegen die beginnende »Politikverdrossenheit« (Erlinghagen 2013, S. 207 f.).

Letztlich handelt es sich beim Ehrenamt und beim bürgerschaftlichen Engagement um eine Form der Arbeit, die einem gesellschaftlich sinngebenden Zweck dient und im Regelfall unentgeltlich erfolgt.

2. Ehrenamt im Sozialraum

Soziales Leben beschreibt sich dadurch, dass sich Menschen aufeinander beziehen. Dies setzt, zumindest in der Vergangenheit, eine räumliche Dimension voraus.

Gegenwärtig wird diese durch multimediale Kommunikationswege aufgebrochen. Menschen können mit den passenden technischen Geräten annähernd weltweit mit anderen Menschen in Beziehung treten. Die offene Frage betrifft den Begriff des Raums. Durch die Telekommunikation ist die Welt ein Raum (geworden).

Während die Welt als Raum ein Zeichen der Globalisierung ist und Erreichbarkeit zulässt, bedeutet der Weltraum einen Raum von endlosen Entfernungen. Der Raum im Kontext der Sozialen Arbeit meint einen engeren Raum, in dem sich Beziehungen abspielen und der konkret erfahrbar und begreifbar ist. Dieser Raum ist endlich und betrifft nur eine bestimmte Gruppe, welche den Raum wechselt oder nach individuellen Wünschen gestaltet und verändert.

Diese Räume haben neben einer physischen Dimension, die sich als eine Art Landkarte beschreiben lässt, ebenfalls eine Beziehungsdimension. Ferner hat dieser Soziale Raum ergänzend eine strukturelle, von Architektur sowie Institutionen und Organisationen bestimmte Dimension. Diese lässt sich als »Lebensbedingung« bezeichnen, ist veränderbar und wird durch eine Wechselbeziehung von sozialen Beziehungen möglich.

Soziale Räume sind sowohl Resultat von, als auch Ursache für menschliche Beziehungen und ihre Entscheidungen. Sie sind abhängig von sozialen Beziehungen und somit im höchsten Maß subjektiv. Endet der Sozialraum eines kleinen Kindes an der Wohnungstür, so kann er sich im Laufe des Lebens erweitern, bis er gegen Ende des Lebens wieder an einer Tür aufhört.

Zudem hängt die Bedeutung des Sozialraums für den einzelnen Menschen von der Bedeutung der durch ihn geprägten Beziehungen ab. So gesehen kann der durch Beziehungen strukturierte Sozialraum sowohl Begrenzung als auch Ressource sein. (Schneider 2005, S. 8 f.)

Das Sozialraumkonzept stammt seinem Ursprung nach – als Übersetzung des Terminus *Social Area* – aus dem klassischen Ansatz der »Chicagoer Schule«.

Diese nutzte den Begriff als ein analytisches Instrument zum einen, um die Verteilung sozialer Gruppen im städtischen Raum abzubilden, und zum anderen, um die sozialen Strukturmuster sowie Entwicklungsprozesse in und zwischen geografisch definierten Stadträumen darzustellen.

Dieser soziologischen Tradition folgend, wird das Profil eines Sozialraums empirisch als räumlich eingegrenzte Sozialstruktur entworfen. Dabei wird der Bezug zu Raumstrukturen der »Administration« hergestellt, damit die betreffenden sozioökonomischen Indikatoren in der Regel nur für die teilräumliche Untergliederung der städtischen Verwaltung vorliegen. Der Raum bzw. seine Einheiten werden dabei statisch aufgefasst, als Hülle oder »Container«, in dem sich Soziales abbildet und ereignet (Schubert 2005, S. 32 f.). Daraus ergeben sich unterschiedliche soziale Räume, die sich wiederum von anderen sozialen Räumen unterscheiden.

Soziale Arbeit hat sich dem (Sozial-)Raum zugewandt. Dabei steht das Schlagwort »Sozialraumorientierung« für diese räumliche Wende in der Profession insgesamt, unter anderem in der damit verbundenen sozialraumorientierten Artikulation und der zeitgleichen raumbezogenen Umgestaltung sozialpädagogischer Handlungsvollzüge. Seit den 1990er-Jahren ist sie in einer Vielzahl von Feldern Sozialer Arbeit konzeptionell propagiert, in zunehmendem Maße ausbuchstabiert und in verschiedenster Weise implementiert worden.

Sozialraumorientierung in diesem weiten Begriffsverständnis kann am Anfang des 21. Jahrhunderts in der Folge als ein zentrales Paradigma sozialer Praktiken bezeichnet werden (Kessl/Reutlinger 2010, S. 43).

Im Rahmen dieses Beitrages stellt sich zwangsläufig die Frage, wie sich die sozialräumliche Orientierung beziehungsweise das räumlich betrachtete Handeln auf andere Felder von sozialem Handeln übertragen lässt und ob die Soziale Arbeit als Profession ein Patent für sozialräumliches Handeln besitzt. Im folgenden Kapitel wird, diesem Gedanken folgend, das ehrenamtliche Handeln auf den Sozialraum der Bahnhofsmission zentriert.

3. Ehrenamtliches Engagement in der Bahnhofsmission

Die deutsche Bahn wirbt mit Schlagzeilen wie: »Die Bahnhöfe werden in Zukunft in den Zentren der Städte eine immer größere Rolle spielen« – »Erleben Sie die Renaissance der Bahnhöfe« – »Die Entdeckung Bahnhof«.

Diese Werbeanzeigen richten die Betrachtung auf einen einzigartigen Raumtypus, der seit Mitte der 1990er-Jahre einem markanten Wandlungsprozess unterliegt, den Standort Bahnhof.

Die Entwicklung wird von unterschiedlichen Rahmenbedingungen begleitet:

- Die deutsche Wiedervereinigung hat erfordert, die Reichsbahn der ehemaligen DDR und die frühere Deutsche Bundesbahn technisch und administrativ zusammenzuführen.
- Seit 1991 werden ICE-Hochgeschwindigkeitszüge in Deutschland eingesetzt.
- Neubauten von Bahnhöfen wie beispielsweise in Kassel-Wilhelmshöhe oder an den Flughäfen in Frankfurt und Düsseldorf eröffneten eine Vielzahl von Möglichkeiten der Vernetzung unterschiedlicher Verkehrsmittel und geben Standortimpulse.
- Die Bahnreform und die Regionalisierung im Schienenpersonalverkehr machen neue betriebliche/betriebswirtschaftliche Strukturen erforderlich. Die Bahn versteht sich als ein Wirtschaftsunternehmen und muss auch so agieren. Sie wurde in Unternehmensbereiche aufgefächert, unter anderem den für den Bahnhofsbereich zuständigen »Station & Service«.
- Der Immobilienbestand der Bahn erfährt vor dem Hintergrund der betriebswirtschaftlichen Orientierung eine Neubewertung.
- Von Beginn an hatte die Eisenbahn einen erheblichen Einfluss auf die Entwicklung der Städte. Die frühen Bahnhöfe des 19. Jahrhunderts befanden sich ihrem Ursprung nach *vor* der Stadt. In ihrer Architektur präsentierten sie sich als Durchgangs-/Tangentialbahnhöfe beziehungsweise in der Stadt als Kopfbahnhöfe.
- Durch die industriellen Notwendigkeiten und die damit verbundenen Lagerbeziehungen zwischen den Bahnhöfen und der Stadt bildeten sich Industrie- und Wohngebiete am Rand der Bahnanlagen. Durch diesen Prozess etablierte sich die Stadt um den jeweiligen Bahnhof herum und verortete ihn neu.

Heute sind die Auswirkungen der damaligen Bebauung deutlich negativ spürbar. So trennen Gleisfelder ganze Stadtviertel und teilen Städte. Zudem existieren an Bahnhöfen räumliche Disparitäten zwischen den Vorder- und Rückseiten der Standortkomplexe. Dies gilt für Kopfbahnhöfe ebenso wie für Durchgangsbahnhöfe. Auf der anderen Seite erscheint die Verlegung von Zentralstationen an den Stadtrand in der Mehrzahl der Fälle weder verkehrspolitisch noch raumplanerisch sinnvoll. An dieser Stelle bedarf es in Teilen einer Neuorganisation[2] unter Berücksichtigung von neuen wissenschaftlichen Erkenntnissen.

Der Charakter des Bahnhofes wandelt sich. So werden Bahnhöfe immer mehr zu zentralen Kommunikations-, Dienstleistungs- und Aufenthaltsorten einer Stadt, zugleich aber auch leistungsfähige und stark frequentierte Schnitt-

2 Ein Beispiel für einen solchen Umbau bietet Stuttgart 21.

stelle zwischen Nah- und Fernverkehr. Der Bahnhof wird somit zum Pol einer integrierten Verkehrs- und Stadtentwicklung unter Nutzung von Synergieeffekten. Er nimmt eine Schlüsselposition ein, in der er Verkehrsfunktionen als Basis bedient (Primärproduktion) und zugleich für eine ergänzende (sekundäre und tertiäre) Nutzung bereitsteht. (Juchelka 2002, S. 13 f.)

Moderne Bahnhöfe sind hoch komplexe Dienstleistungssysteme. Die Komplexität ergibt sich zum einen auf der strukturell-organisatorischen Ebene einer nahezu unüberschaubaren Anzahl von Leistungen und Funktionen, die so aufeinander abgestimmt sind, dass das Gesamtsystem nicht ins Stocken gerät. Diese Komplexität wird dadurch erweitert, dass Bahnhöfe Knotenpunkte des Sozialen darstellen, an denen verschiedene AkteurInnen sowie daraus entstehende Gruppen miteinander und mit dem System Bahnhof interagieren müssen (Birken et al. 2012, S. 251).

In diesem Gesamtsystem ist durch die Bahnhofsmission ein Raum entstanden, der sich bewusst anderen interagierenden Systemen im Bahnhofskomplex entzieht, aber dennoch ein Teil davon ist.

Die Bahnhofsmissionen in Deutschland kümmern sich jährlich um mehr als zwei Millionen Menschen, die in den Bahnhöfen nach Hilfe verschiedener Art suchen. Grundsätzlich gilt dabei im Regelfall, dass die Bahnhofsmissionen ihre Hilfen unentgeltlich, zeitnah und ohne bestimmte Voraussetzungen anbieten.

Die Bahnhofsmissionen sind Einrichtungen der Evangelischen und Katholischen Kirche, mit dem Selbstverständnis von »Gelebter Kirche am Bahnhof«. In der Bahnhofsmission arbeiten sowohl ehramtliche als auch hauptamtliche MitarbeiterInnen.[3]

Die erste Bahnhofsmission wurde 1894 in Berlin zum Schutz der Frauen in der Öffentlichkeit gegründet. Dieses Ziel führte zu einem gemeinsamen Auftreten evangelischer und katholischer Bahnhofsmissionen. Deutlich zeigte sich das auf Plakaten der Eisenbahn. Diese gelungene Kooperation führte 1910 zur Gründung der heutigen »Konferenz für Kirchliche Bahnhofsmissionen in Deutschland« (KKBM).[4]

Im Verlauf der mehr als hundertjährigen Geschichte der Bahnhofsmission hat ihr Engagement sich etabliert, heute gibt es rund 2400 MitarbeiterInnen. Die Tätigkeiten gliedern sich in zwei Aufgabenfelder: die praktische und begleitende Reisehilfe und die Hilfe in Notlagen. Hier leisten die Mitarbeitenden einen Beitrag zur Lösung von handfesten Problemen. Der kirchliche Anspruch der

3 Vgl. http://www.bahnhofsmission.de/UEber-Uns.9.0.html.
4 Vgl. http://www.bahnhofsmission.de/Geschichte.15.0.html.

Arbeit charakterisiert sich in Form von Gesprächen und Gebeten mit Gästen (Beusker 2013, S. 10 ff.).

Als grundlegende Motivation geben die Ehrenamtlichen den Wunsch an, mit anderen Menschen in Kontakt zu kommen und auf diesem Weg die Gesellschaft mit zu gestalten. Im Detail betrachtet ergeben sich altruistische Beweggründe, die zum Ehrenamt in der Bahnhofsmission führen. Besonders hervorzuheben ist an dieser Stelle das Bedürfnis, Menschen in Not zu unterstützen und die empfundene Verpflichtung, benachteiligten Menschen zu helfen. Ergänzend wirken Motive der Selbsterfahrung und -entwicklung. Das Lernen und die Weiterentwicklung durch eigene Erfahrungen deuten auf die Gegenseite, die egoistischen Beweggründe hin (vgl. Beusker 2013, S. 20 ff.).

Die Ehrenamtlichen der Bahnhofsmission leisten im Vergleich zu anderen Betätigungsfeldern eine überdurchschnittliche Zahl an Stunden. Sie empfinden das Amt als einen zentralen Teil ihres eigenen Lebens und engagieren sich bewusst für ihre Mitmenschen, unterstützt durch eine subjektiv empfundene moralische Verpflichtung. Auffällig sind der hohe Grad formaler Bildung, ein auch in anderen Bereichen hohes zivilgesellschaftliches Engagement und ein ausgeprägtes politisches Interesse. Zudem verstehen die Ehrenamtlichen ihre Tätigkeit nicht als Ausgleich für persönliche Defizite, sondern als eine frei gewählte Bereicherung (Sauer-Ackermann/Bakemeier 2013, S. 26).

Es entsteht somit ein Bild der niederschwelligen Hilfe in jeder Notlage. Dabei ist zu beachten, dass die Bahnhofsmission unterschiedlichen Bedingungen ausgesetzt ist, die sie von anderen Engagement-Feldern in einzigartiger Weise unterscheidet.

Die Bahnhofsmissionen befinden sich auf dem Gelände des jeweiligen Bahnhofs. Dieser weiter oben bereits skizzierte Sozialraum besteht aus verschiedenen komplexen Systemen, die ihre eigene Dynamik entfalten und naturgemäß andere System in ihrem Wirken beeinflussen. Da sie sich als eigenes System etabliert haben und sich zur gleichen Zeit den anderen Systemen entziehen, entsteht ein nahezu unabhängiger Ort.

Die diesen Ort aufsuchenden Menschen unterscheiden sich ebenfalls deutlich von AdressatInnen anderer Engagement-Felder. So handelt es sich einerseits um Reisende mit dem Wunsch nach praktischer Hilfe, andererseits verzeichnen die Bahnhofsmissionen immer wiederkehrende Menschen, die die Besuche als einen festen Bestandteil ihrer Tagesstruktur nutzen.

Aus diesen Besonderheiten ergeben sich spezifische Herausforderungen für die freiwillig Tätigen, die im folgenden Kapitel dargestellt werden.

4. Spezifische Herausforderungen des Ehrenamts im Kontext der Bahnhofsmission

Die Arbeit an und in den Bahnhofsmissionen ist äußerst vielfältig. Sie war und ist im Laufe ihres Bestehens einem ständigen Prozess der Veränderung unterworfen. Diese Notwendigkeit ist vor allem damit zu begründen, dass sich die Engagierten in der Bahnhofsmission weder auf eine spezifische Zielgruppe noch auf spezifische Hilfearten festlegen können. Daraus entsteht eine notwendigerweise flexible Form der Hilfe. Es folgt eine individuelle (Hilfe-)Leistung, die sich an dem jeweiligen Bedarf der AdressatInnen orientiert.

Auf diese Weise rücken zwangsläufig unterschiedliche Zielgruppen mit jeweils verschiedenen Problemkonstellationen in den Fokus der Arbeit. Die Konzeption und das Angebot einer Bahnhofsmission sind zentral von den örtlichen Rahmenbedingungen und Bedarfen geprägt und abhängig. Daraus ergibt sich, dass jede Bahnhofsmission einem Spezifikum gleichkommt. Besonders unterscheiden sich die einzelnen Einrichtungen in der jeweiligen Lage und Größe sowie der Ausstattung der Räumlichkeiten. Mitarbeitendenschlüssel und -qualifikation, soziale Infrastruktur und PartnerInnen, Funktion der Station im Schienenverkehr oder die inhaltlichen Schwerpunkte des Trägers sind jeweils unterschiedlich. Daneben existieren dennoch Gemeinsamkeiten und grundsätzliche Ähnlichkeiten.

Die verbindenden Elemente bestehen im sozial-caritativen Charakter bei der Ausrichtung von Hilfe und Angeboten, dem Standort am Bahnhof und der damit verbundenen Kooperation mit der Deutsche Bahn AG. Darüber hinaus ist zentral die Offenheit und das niederschwellige Angebot sowie die selbstverständliche Anbindung an kirchliche Träger und das verwirklichte freiwillige und zivilgesellschaftliche Engagement (Sauter-Ackermann 2013, S. 22 f.).

Vor diesem Hintergrund ist das Konzept der grundsätzlichen Offenheit für jeden Menschen und alle Belange zu verstehen. Diese Situation birgt die Gefahr in sich, zugleich unterschätzt und überfordert zu werden. Oder andersherum: dass die Mitarbeitenden sich selbst unter- oder überschätzen. Unterschätzt wird die Bahnhofsmission zumeist in ihren Möglichkeiten und Wirkungen, wenn zwischen ehrenamtlichem Engagement und professionellem Handeln Widersprüche Gestalt annehmen oder wenn die Vielfalt der Hilfsangebote mit mangelnder Fachlichkeit verbunden und die missionarische Tätigkeit diakonischen Handels negiert wird.

Überschätzt wird die Bahnhofsmission, indem ihre Grenzen, bedingt durch den Standort, die Rahmenbedingungen und die zur Verfügung stehenden Ressourcen zu wenig Beachtung finden. Neben diesen abstrakt wirkenden Herausforderungen allgemeiner Natur birgt das Einsatzgebiet für die Mitarbeitenden ebenfalls spezifische Probleme in der täglichen Arbeit.

Die Ehrenamtlichen sind nahezu gezwungen, im Rahmen der Tätigkeit vielfältig, ideenreich, spontan und flexibel zu handeln. Für sie nicht lösbare Probleme erfordern eine Weitervermittlung, die nur gelingen kann, wenn die umliegende Hilfelandschaft bekannt ist. Zur Überforderung der Engagierten kann es unter anderem auch kommen, wenn sie ihrem Selbstverständnis nach für jeden Hilfesuchenden immer und überall erreichbar sein wollen.

Eine Bahnhofsmission muss sich, nach eingehender Reflexion und fachlicher Auseinandersetzung, auch gegen ein Hilfsangebot entscheiden können. Sie wird sonst schnell als profillos wahrgenommen und bereitet den Boden für strukturelle Überforderungen aufseiten der Mitarbeitenden. In der Folge kann es zur Demotivation kommen, die wiederum Ausgangspunkt für weitere Konflikte sein kann. Eine realistische Einschätzung der Möglichkeiten und Grenzen, besonders im Hinblick auf die vielen Besonderheiten, ist in diesem Engagement-Feld essentiell (Sauter- Ackermann 2013, S. 34).

Um den vielfältigen Aufgaben gerecht werden zu können, wird der gute Umgang mit Menschen als zentraler Aspekt der Aufgabenbewältigung gesehen. Zudem zeichnet die Ehrenamtlichen eine hohe Einsatzbereitschaft, Belastbarkeit und ein gutes Zeitmanagement aus. Als weniger notwendig gelten Kenntnisse im Umgang mit Behörden, Fachwissen und Selbstlosigkeit. Die vielfältige Aufgabenstruktur der Bahnhofsmission fordert die Engagierten stark. Viele (17,8 % der Ehrenamtlichen) fühlen sich im Rahmen ihrer Tätigkeit zumindest zeitweise überfordert. Ein Zusammenhang mit anderen Aspekten der Arbeit oder mit Eigenschaften lässt sich statistisch nicht belegen.

Ein weiteres Spezifikum besteht in der Möglichkeit des Erwerbs neuer Fähig- und Fertigkeiten. Dies zeigt sich sowohl in handlungsleitenden, praktischen Befähigungen, als auch in einer Reihe von Einstellungen, die im Rahmen der Arbeit als wichtig empfunden werden. Eine zentrale Rolle spielt in diesem Zusammenhang der empathische Umgang mit Menschen. Ergänzend gehören das Zulassen von Nächstenliebe sowie Lernbereitschaft und das Zurückstellen von eigenen Bedürfnissen zur Arbeit dazu.

Um der Komplexität der Aufgabenbereiche gerecht werden zu können, erhalten 86 % der Ehrenamtlichen Angebote für Aus- und Weiterbildung. Diese Möglichkeiten werden von einer großen Mehrheit der Engagierten als ausreichend wahr- und angenommen (Beusker 2013, S. 26).

Die praktische Arbeit der Engagierten charakterisiert sich durch die Empowerment-Haltung. Unter Empowerment wird gemeinhin ein Prozess der Selbstbemächtigung und (Rück-)Gewinnung von Selbstbestimmung problembetroffener Menschen verstanden. Diese individuelle Ebene betont den Aspekt der Autonomie und aktiviert die Selbstorganisationfähigkeit von Betroffenen. Sie enthält eine psychosoziale Methodik, deren Handlungsziel es ist, Menschen zu befähigen, ein eigenverantwortliches Leben zu führen, und ihnen Freiräume zu eröffnen, in denen sie ihre eigenen Stärken erfahren und solidarische Vernetzung erproben können (Busmann 2012, S. 199 f.). Mit dieser Haltung wird versucht, für die Hilfesuchenden nicht ein Problem zu lösen, sondern sie selbst dazu zu befähigen, die Schwierigkeiten durch eigenes Handeln zu beseitigen.

In diesem Zusammenhang steht zudem die Entwicklung einer potenzial- und ressourcenorientierten Perspektive. Ressourcen lassen sich gemeinhin als »Kraftquelle« verstehen, die jeder und jedem sowie seinem und ihrem Umfeld zur Verfügung stehen oder die aktiviert werden können. Die Ressourcen unterliegen dabei qualitativen Schwankungen und können miteinander in Verbindung gebracht werden, um zielgerichtet »genutzt« zu werden.

Ressourcen und individuelle Potenziale lassen sich grundsätzlich in drei Kategorien unterscheiden, für deren Entdeckung und Aktivierung jeweils mannigfache Methoden und Verfahren eine Rolle spielen:
- individuelles Potenzial (persönliche Kompetenz)
- soziale Ressourcen (Netzwerke u. a.)
- materielle Ressourcen (finanzielle Unterstützung)

Die in diesem Zusammenhang häufig genannte »Ressourcenorientierung« beschreibt einen auf die AdressatInnen ausgerichteten Blick auf die Identifizierung von Ressourcen und deren systematischen Einsatz als unabdingbarer Bestandteil der Hilfe.

Es wird somit eine komplexe, professionelle Perspektivenübernahme und methodisch strukturierende Vorgehensweise impliziert, die nicht mit einer Sichtweise zu verwechseln ist, in der es darum geht, den Blick auf die Ressourcen als eine Art Zusatzleistung mehr oder weniger in die soziale Tätigkeit zu integrieren. Die Idee der Ressourcenorientierung meint eine Eindeutigkeit in der Wahl der Perspektive sowie eine Systematik im Einsatz von Methoden und Verfahren (Möbius 2010, S. 14 f.).

Hieraus sind folgende Annahmen von potenzial- und ressourcenorientiertem Arbeiten abzuleiten (De Jong/Berg 2003, S. 33 f.):
- Jeder Mensch verfügt über individuelle Stärken.
- Auf die Betonung dieser Stärken folgt im Regelfall eine höhere Motivation des Betroffenen.
- Das Aktivieren dieser Stärken erfordert einen kooperierenden Prozess, beispielsweise gefördert durch ehrenamtliches Engagement.

- Die Sichtweise fokussiert sich auf das Gelungene und schützt die Betroffenen vor Vorverurteilungen
- Potenziale und Ressourcen lassen sich auch in problematischen Handlungen finden.

Aus der Idee des Empowerments in Zusammenhang mit der ressourcenorientierten Perspektive entsteht eine Synthese, die den Kern der Arbeit in der Bahnhofsmission trifft. Die Herausforderung für die praktisch Handelnden besteht zunächst darin, ihre eigenen Gedanken und Gefühle nicht auf die AdressatInnen zu projizieren, sondern diesen bereits im ersten Kontakt neutral gegenüberzustehen. Anschließend gilt es, den Blick zu schulen, Ressourcen zu erkennen und diese anschließend mit den Betroffenen zu aktivieren und nutzbar zu machen. Grundlegend ist, die Hilfesuchenden als »ExpertInnen ihrer selbst« zu verstehen, so dass sie möglichst selbst erkennen, was ihnen in der Situation am meisten hilft.

Für die Engagierten bedeutet dies, den Hilfe Suchenden Zeit zu geben und sich zurückzuhalten. Zu einer ausgeprägten Empowerment-Haltung gehört es zuzulassen, dass die Betroffenen eigene Erfahrungen sammeln können, zuweilen auch in einem vermeintlich objektiv negativen Sinn. Die ressourcenorientierte Vorgehensweise findet dabei naturgemäß nicht isoliert statt. Vielmehr bedarf es einer Ergänzung in Form von Netzwerkarbeit.

Ein Netzwerk charakterisiert sich durch eine spezifische Relation, die über eine (bestimmbare) Menge von Elementen definiert ist. Netzwerke können darüber hinaus auch als eine abgegrenzte Menge von Knoten mit zwischen ihnen verlaufenden Kanten beschrieben werden. Die Knoten entsprechen den Elementen: Sie stehen für die verschiedenen AkteurInnen, die Kanten stellen die zwischen ihnen verlaufenden Relationen oder Beziehungen dar. Diese Relationen können hinsichtlich Inhalt, Intensität und Form unterschiedlich sein. Beispiele für Relationsinhalte sind Verwandtschafts-, Gefühls- oder Machtbeziehungen. Sie können zudem nach der Häufigkeit respektive Wichtigkeit für den oder die Handelnden bestimmt werden sowie nach dem Ausmaß des Ressourcentransfers (Schaub 2002, S. 295 f.).

Durch die individuelle Berücksichtigung des Netzwerkes können die Ressourcen eines Menschen zielsicher koordiniert und erweitert werden. Für die Engagierten in der Bahnhofsmission bedeutet dies, dass sie Netzwerke durch Interaktion und Kontaktpflege erhalten und erweitern müssen und sich zudem in diesen selbstbewusst bewegen.

Zudem ermöglicht netzwerkliches Arbeiten, dem Hilfesuchenden in einem ersten Schritt seine Ressourcen und Stärken zu verdeutlichen oder der Hilfeleistung zuträgliche Orte aufzuzeigen.

Grundsätzlich entsteht ein Bild des Engagements im Rahmen der Bahnhofsmission, welches sich durch eine ausgeprägte Komplexität charakterisiert und dadurch eine Sonderstellung in den verschiedenen Engagement-Feldern einnimmt.

5. Fazit und Ausblick

Es wurde gezeigt, dass freiwilliges Engagement auf eine langjährige Geschichte zurückblicken kann. Diese ist charakterisiert durch einen ständigen Prozess der gesellschaftlichen Anpassung. Besonders deutlich wird dieser Prozess im Engagement-Feld der Bahnhofsmission. Diese befindet sich an einem Ort der Widersprüche und mannigfachen Systeme, dem Bahnhof.

Durch diese geographische Verortung ist die Bahnhofsmission mit ihren Mitarbeitenden mit unterschiedlichen Herausforderungen konfrontiert. Zum einen lassen sich keine spezifischen Zielgruppen für die Hilfe definieren. Dieser Ort wird von unterschiedlichen Menschen mit sehr verschiedenen Anliegen aufgesucht. Somit sind die Engagierten strukturell der Aufgabe ausgesetzt, sich individuell, spontan und ideenreich jedem einzelnen Hilfesuchenden zu widmen.

Vor diesem Hintergrund kann es in diesem besonderen Sozialraum zu Überforderungen kommen, welche sensibel erkannt werden müssen und denen entgegengewirkt werden muss.

Die praktische Arbeit der Engagierten in diesem Sozialraum basiert auf einer Dreiteilung. Grundlegend wird den Betroffenen im Rahmen einer empowernden Haltung gegenübergetreten. Dies zeigt sich dadurch, dass es sich bei den Hilfsangeboten der Bahnhofsmission nicht um eine Serviceleistung handelt, sondern dass die Hilfesuchenden bei der Bewältigung ihrer Probleme unterstützt werden.

Ferner liegt der ressourcenorientierte Ansatz dem Handeln zugrunde. Dieser schließt sich fast nahtlos an die Empowerment-Haltung an und ergänzt diese durch das Finden und Fördern individueller Ressourcen aufseiten des Betroffenen. Abgerundet wird dieser Ansatz durch netzwerkorientiertes Handeln, welches die Peripherie des Betroffenen in den Blick nimmt und folglich die Umgebung mit in die Problemlösung einbezieht.

Es zeigt sich, dass Methoden aus der Sozialen Arbeit ihren Einzug ins Ehrenamt gefunden haben und diese für die Arbeit im Bahnhof in angepasster Weise nutzbar gemacht wurden.

Ergänzend wirkt in der praktischen Ausführung dieser sozialarbeiterischen Konzepte der theologische Unterbau der Bahnhofsmission. So charakterisiert sich die missionarische Arbeit in einem dezenten Angebot des gemeinsamen Betens respektive in seelsorgerischen Gesprächen. In der Folge verfügen die MitarbeiterInnen der Bahnhofsmission über einen komplexen »Methodenkoffer«, der sie befähigt, bei einer Vielzahl der Problemlagen handlungsfähig zu bleiben. Dieser wird durch die unterschiedlichen Fortbildungsangebote im Rahmen des Engagements erweitert und gefestigt. Somit entsteht in der Bahnhofsmission ein sich selbst erneuerndes System, das eine wichtige Nische in der deutschen Hilfslandschaft füllt. Anknüpfend wirkt die Bahnhofsmission als Ort der Begegnung, an dem über den Alltag hinausgehende Kontakte entstehen. Somit entwickeln sich Netzwerke, die wiederum in den Hilfeprozess einfließen.

Dem Ehrenamt kommt unter der Perspektive der Sozialraumorientierung eine zentrale Bedeutung zu. Dieses zeigt sich in der Partizipation und der Mitgestaltung sowie der Ermöglichung einer Anteilnahme der BewohnerInnen des Sozialraums. Dabei zeigen sich exemplarisch Herausforderungen im Rahmen eines harmonischen Miteinanders in Bezug auf selbstorganisiertes sowie auftragsabhängiges Engagement. An dieser Stelle gilt es, die verschiedenen Systeme und das der Bahnhofsmission zu öffnen und in der Folge kompatibel zu gestalten.

Ein weiterer Schwerpunkt besteht in den Beziehungen durch das Engagement im Sozialraum. Wie oben skizziert, gestalten Beziehungen zu einem nicht unerheblichen Maß den sozialen Raum. Dieser Beziehungsaufbau zu Menschen im Sozialraum wird dadurch erschwert, dass der Bahnhof seiner Natur entsprechend keine verlässliche Beziehungsarbeit zulässt. Somit gilt es an dieser Stelle Konzepte zu entwickeln, die eine produktive Gestaltung des Sozialraums ermöglichen.

Ein zukünftiges zentrales Thema besteht darin, die Hilfeleistungen der Bahnhofsmission weiter auszubauen und dem aktuellen gesellschaftlichen Prozess anzupassen. Besonders im Hinblick auf Social Media und die damit verbundenen raumunabhängigen Möglichkeiten der zwischenmenschlichen Verbindung und Kontaktpflege gibt es viele Entwicklungsmöglichkeiten.

Zudem gibt es Tendenzen, dass Menschen ohne regelmäßige Erwerbsarbeit durch das Engagement der Bahnhofsmission einen Zugang zu den jeweiligen Netzwerken erhielten und anschließend den Weg zu einer regelmäßigen Erwerbstätigkeit erkennen konnten. Somit könnte das Engagement zu einer Schlüsselfunktion auch aufseiten der Mitarbeitenden führen, die ihre eigene Situation den Wünschen anpassen können.[5]

5 Vgl. hierzu auch Dieckbreder, *Ökonomie und Solidarität* und Dieckbreder/Dieckbreder-Vedder, *Eingliederungshilfe als sozialräumliche Handlungsoption in Bahnhofsmissionen* in diesem Band.

Literatur

Berg, Insoo Kim/De Jong, Peter (2003): Lösungen finden. Dortmund

Beusker, Andreas (2013): Ehrenamt bei der Bahnhofsmission, Konferenz für Kirchliche Bahnhofsmission. Berlin

Birken, Thomas/Kratzer, Nick/Weihrich, Margit/Hoffmann, Anna/Koch-Falkenberg, Carolyn (2012): Interaktive Arbeit am Bahnhof: zwischen Unsichtbarkeit und Unverzichtbarkeit: Springer Fachmedien Wiesbaden. Online verfügbar unter http://link.springer.com/content/pdf/10.1007%2F978-3-531-19359-5_11.pdf

Bubmann, Peter./Doyé, Götz./Keßler, Hildrun./Oesselmann, Dirk/Piroth, Nicole/Steinhäuser, Martin (2012): Gemeindepädagogik.

Busmann, Gabriele (2012): Bürgerschaftliches Engagement als Wirkungsfeld. In: Blandow, Rolf/Knabe, Judith/Ottersbach, Markus (Hg.): Die Zukunft der Gemeinwesenarbeit. Von der Revolte zur Steuerung und zurück? Wiesbaden

Erlinghagen, Marcel (2013): Ehrenamt. In: Mau, Steffen/Schöneck, Nadine M. (Hg.): Handwörterbuch zur Gesellschaft Deutschlands. Wiesbaden

Hoffmeister, Friederike./Hille, Cornelius (2015): Bedeutung, Wesen und Merkmale des Ehrenamts im Pflegebereich. In: Neue Juristische Wochenschrift 52/2015. München

Juchelka, Rudolf (2002): Bahnhof und Bahnhofsumfeld – ein Standortkomplex im Wandel. In: STANDORT – Zeitschrift für Angewandte Geographie 26 (1), S. 12–16. DOI: 10.1007/s00548-002-0049-5

Kessl, Fabian/Reutlinger, Christian (^{2}2010): Die (sozialpädagogische) Rede von der Sozialraumorientierung. In: Kessl, Fabian/Reutlinger, Christian/Deinet, Ulrich (Hg.): Sozialraum. Eine Einführung. Wiesbaden

Möbius, Thomas (2010): Ressourcenorientierung in der Sozialen Arbeit. In: Möbius, Thomas/Friedrich, Sibylle (Hg.): Ressourcenorientiert Arbeiten. Anleitung zu einem gelingenden Praxistransfer im Sozialbereich. Wiesbaden

Sauter-Ackermann, Giesela (2013): Ehrenamt bei der Bahnhofsmission, Konferenz für Kirchliche Bahnhofsmission. Berlin

Schaub, Johannes (2002): Freundschaftsnetzwerke in den neuen Bundesländern In: Gruppendynamik 33

Schneider, Johann (2005): Sozialraum Stadt. Sozialraumorientierung kommunaler (Sozial-)Politik – eine Einführung in die Sozialraumanalyse für Soziale Berufe. Frankfurt/M.

Schroeter, Klaus R./Zängl, Peter (Hg., 2006): Altern und bürgerschaftliches Engagement. Aspekte der Vergemeinschaftung und Vergesellschaftung in der Lebensphase Alter. Wiesbaden

Schubert, Herbert (2005): Sozialer Raum und Aktivierung. In: Sozial Extra 29 (7–8), S. 32–36. DOI: 10.1007/s12054-005-0079-x

Schwalb, Lilian/Walk, Heike (Hg.) (2007): Local Governance – mehr Transparenz und Bürgernähe? Wiesbaden

http://www.bahnhofsmission.de/UEber-Uns.9.0. (Zugriff am 25.2.2015)

http://www.bahnhofsmission.de/Geschichte.15.0.html (Zugriff am 24.02.2015)

Wichtiges in Kürze

Ehrenamt und bürgerschaftliches Engagement

Beim Ehrenamt und beim bürgerschaftlichen Engagement handelt es sich um eine Form der Arbeit, die einem individuell und gesellschaftlich sinngebenden Zweck dient und im Regelfall unentgeltlich erfolgt.

Ehrenamt und Sozialraum

Ehrenamtlich Tätige empfinden das Amt als einen zentralen Teil ihres eigenen Lebens und engagieren sich bewusst für ihre Mitmenschen, unterstützt durch eine subjektiv empfundene moralische Verpflichtung. Das Engagement beeinflusst somit sowohl die sozialen Räume der Ehrenamtlichen als auch der AdressatInnen.

Ehrenamt in Bezug zur Bahnhofsmission

Die Ehrenamtlichen der Bahnhofsmission leisten im Vergleich zu anderen Betätigungsfeldern eine überdurchschnittliche Zahl an Stunden. Die Aufgaben in den Bahnhofsmissionen sind aufgrund der unterschiedlichen AdressatInnen vielschichtiger als in anderen Bereichen. Dies kann zu einer Unterschätzung der Möglichkeiten der Bahnhofsmissionen führen, da die ehrenamtlich erbrachten Hilfen unspezifischer sind als in anderen Bereichen. Zudem kann die Komplexität der Aufgaben zu einer Überforderung der Ehrenamtlichen führen (hilflose HelferInnen), weil sie spontan auf Unterschiedliches reagieren müssen. Deshalb ist die Vernetzung mit anderen sozialen DienstleisterInnen zentral, um ggf. auf diese verweisen zu können.

Fragen zur Lernstandprüfung

Wo finden Sie in Ihren praktischen Arbeitsfeldern Aufgaben, die von ehrenamtlich Tätigen übernommen werden können, und warum?
Welche Unterstützung benötigen ehrenamtlich Tätige in Ihrem Arbeitskontext?

Endstation Bahnhof? Die Zwiespältigkeit des Sozialraums für wohnungslose Menschen

Andreas Wolf

1. Einleitung

Zusammenhang der Hilfesysteme Bahnhofsmission und Wohnungslosenhilfe

Christiane F., das *Mädchen vom Bahnhof Zoo,* war mit Sicherheit Gast in der Bahnhofsmission am (West-)Berliner Bahnhof Zoo[1], der in den siebziger und achtziger Jahren des vergangenen Jahrhunderts immer auch ein »sozialer Brennpunkt« war und als Treffpunkt und Anlaufstelle für »Penner, Berber und Nichtsesshafte« des Öfteren in die Schlagzeilen geriet. Und Christiane F. ist nach den heute gängigen Zuordnungen sicherlich eine »Person mit besonderen sozialen Schwierigkeiten« (gewesen), die somit zum Personenkreis zählt, dem Hilfe nach §§ 67 ff. SGB XII zur Überwindung dieser Schwierigkeiten zu gewähren ist und für den das System der Wohnungslosenhilfe umfangreiche Angebote vorhält.

Wer Veröffentlichungen über die Geschichte der Bahnhofsmission studiert, findet immer wieder den Begriff des »Durchwanderers«, der bis in die heutige Zeit auch in der Wohnungslosenhilfe zu finden ist. Während er hier schon immer die falsche Bezeichnung (in der Regel zur Abwehr von Leistungsansprüchen durch die Grundsicherungsträger) gewesen ist, gibt es im Bereich der Bahnhofsmission die – historisch bedingte – korrekte Konnotation zur »Auswanderungsbewegung«, die gerade in den 20er-Jahren des letzten Jahrhunderts im Deutschen Reich noch eine Rolle spielte. Heute ist bekannt, dass es »Durchwanderer« oder »Nichtsesshafte« nicht gibt, jedenfalls nicht als Personenkreis mit eigenständigen Merkmalen; es gibt aber aus der Historie eine »Verwendungslinie« dieser Begrifflichkeiten, die auch in den mit diesen Menschen befassten Organisationen eine pragmatische Tradition hat, über die ausgrenzendes Verwaltungshandeln gestärkt und manchmal sogar ermutigt wurde.

1 Damals der zentrale Bahnhof in der »Inselstadt« Westberlin, in dem sich große Teile ihres im gleichnamigen Buch und Film geschilderten Lebens abspielten.

Wie schnell eine solche Kategorisierung die Arbeit beeinträchtigen kann, haben ebenfalls beide Hilfesysteme im Dritten Reich erfahren müssen (Nikles 1989, S. 101).[2]

»Nicht nur die Hilfe für jüdische Reisende, sondern auch für andere soziale Gruppen (Wandernde, Nichtseßhafte und Gefährdete), war deutlich eingeschränkt. Zumindest nach außen mußte die Bahnhofsmission generell jeden Eindruck vermeiden, sie helfe bewußt auch solchen Menschen, die nach Vorstellung der Nationalsozialistischen Volkswohlfahrt nicht zu den ›würdigen Volksgenossen‹ gehörten.«

Damals wie heute spielt – mit unterschiedlichen historischen Konnotationen – in beiden Hilfesystemen immer wieder die Frage eine Rolle, wer Hilfe »verdient«.

Geschichte

Schon in den Anfängen beider Hilfesysteme lassen sich einige Gemeinsamkeiten feststellen:[3] Neben der »Verwurzelung« im diakonischen Ansatz der Kirchen (besonders der Inneren Mission) beschäftigten beide Systeme sich mit Personenkreisen, die durch den Arbeitsmarkt zur Mobilität gezwungen waren und durch die Mobilität in »Gefährdungssituationen« kamen. Dabei war dann die sittlich-moralische »Stützung« grundlegender Hilfegedanke, allerdings immer verbunden mit einer rudimentären materiellen Hilfe. Dass das Thema »Armut« nicht offensiv zum Ausgangspunkt der Arbeit gemacht wurde, sondern als Resultat individuellen Handelns »vorkam«, führte in der Folge auch dazu, dass beide Systeme einerseits immer wieder in die sozialpolitische und/oder öffentliche »Schmuddelecke« gerieten, andererseits eher Symptome kurierten bzw. Mobilität unterstützten, wenn nicht gar förderten. Dies ist vergleichbar mit den »Tafeln«, die letztlich auch dazu beitragen können, dass sich am gesellschaftlichen Problem von Armut nichts ändert.

Neben den aus den Anfängen resultierenden eher jugendpflegerischen und -fürsorgerischen Aktivitäten der Bahnhofsmission gibt es im Bereich der unspezifischen Beratung und offenen Aufenthaltsmöglichkeiten schon sehr früh Berührungspunkte beider Hilfesysteme.

2 Vgl. hierzu auch Bruno W. Nikles, *Die Geschichte der sozialen Hilfe am Bahnhof* in diesem Band.

3 Zur Wohnungslosenhilfe siehe Scheffler (1987). Zur Bahnhofsmission siehe Nikles in diesem Band.

»Die Bahnhofsmissionen selbst entwickeln sich – verstärkt vor allem nach dem ersten Weltkrieg – zunehmend zu eigenständigen karitativen Einrichtungen mit dem Anspruch professioneller Hilfestellung und -vermittlung am Bahnhof und wurden damit zu einer Art ›Sozialstation‹«. (Nikles 1998, S. 98)

Bei Ayass (1995) kann nachgelesen werden, wie im Bereich der Wohnungslosen (»Nichtsesshaften«) diese Ausgrenzung von armen und wohnungslosen Menschen bis hin zur Vernichtung im KZ abgelaufen ist.

Nach dem Zweiten Weltkrieg gab es sehr unterschiedliche Entwicklungen in den beiden entstehenden deutschen Staaten. Während in der BRD im Zuge des sich entwickelnden sozialen Rechtsstaates ein differenziertes System der Wohnungslosenhilfe entwickelt wurde (das allerdings auch mit dem Namen »Nichtsesshaftenhilfe« bis weit in die 1980er-Jahre an traditionellen Begriffen, überkommenen Hilfeformen und (Un-)Rechtsauffassungen festhielt)[4], wurde das Hilfesystem in der DDR[5] spätestens in den späten 1950er-Jahren »überflüssig« oder im Zuge der Auseinandersetzung zwischen Staat und Kirche organisatorisch und institutionell bedrängt, sodass zum Ende der DDR keine genuine Wohnungslosenhilfe existierte.[6]

Bis in die jüngere Vergangenheit finden sich immer wieder Einzelberichte über die Verbindung von Wohnungslosenhilfe und Bahnhofsmission. So enthält ein Bericht über die Nachtschicht in der Bahnhofsmission Frankfurt (Mesenzehl 1978) abgesehen von einzelnen »historisch bedingten« Ausdrücken viele aktuelle Problemlagen der Personen, die seinerzeit die Bahnhofsmission aufsuchten.

4 Siehe dazu Kapitel 2.

5 Auch in den an Polen und die Sowjetunion eingegliederten Gebieten des ehemaligen Deutschen Reichs gab es Einrichtungen, die aber anders als in der DDR direkt nach dem Krieg dem Hilfesystem grundsätzlich »entzogen« waren.

6 Einzelne ehemalige Einrichtungen waren zu vom Staat geduldeten Einrichtungen der Behindertenhilfe geworden; nach der Wiedervereinigung knüpften insbesondere die von Bodelschwinghschen Anstalten an solche Traditionen (Lobetal bei Berlin) an, wobei die Entwicklung des Hilfesystems in den »neuen Bundesländern« weitgehend über kommunale Entwicklungen und die Übertragung des Sozialrechtssystems gesteuert und beeinflusst wurde (siehe dazu: Gefährdetenhilfe, Jahrgänge 1990–1995).

2. Allgemeine Darstellung der Wohnungslosenhilfe

Das Hilfesystem

Zum besseren Verständnis ist zunächst darauf hinzuweisen, dass die Begriffe »obdachlos« und »wohnungslos« nicht nur eine semantische Unterscheidung bedeuten, sondern mit diesen beiden Begriffen im Hilfesystem bis heute verschiedene Teilsysteme bezeichnet werden. Beim Begriff »obdachlos« sind in der Regel die kommunalen Systeme gemeint, die sich mit der *ordnungsrechtlichen* Problematik beschäftigen, während mit dem Begriff »wohnungslos« überwiegend die *sozial(hilfe)rechtliche* Seite bezeichnet wird. In der Praxis gibt es verschiedene Überschneidungen und Unklarheiten, was sich z. B. daran zeigt, dass als »obdachlos« im rechtlichen Sinn auch die Menschen kategorisiert (und statistisch erfasst werden), die in kommunalen Unterkünften mit Obdach versorgt sind und im alltäglichen Sprachgebrauch in der Regel nicht als »Obdachlose« bezeichnet oder wahrgenommen werden.

Bis in die 1980er-Jahre war das System der Wohnungslosenhilfe stationär geprägt, wobei die Verteilung dieser Einrichtungen (»Arbeiterkolonien«, »Herbergen zur Heimat«) bundesweit sehr unterschiedlich aussah. Meist lagen sie auf dem Land und hatten in der Regel Kapazitäten von fünfzig bis zu mehreren hundert Plätzen – in aller Regel in Mehrbettzimmern (teilweise auch noch Schlafsäle). Es herrschte oft noch das Bodelschwinghsche Prinzip »Arbeit statt Almosen«, was sich in einer »Arbeitspflicht« in den angeschlossenen »Puschenwerkstätten«[7] bzw. den landwirtschaftlichen Betrieben niederschlug. Die Finanzierung der Einrichtungen durch öffentliche Gelder war im Vergleich zu anderen Hilfesystemen sehr bescheiden.[8]

Das heute (fast) überall zu findende System von zentralen und regionalen Beratungsstellen war noch 1980 nur eine Idee (dazu Holtmannspötter 1979), die zudem vom Hilfesystem eher bekämpft wurde. Nach einem über zehn Jahre geführten, teilweise ideologisch und persönlich mit Verletzungen verbundenen Streit über die richtige Form der Hilfe, die richtigen Begriffe und die Frage von

---

7 Diese Werkstätten befanden sich in der Regel auf dem Gelände der Einrichtungen und fertigten Kleinteile für Industriebetriebe – die Bewohner/Hilfesuchenden konnten also »in Puschen« zu ihrem »Arbeitsplatz« gelangen. Als Bezahlung gab es beispielsweise für die 1970er-Jahre eine tägliche »Arbeitsprämie«, die von der Einrichtung(sleitung) festgelegt wurde, zwischen 50 Pfennig und zwei bis drei Mark lag und auf die weder ein Anspruch bestand noch Versicherungsbeiträge abgeführt wurden.

8 So sind dem Autor tägliche »Pflegekostenzuschüsse« von ca. 8 DM Ende der 1960er-Jahre bekannt; Pflegesätze aus den 1980er-Jahren bewegten sich bei ca. 15 bis 40 DM.

Recht und Umsetzung von Recht (dazu: Gefährdetenhilfe 1978 bis 1988) gibt es seit den 1990er-Jahren ein bis heute nochmal erheblich ausdifferenziertes System verschiedener Einrichtungen. In der stationären Hilfe ist heutzutage das Einzelzimmer Standard, die Beratungsstelle gilt als zentrale Organisation örtlicher Hilfesysteme.

Gelungen ist inzwischen auch vielfach eine Verbindung zur kommunalen Aufgabe der ordnungsrechtlichen Unterbringung (»Obdachlosigkeit«), wobei es hier immer wieder zu Rückfällen in traditionelle Ausgrenzungsstrategien kommt (Verweigerung der Zuständigkeit, widerrechtliche Vorenthaltung von Leistungen, unrechtmäßige Hilfegewährung). Nach wie vor gibt es hier auch Win-Win-Situationen (Hilfesystem und Kommune/Grundsicherungsträger), die zu Lasten der Hilfesuchenden und Leistungsberechtigten gehen und an denen die Bahnhofsmission beteiligt sein kann (»Abschiebung« und/oder »Abspeisung«).

Das System der Wohnungslosenhilfe umfasst heute ein sehr ausdifferenziertes Angebot von stationären über teilstationäre Einrichtungen über ambulant betreutes Wohnen sowie – als gedachtem Zentralpunkt – die Fachberatungsstelle. Alle Organisationen gibt es in regional und konzeptionell unterschiedlich geprägten Formen, was Inhalt, Organisation und räumliche Verteilung angeht. Außerdem gibt es Spezialisierungen hinsichtlich des Geschlechts und/oder Alters sowie zunehmend auch in Bezug auf die gesundheitliche/psychische Verfassung von Hilfesuchenden bzw. Leistungsberechtigten. Im Umfeld der »klassischen« Wohnungslosenhilfe haben sich Projekte (z. B. Straßenzeitungen, Tafeln, Tagesaufenthalte, Notübernachtungen, Arbeitsgelegenheiten) entwickelt, die in mehr oder weniger loser Verbindung zum Hilfesystem stehen. Vielerorts ist auch durch die Bildung von kommunalen Fachstellen zur Vermeidung von Obdachlosigkeit/Wohnungslosigkeit eine Vernetzung mit der kommunalen Seite der Hilfe möglich geworden und hat teilweise sogar zu institutionalisierter Kooperation geführt.[9]

Schließlich ist auch darauf zu verweisen, dass die Wohnungswirtschaft ebenfalls zu Kooperationen bereit war und ist – dies geschieht zum einen im Rahmen des Bundesprogramms *Soziale Stadt*[10] wie auch vor Ort durch Zusammenarbeit zwischen (oft ehemals gemeinnützigen) Wohnungsunternehmen und Einrichtungen der Wohnungslosenhilfe. In diesem Zusammenhang sind auch Modelle aufsuchender Hilfe entstanden, die den präventiven Aspekt der Hilfe besonders betonen (Busch-Gertseema u. a. 2015).

9 Besonders in NRW ist der Auf- und Ausbau dieser kommunalen Fachstellen durch verschiedene Programme der Landesregierung stark gefördert worden.

10 http://www.staedtebaufoerderung.info/StBauF/DE/Programm/SozialeStadt/soziale_stadt_node.html (Zugriff 23.03.2016).

Es gibt allerdings bei der Vielfalt der Angebote keine wirklichen »Standards der Wohnungslosenhilfe«[11].

Gesetzliche Grundlagen

Neben den schon erwähnten Hilfen nach §§ 67 ff. SGB XII, also den überwiegend persönlichen Hilfen (in Form von Beratung, Unterstützung und Begleitung), sind noch die Grundsicherung (3. und 4. Kapitel SGB XII) sowie natürlich »Hartz IV« (Grundsicherung nach SGB II durch die Jobcenter) von entscheidender Bedeutung für (materiell) arme Menschen. Allerdings – das hat auch die Geschichte gezeigt – spielen Ordnungsrecht (öffentliches Recht) wie auch das »Hausrecht« (nach BGB) in beiden Feldern eine wichtige Rolle.

§§ 67–69 SGB XII

In diesen Paragrafen ist die persönliche Hilfe für »Menschen in besonderen Lebensverhältnissen mit sozialen Schwierigkeiten« geregelt. Während die alte Gefährdetenhilfe (in den §§ 17 und 72 BSHG) zunächst noch am Merkmal der »fehlenden inneren Festigkeit« anknüpfte, ist nach der Reform des § 72 BSHG (Vorgänger der §§ 67–69 SGB XII) von 1974/76 der Ansatzpunkt der Hilfe sowohl in der Person des Hilfesuchenden selbst wie auch im Umgang/Kontakt zu Dritten möglich.[12] Neben der persönlichen Hilfe in Form von Beratung, Unterstützung und Versorgung gibt es auch materielle Hilfen, die aber in der Regel gegenüber anderen Grundsicherungsleistungen nachrangig sind.

In den letzten Jahren ist verstärkt diskutiert worden, ob diese »besondere« Hilfe überhaupt noch notwendig ist und nicht über andere (gesetzlich geregelte) Hilfen abgedeckt werden kann. Mit Roscher (2015) ist hier aber immer wieder darauf hinzuweisen, dass diese Hilfe, die sich im wahrsten Sinne des Wortes mit »Elend« beschäftigt, nicht durch Hilfen »überflüssig« wird, die in der Regel an individuellen Defiziten ansetzen.

---

11 In dem gleichnamigen Buch von Simon (1996) werden zwar solche Standards aufgelistet, es ist aber nach wie vor eher ein Flickenteppich von unterschiedlich ausgeprägten und umgesetzten Rahmenbedingungen, die zudem durch Vorgaben der Sozialleistungsträger stark beeinflusst werden.

12 Diesen Ansatzpunkt findet man besonders im § 1 Abs. 2 Satz 2 der DVO zu § 69 SGB XII: »Besondere Lebensverhältnisse können ihre Ursache in äußeren Umständen oder in der Person der Hilfesuchenden haben.« sowie im § 1 Abs. 3 zu § 69 SGB XII: »Soziale Schwierigkeiten liegen vor, wenn ein Leben in der Gemeinschaft durch ausgrenzendes Verhalten des Hilfesuchenden oder eines Dritten wesentlich eingeschränkt ist, …«

Grundsicherung

Grundsätzlich hat jeder Mensch, der sich in Deutschland aufhält, einen Anspruch auf die Sicherstellung des so genannten Existenzminimums.[13] Aus der Geschichte gibt es aber zahlreiche bis in die Gegenwart reichende Belege dafür, dass gerade obdachlosen und wohnungslosen Menschen diese Ansprüche rechtswidrig vorenthalten werden. Die Jahrestagungen der Fachverbände (Bundesarbeitsgemeinschaft Wohnungslosenhilfe BAG-W und Evangelischer Bundesfachverband Existenzsicherung und Teilhabe EBET)[14] zeigen in erschreckender Regelmäßigkeit, wie wenig verbreitet das Bewusstsein für die Rechtsansprüche der betroffenen Personen ist – und dies gilt ebenso für einen Teil der institutionalisierten Hilfe, wozu hier auch die Bahnhofsmission gehört.

Ordnungsrecht

Sowohl für die Frage der Zuständigkeit bei der Beseitigung/Behebung von Obdachlosigkeit wie auch in der Frage von »Bettel- oder Aufenthaltsverboten« spielt das Ordnungsrecht sowie die Frage von kommunalen Satzungen eine wichtige Rolle.[15] Auch hier gibt es eine gemeinsame historische Betroffenheit von Wohnungslosenhilfe und Bahnhofsmission, wie weiter unten noch gezeigt wird (Kap. 4).

BGB

Schließlich ist bei rechtlichen Fragen auch das »Hausrecht« zu beachten, das in der Regel für alle »privaten« Orte gilt und wo es beim Bahnhof seit Jahren strittig ist, ob dieser Sozialraum durch privatrechtliche Regelungen der Öffentlichkeit (und damit auch der Nutzung durch wohnungslose Menschen) entzogen werden kann (auch dazu Kap. 4).

Aufgaben

Zentraler Ansatzpunkt ist nach wie vor die Versorgung mit Obdach (bei Fehlen jeglicher Unterkunft) und die Beschaffung/Erhaltung einer Wohnung. Damit ist die Hilfe aber immer auf (gesellschaftliche) Rahmenbedingungen angewie-

13 Verschiedene Ausschlusskriterien für AusländerInnen und AsylbewerberInnen betreffen nach der Rechtsprechung des BVerfG und des EuGH im Wesentlichen konkrete Regelungen, aber nicht den grundsätzlichen Anspruch, so erst jüngst verschiedene Entscheidungen des 4. Senats des BSG im Dezember 2015.

14 Siehe dazu BAG-W (Hg.): Materialien zur Wohnungslosenhilfe (verschiedene Jahre).

15 Im November 2015 hat die BAG-W anlässlich der Jahrestagung in Berlin ein neues Rechtsgutachten veröffentlicht, in dem es um die Unterbringung von obdachlosen Menschen als Verpflichtung der Kommunen geht (Ruder 2015).

sen, die sie nur äußerst marginal selbst beeinflussen kann. Jede Veränderung des Wohnungsmarkts führt zu Veränderungen beim Zugang ins Hilfesystem wie auch bei den Möglichkeiten, erfolgreiche Hilfeprozesse in einer eigenen Wohnung abzuschließen.

Da in vielen Fällen wohnungslose Menschen auch davon betroffen sind, dass ihnen materielle Leistungen nur unter erschwerten Bedingungen (fehlende Adresse, fehlendes Konto etc.) gewährt werden (können), sie aber auch nicht selten mit Rechtsverweigerung konfrontiert werden, ist eine weitere – auch im Gesetz selbst beschriebene – Aufgabe die Beratung und Unterstützung. Hier geht es neben der Realisierung von (Rechts-)Ansprüchen um alltägliche Hilfestellungen bei der Bewältigung vielfältiger Anforderungen durch Ämter und Umwelt bis hin zu motivierenden Hilfen, um z. B. bestehende gesundheitliche Einschränkungen (wozu auch Sucht und psychische Störungen gehören) »zur Kenntnis zu nehmen« und sie damit einer Bearbeitung zugänglich zu machen.[16]

Zu den Aufgaben gehört aber definitiv nicht die »Verbesserung« der betroffenen Personen oder ihrer Lebensweise. Diese pädagogischen Interventionen, die es sowohl bei professionell wie ehrenamtlich Tätigen gibt, mögen den Ausübenden oft sinnvoll erscheinen,[17] sie sind aber spätestens seit 1967 in der Hilfe nicht zulässig, denn damals hat das Bundesverfassungsgericht in einem Urteil, das die Vorgängervorschrift des § 67 SGB XII betraf, festgestellt, »dass es nicht die Aufgabe des Staates ist, seine Bürger zu bessern«. Damit sind Resozialisierung, Verbesserung der individuellen Situation, Änderung von Lebensverhältnissen und pädagogische Interventionen und Programme keineswegs ausgeschlossen, aber sie bedürfen immer der Zustimmung der betroffenen Menschen, ohne dass ihnen wegen einer Verweigerung rechtliche oder materielle Ansprüche vorenthalten werden.

Mitarbeitende

Inzwischen gibt es in der Wohnungslosenhilfe ein umfassendes Angebot von Sozialarbeit in »multiprofessionellem Kontext«. Die Historie der Wohnungslosenhilfe führt aber – und auch da gibt es enge Berührungspunkte zur Bahnhofsmission – immer wieder dazu, dass der Hilfeanspruch (»Barmherzigkeit«)

16 An diesem Punkt können übrigens die »nicht professionellen« Kontakte und Gespräche auch bei der Bahnhofsmission hilfreich sein oder sogar zur Inanspruchnahme professioneller Hilfe führen – dieses »Ergebnis« ihrer Arbeit bekommen die ehrenamtlich und hauptberuflich Tätigen dort aber kaum mit.

17 »Warum sollen wir denn Bargeld besorgen, wenn es die Leute doch nur vertrinken oder in Drogen umsetzen?«

in seiner praktischen Umsetzung zumindest in der Gefahr steht, selbst zur Ausgrenzung und/oder Rechtsverweigerung beizutragen. Die Geschichte des »Tagessatzes für Nichtsesshafte« ist ein gutes Beispiel, wie das Hilfesystem selbst über lange Jahre dafür gesorgt hat, dass die Verweigerung von im Gesetz klar beschriebenen Rechten nicht (nur) einer »bösen« Verwaltung geschuldet war, sondern durch die Organisationen und die dort Beschäftigten selbst »propagiert« wurde. Für die aktuelle Diskussion ist darauf hinzuweisen, dass mit dem Aktivierungsparadigma der Hartz-Gesetzgebung (wieder) ein anschlussfähiges Konstrukt für »schwarze Pädagogik« vorhanden ist und auch heute festzustellen ist, dass davon Gebrauch gemacht wird. Da man sich jetzt sogar auf eine »gesetzliche Grundlage« berufen zu können glaubt, haben Institutionen wie die Bahnhofsmission, die ja überwiegend nicht von diesen gesetzlichen Vorgaben bei der Eigenfinanzierung betroffen sind, eine Chance, auch im Hilfesystem selbst als »Hüterin« von Betroffenenrechten zu agieren.

3. Wohnungslosenhilfe im sozialräumlichen Kontext

Allgemeine Bedeutung des Sozialraums für Wohnungslose

»Es gibt keine allgemeingültigen und von allen Fachleuten anerkannten Begriffe und Definitionen zur Beschreibung von Menschen, die über keinen hinreichenden Wohnraum verfügen.« (Holtmannspötter 1996, 17)

Schon diese Feststellung, die heute noch deutlicher gilt als vor 20 Jahren, zeigt, dass es kaum möglich ist, von einer homogenen Gruppe auszugehen, die man mit der Bezeichnung »Wohnungslose« erfassen kann. Auch die gesetzliche Begrifflichkeit »Menschen in besonderen Lebensverhältnissen mit sozialen Schwierigkeiten« ist kaum hilfreich, eine klare Beschreibung des Personenkreises zu liefern.

Allerdings wird mit den »besonderen Lebensverhältnissen« deutlich, dass gerade aus Sicht des Gesetzgebers das »Umfeld« der hilfeberechtigten Personen zu beachten und in Hilfemaßnahmen einzubeziehen ist. Damit ergibt sich für das Hilfesystem eine sozialräumliche Komponente in zweierlei Hinsicht. Zum einen muss bei der Hilfe zum Thema »Wohnen« in der Hilfeplanung und Umsetzung ein konkreter Sozialraum »erschlossen« und oft auch für die Betroffenen neu aufgebaut werden. Zum anderen sind in der Ressourcenfrage immer sozialräumliche Bedingungen zu beachten, die neben der konkreten Gestaltung der Hilfe auch kommunal- bzw. sozialpolitische Aktivitäten erfordern.

Dabei trifft die Hilfe in der Regel auf Formen von Stigmatisierung und Ausgrenzung im Sozialraum, die sich sowohl aus Vorurteilen und Exklusion (»Penner«) ergeben wie auch aus Erfahrungen mit schwierigen Verhaltensweisen einzelner Individuen.[18] Wenn hier durch das Hilfesystem als institutionellem Träger nicht ausgleichend agiert wird, sondern einseitig die »Exkommunalisierung armer Menschen« über stigmatisierende Begriffe wie »Behandlung« oder bewusst oder unbewusst eine unreflektierte »Lobbyistenfunktion« für die Wohnungslosen vorgenommen wird, ist die oben als wichtiger Schritt in der konkreten Hilfe beschriebene »Erschließung« des Sozialraums kaum realisierbar.

Hier können dann Einrichtungen wie die Bahnhofsmission, Tafeln oder Selbsthilfeprojekte die Funktion von »sozialräumlichen Verknüpfungspunkten« bekommen, da sie in der Regel ihr Angebot nicht exklusiv gestalten, gleichzeitig aber den Anspruch von (sozialräumlicher) Integration ebenso wie das Hilfesystem verfolgen. Sieht man die Aufgabe der Rekommunalisierung exkommunalisierter BürgerInnen als einen Wesensaspekt der Wohnungslosenhilfe an, dann scheint auf den ersten Blick eine sozialräumliche Perspektive angemessener zu sein als die klassische Einzelfallhilfe oder auch eine gruppenbezogene Hilfeform.[19] Mit einer sozialräumlichen Perspektive ist aber – mindestens in kommunalpolitischer bzw. verwaltungslogischer Umsetzung – der Blick »aufs Ganze« wichtiger als die Vor- und Nachteile einzelner Gruppen/Gruppierungen. Zwar soll über Aktivierungsstrategien die Beteiligung solcher Gruppen ermöglicht und gefördert werden mit dem Ziel der »besseren« Beteiligung an der Kommunikation wie auch den Ressourcen, es ist aber in Zeiten kommunaler Nothaushalte und einem oft gleichzeitigen (Überlebens-)Kampf von Professionen um Deutungs- und Handlungshoheit[20] für diese vom Sozialraum »alltäglich Betroffenen« ein vielfach aussichtsloses Unterfangen, sich gegen die verschiedenen beteiligten Gruppen »aktivierend« einzubringen bei der Mangelverwaltung kommunaler Ressourcen. Ergeben sich dann noch Lösungen wie die mehrfach ausgehandelten Sozialraumbudgets, ist der Ausschluss von Leistungen sogar noch in die »Verfügungsgewalt« von freien Trägern gestellt. Dass dies von den Gerichten mehrfach untersagt bzw. deutlich eingeschränkt wurde (unter Verweis auf die individuellen Rechtsansprüche von LeistungsempfängerInnen wie aber auch Fragen der Berufsfreiheit), zeigt, welche (negativen) Steuerungspotenziale im Konzept des Sozialraums liegen können, wenn die zunächst gerade aus institutioneller Sicht sinnvolle Zusammenfassung von Ressourcen sich als »Enteignung«

18 Was sich in der Regel als Ergebnis »sozialer Schwierigkeiten« darstellt.

19 Wie sie in der Wohnungslosenhilfe besonders für junge Menschen vorzufinden ist.

20 Mit finanzierungstechnischen Implikationen, die oft im Hintergrund ablaufen.

individueller Leistungsansprüche realisiert, gegen die konzeptionell noch nicht einmal das komplizierte sozialrechtliche Verfahren möglich ist.[21]

Institutionelle/organisationale Bedeutung des Sozialraums für Wohnungslose

Wie schon im vorangegangenen Kapitel beschrieben, ist die Wohnungslosenhilfe auf den Sozialraum angewiesen, wenn sie nicht lediglich exkludierende Verwaltung von schwierigen Menschen betreiben will. Da die Funktion der (zeitweisen) Exklusion in der Geschichte der Wohnungslosenhilfe einen hohen Stellenwert besitzt, war es in den 1980er-Jahren nicht selbstverständlich, als das Hilfesystem begann, sich im Sozialraum zu zeigen. Und es war keineswegs selbstverständlich, dass der Ansatz »Sozialraumorientierung« als Arbeitsprinzip in der Wohnungslosenhilfe gegenüber der Einzelfallhilfe Bedeutung gewann, obwohl verstärkt Sozialarbeit in das System der Wohnungslosenhilfe und ihre Institutionen und Organisationen Eingang fand.

»Die Erkenntnis, dass sozialräumliche Konzepte von Bedeutung auch in der Wohnungslosenhilfe sein können, setzt sich erst nach und nach durch. Wohnungslosenhilfe, traditionell als Einzelfallhilfe organisiert, fühlte sich nicht angesprochen von dem, was in der Vergangenheit im Gewand der Gemeinwesenarbeit daherkam.« (Gillich 2002, S. 63)

Durch Beratungsstellen gab es in vielen Kommunen zum ersten Mal Hinweise, dass kommunale Arme (in der Regel Männer) dem kommunalen Versorgungsblick entzogen werden. Sowohl über den Begriff »nichtsesshaft« wie das entsprechende Hilfesystem wurde eine Mobilität erzeugt, die den »Mitgliedern des Sozialraums« signalisierte, dass hier so etwas wie »Exterritorialität« gegeben sei, in deren Folge der Ausschluss von Leistungen, Angeboten und »Mitgliedschaft« im jeweiligen Sozialraum gerechtfertigt werden konnte. Es ist das Verdienst der damaligen »Theoretiker« der Wohnungslosenhilfe,[22] dass die »besonderen Sozialräume« der Nichtsesshaftenhilfe sich öffneten bzw. sich nicht mehr als »besonderer« Teil des Gemeinwesens begriffen und entsprechend agierten.[23] Die damals

21 Hierzu gab es auch schon zu BSHG-Zeiten intensive Auseinandersetzungen im Zusammenhang mit der damaligen Diskussion um Vergabeverfahren (siehe z. B. Luthe, 2001).

22 Hierzu gehören besonders die damaligen Geschäftsführer der BAG-Nichtsesshaftenhilfe, Heinrich Holtmannspötter, sowie des Ev. Fachverbandes Nichtsesshaftenhilfe, Karl-Heinz Marciniak.

23 Ein Beispiel für Intervention und positive Lösung findet sich bei Beutnagel (2006).

vielfach dokumentierten Probleme (auch mit den »etablierten« Hilfesystemen) dürften heute eher historische Reminiszenz sein, allerdings brechen gerade bei der Auseinandersetzung um (unzureichende) Ressourcen immer wieder Ausgrenzungstendenzen auf, wie sie in der Nichtsesshaften-/Wohnungslosenhilfe alltäglich waren. Aktuell lässt sich dies bei der »Flüchtlingsproblematik«, bei der Diskussion um »Wohnungsnotstand«, aber auch bei der Diskussion um »sinnlose, weil nicht zielführende« Hilfe im Rahmen von Kontingentierung und Budgetierung individueller Hilfemaßnahmen und Hilfepläne beobachten.

Offene Fragen

Abschließend wird noch auf zwei Probleme hingewiesen, die sich aus der »exkludierten« Stellung besonders der tatsächlich ohne Unterkunft lebenden Menschen in Bezug auf die paradigmatische Orientierung »Sozialraum« ergeben.

Zum einen ist nach wie vor die Gefahr gegeben, dass Individualrechte und damit individuelle Leistungsansprüche von potenziellen Leistungsempfängern durch die Schaffung von Sozialraumbudgets »verwischt« oder sogar eingeschränkt werden. Zu der rechtlichen Problematik gibt es inzwischen Rechtsprechungen[24] und auch Kommentierungen, die besonders die sozialrechtliche Komplexität von »moderner Konsensualverwaltung« und individuellem Anspruch auf Gewährleistung eines menschenwürdigen Lebens verdeutlichen. Hinzuweisen ist aber auch auf den Aushandlungsrahmen von Budgets, bei dem besonders diejenigen BürgerInnen benachteiligt, marginalisiert oder ausgeschlossen sein dürften, die noch nicht einmal ihre alltägliche Existenz (besonders die Frage: »Wo schlafe ich nächste Nacht«) als gesichert erleben können. Hinzu kommt oft, dass (immer noch) die Sozialraumidee für Modellvorhaben gern aktiviert wird, im Rahmen von Verwaltungsorganisation bzw. Mittelbereitstellung über die Pauschalisierung erste Beschränkungen wirksam werden können und Projekte schließlich bei der Umwandlung in stetige Verwaltungspraxis sowohl kommunal(finanz)politisch wie organisatorisch im hinlänglich bekannten »Verteilungskampf« unterliegen. Die dabei notwendigen Aktivitäten sind erfahrungsgemäß eher von »existenziell gesicherten« Personen wie Professionellen zu erwarten, sodass die Beteiligungsmöglichkeiten – eine der zentralen Ideen des Sozialraums – für arme Menschen strukturell eingeschränkt werden.[25]

24 Z. B. VG Hamburg Beschluss vom 5.8.2004 (13 E 2873/04) mit einer Kommentierung von Hinrichs/Meier (2004).

25 Zum Beispiel ist darauf hinzuweisen, dass wegen der fehlenden Postanschrift (und oft auch fehlendem Zugang zum Internet/Mailpostfach) für wohnungslose Menschen ein »Informations- und Empfangsdefizit« besteht: Wohin sollen Informationen/Termine geschickt werden;

Eine andere Problematik ergibt sich aus der Verbindung von Sozialraum und Obdachlosigkeit. Rechtlich ist für das Thema Obdachlosigkeit auf das Ordnungsrecht[26] zurückzugreifen. Danach handelt es sich um eine »Störung der öffentlichen Sicherheit und Ordnung«, für deren Beseitigung zunächst der Störer/die Störerin selbst verantwortlich ist, bevor – bei fehlenden Selbsthilfemöglichkeiten – der Staat (in diesem Fall kommunale Behörden) einzugreifen hat. Es ist hier wichtig zu fragen, wie unter sozialräumlichen Aspekten die »Störung der öffentlichen Sicherheit und Ordnung« zu bewerten und dann auch zu bearbeiten wäre. Neben denkbaren solidarischen und Notlagen behebenden Interventionen und Handlungsansätzen lassen sich hier auch recht schnell ausgrenzende und/oder sanktionierende Zugänge konstruieren, die ihre Legitimation aus einer »Störung des Sozialraums« beziehen könnten. Im Rahmen von Aktivierungsideologien lässt sich erahnen, dass ohne individuellen Rechtsschutz Fragen von »schuldhafter Verursachung« neu gestellt werden und mit Verweis auf eine »gerechte« Budgetverwendung zum legitimierten Ausschluss gegenüber schwierigen Personengruppen genutzt werden können.[27] In diesem Zusammenhang wäre dann auch die grundsätzliche Kritik am Sozialraumkonzept einzubeziehen. (Kessl/Reutlinger 2015)

Besonders auf die Gefahr einer »Gebietsimmanenz« als Ausdruck eines rein räumlichen Ansatzes ist hinzuweisen, denn die fehlenden oder auch als »falsch« definierten Ressourcen (Verhalten wie auch »Sozialkapital«) von armen bzw. obdachlosen Menschen führen schnell zum (erneuten) Ausschluss, wenn sie bei Fragen von Empowerment, Aktivierung und »Kümmern um die eigenen Angelegenheiten« quasi basisdemokratisch im Sozialraum gegen bestimmte Akteure gewendet werden. Hier ist insbesondere eine Aufgabe für die sozialräumlich orientierte Sozialarbeit:

»Eine gleichzeitige Konzentration auf soziale, ökonomische, politische und rechtliche Figurationen außerhalb der Reichweite der je konkret fokussierten Akteure und Gruppen ist dabei nicht als ein Gegenstück, sondern als eine Voraussetzung und als ein operativer Bestandteil einer Sozialen Arbeit zu betrachten, die sich nicht als

wohin kann ein Bewilligungsbescheid geschickt werden? Daneben ist auch die formale Beteiligung am politischen Entscheidungsprozess (Wahlteilnahme) für wohnungslose Menschen mindestens stark beeinträchtigt wenn nicht gar ausgeschlossen.

26 Dies ist jeweils Länderrecht, z. B. in NRW im Ordnungsbehördengesetz (OBG).

27 So lässt sich z. B. mit der Abkehr vom Wohlfahrtsstaat im Zusammenhang mit kommunitaristischen Ideen eine Mehrheitsentscheidung im Sozialraum denken, bei der bestimmte Verhaltensweisen (z. B. verschuldete Obdachlosigkeit oder schwieriges soziales Verhalten) als »nicht gut« definiert werden, was neben einer Bearbeitung unter pädagogischem Impetus auch eine (materielle) Sanktionierung zur Folge haben kann.

›sozialraumorientierte‹ Aktivierungsinstanz und Exekutivorgan einer ›neo-sozialen‹ Governementalität, sondern als eine ›sozial-räumlich‹ sensible Dienstleistung an Bürgern mit Rechten versteht.« (Otto/Ziegler 2004, S. 284)

4. Spezifizierung der Wohnungslosenhilfe auf den Sozialraum Bahnhof

Problem »öffentlicher« Raum

Bahnhofsmission und Wohnungslosenhilfe haben 2001 einen gemeinsamen Kampf um den »Sozialraum« Bahnhof geführt. Seinerzeit forderte der »berüchtigte« Hartmut Mehdorn, damals Aufsichtsratsvorsitzender der BAHN AG in einem Interview:

»Wenn es regnet, und bei der Bahnhofsmission wird Suppe verteilt, geht doch kein Obdachloser mehr nach Draußen in den Regen. Die setzen sich dann in den Bahnhofseingang und sagen: Haste mal ne Mark? Das haben unsere Kunden nicht so gerne.« (Rosenke 2001)

Die Auseinandersetzung um den öffentlichen Raum Bahnhof dauerte einige Jahre, und es gibt auch außerhalb des Bahnhofs immer wieder Versuche, unliebsame Personen fernzuhalten. Dabei wechseln sich in schöner Regelmäßigkeit Verwaltung (über Satzungsänderungen)[28] und örtliche Kaufmannschaft (Privatisierung vormals öffentlicher Bereiche)[29] ab, was den Erfindungsreichtum ausgrenzender Gestaltung von Räumen angeht.[30]

Die Bemühungen der Deutschen Bahn um eine »konsumfreundliche« Gestaltung von Bahnhöfen (insbesondere in Großstädten) war ein Kulminationspunkt verschiedener Aktivitäten zum Umgang mit unliebsamen Personen im öffentlichen Raum, zu denen immer wieder vorrangig Menschen gehören, die sich (gezwungenermaßen) an öffentlichen Orten aufhalten. Die Wohnungs-

28 Die dann das Trinken von Alkohol an bestimmten Plätzen verbietet – was regelmäßig bei Stadtfesten zu »Ausnahmeregeln« führt, wenn nicht bereits solche Satzungen vor den Verwaltungsgerichten scheitern.

29 Grundsätzliche Ausführungen zu diesem Thema in Bezug auf die Wohnungslosenhilfe bei Wagner (2003), wo insbesondere eine Aufgabenbestimmung der Sozialen Arbeit interessant ist (S. 66 f.).

30 Hier gibt es z. B. das kaum lösbare »Designparadox«, Bänke in Fußgängerzonen und auf Bahnhöfen gleichzeitig bequem für Reisende/Verweilende zu gestalten, ohne die Möglichkeit zu eröffnen, dass sich ein »Penner« dort zum Ausruhen oder sogar Schlafen niederlässt.

losenhilfe hat hier immer wieder öffentlich reagiert, sobald sie den sozialräumlichen Zusammenhang solcher Strategien erkannt und entsprechend reagiert hat.[31] Wie wichtig diese Gegenöffentlichkeit war und ist und welche Bedeutung das Recht und der individuelle Rechtsanspruch auch armer BürgerInnen dabei haben, zeigt sich auch im Rechtsgutachten (Hecker 1998), das die BAG-Wohnungslosenhilfe anfertigen ließ, um – oft erfolgreich – den Umwidmungen und Sondernutzungen ehemals öffentlicher Räume etwas entgegenzusetzen. Hierbei ist besonders darauf hinzuweisen, dass »die Öffentlichkeit« nicht selten die geplanten Ausgrenzungsstrategien befürwortete oder tolerierte, da es sich in der Regel um Maßnahmen gegen »Bettler und Penner« handelte.

Schließlich knüpft auch (der juristische Streit um) die Plakataktion der BAG an die »sozialräumliche Ausgrenzung« wohnungsloser Menschen an, in der es darum ging, ob schon die öffentlichen Hinweise auf solche Ausgrenzungsversuche eingeschränkt werden dürften (Rosenke 2003).

Aus all diesen Erfahrungen, die Wohnungslosenhilfe und Bahnhofsmission hier oft gemeinsam gemacht haben, lässt sich erkennen, wie schnell bestimmte Personenkreise in den Fokus von »Exklusionsbemühungen« geraten und dabei auch der Sozialraum keinen hinreichenden Schutz darstellen kann, wenn nicht Akteure in diesen Räumen in öffentlicher Debatte auf Ausgrenzung hinweisen.

Mobilität

Interessanterweise beschäftigen sich beide Institutionen mit dem Thema Mobilität. Als Zwischenstation auf einem jeweils individuell unterschiedlichen Weg sind Bahnhofsmission und Wohnungslosenhilfe zwar institutionell präsent und damit Teil des Sozialraums, sie müssen sich aber gleichzeitig ihres passageren (vorübergehenden) Charakters bewusst bleiben, denn nur so kann es ihnen auf Dauer gelingen, die Vermittlungsfunktion wahrzunehmen. Versteht sich insbesondere die Bahnhofsmission als struktureller Bestandteil des Bahnhofs als einem funktionalen Bindeglied moderner Transportsysteme, so läuft sie sehr schnell Gefahr, als Zugangsschleuse benutzt zu werden. Es gibt dann eine Zweiklassengesellschaft, wo außenstehende Personen oder Institutionen den beiden Einrichtungen ihre Funktion zuweisen: in der Regel der Bahnhofsmission die »Sortierung« mit entsprechend qualitativ ausgestatteten Räumen und der Ver-

31 1978 versuchte z. B. der Dt. Städtetag das Problem der »Stadtstreicher« über Ausgrenzung zu lösen, was von einem großen Teil des damaligen Hilfesystems hingenommen wurde. Die Veränderungen in den Verbänden führten aber dazu, dass sich besonders diese Verbände sowie einige Aktivisten im Feld selbst öffentlich zu diesen Überlegungen äußerten und auch damals schon eine teilweise Verhinderung von ausgrenzenden Maßnahmen erreichen konnten.

mittlung in die Wohnungslosenhilfe, wo dann ohne eine »Störung von Sicherheit und Ordnung des Transportwesens« ein Raum für die Exkludierten vorgehalten wird. Im Ausspielen der Einrichtungen gegeneinander – das hat die Auseinandersetzung um die Vertreibung wohnungsloser Menschen aus Bahnhöfen gezeigt – liegt auch die Gefahr eines mehrheitsbestimmten Sozialraums.

Und während es für Reisende in der Regel sinnvoll ist, wenn ihre Mobilität unterstützt wird (durch materielle Hilfe, Unterstützung und Information) ist dies für wohnungslose Menschen kontraindiziert. Auch hier gibt es allerdings aus der (auch jüngsten) Geschichte immer wieder Beispiele, dass die Mobilität von Wohnungslosen nur im Zusammenspiel von Wohnungslosenhilfe und Bahnhofsmission »gelingt«.

Lebenslage

»Bahnhofsmission definiert sich über ihren Platz am Bahnhof, nicht über eine bestimmte Zielgruppe« (Leitbild Bahnhofsmission 2004).

Wie stark die Wohnungslosenhilfe mit dem Sozialraum Bahnhof verknüpft ist, zeigt sich beispielsweise darin, dass in allen Großstädten der BRD in den 1970er-Jahren die Lage am zentralen Bahnhof so beschrieben werden konnte:

»Der Bahnhof Zoo in Berlin (West) ist seit langem ein Sammelpunkt sozial auffälliger Personen, die sich für kurze Zeit oder auch als Dauergäste im Bahnhofsgelände aufhalten. … Eine Abhilfe dieses seit langem kritisierten Zustandes ist dringend nötig. Polizeiliche Maßnahmen zur zwangsweisen Vertreibung der betreffenden Personen haben sich als wirkungslos erwiesen. Überdies sind Vertreibungseinsätze gegen randständige Personen keine Lösung und für beide Seiten, für die ausführenden Polizeibeamten wie für die Vertriebenen, unzumutbar.« (Herz 1977, S. 18)

Die Wohnungslosenhilfe als System hat allein auf der Basis der sozialrechtlich abgesicherten Finanzierung der Einzelfallhilfe mehr (materielle) Ressourcen zu bieten als die Bahnhofsmission. Sie ist aber auch mit dem »institutionellen Arrangement« belastet und steht – auch durch die Eigendynamik professioneller Hilfen – immer in der Gefahr, in pädagogische Bearbeitung individueller Problemlagen zu verfallen, gerade wenn die materiellen Hilfemöglichkeiten durch Gesetze oder institutionelle Vorgaben eingeschränkt werden oder begrenzt zu sein scheinen. Die Bahnhofsmission hat hier viel stärker die Möglichkeit, sozialräumlich zu agieren, denn ihre Räume sind in der Regel nicht an die »pädagogische Kette« gelegt. Das (Hilfe-)Angebot der Bahnhofsmission für wohnungslose Menschen bzw. »Menschen mit besonderen sozialen Schwierigkeiten« kann gerade wegen der fehlenden gesetzlichen Normierung den sozialräumlichen Zugang zum Individuum realisieren in der rudimentären Form des Raumangebots »Aufenthalt«. Die »Dienstleistungsfreiheit« ermöglicht einen Zugang, der den anderen unbelastet von Zuschreibungen, Hilfeplänen und Institutionsstrukturen »sein lassen« kann. Allerdings gelingt dies nur, wenn die Mitarbeitenden der Bahnhofsmission durchgängig dafür sorgen, dass nicht ihre eigene pädagogische Einflussnahme zur »pädagogischen Kette« wird. In dieser Gefahr steht die Bahnhofsmission besonders dann, wenn sie innerhalb eines Hilfesystems als »Eingangsschleuse« fungiert oder fungieren soll. Der – sozialräumlich gesehen – große Vorteil der (lockeren) Einbindung in verschiedene Hilfesysteme und die Alltagswelt[32] ist deshalb als Strukturmerkmal auch für das Hilfesystem zu beachten.[33]

5. Fazit und Ausblick

Hilfesystem

»Die gesellschaftlichen Veränderungen bestimmen den sozialen Brennpunkt Bahnhof und damit auch die Arbeit der Bahnhofsmission« (Leitbild Bahnhofsmission 2004).

Ob die im Jahr 2015 durch Europa laufende »Flüchtlingswelle« Auswirkungen auf das Hilfesystem der Wohnungslosenhilfe haben wird, ist nur zu vermuten. In der Bewältigung der Menschenmengen hat z. B. die Bahnhofsmission eine viel stärkere Rolle und Belastung erfahren als die Wohnungslosenhilfe. Dies wird vermutlich auch so bleiben, weil Armut in Form von Wohnungs-, respektive Obdachlosigkeit und fehlenden Existenzmitteln immer noch eine Gefährdung des aufenthaltsrechtlichen Status bedeuten kann, sodass der Anteil von (EU-) AusländerInnen in der Wohnungslosenhilfe nach wie vor unterproportional ist.[34]

Absehbar ist aber, dass (mit oder ohne Integration) ein Teil der jetzt als Flüchtlinge gekommenen Menschen im System der Wohnungslosenhilfe lan-

32 Der Bahnhof ist in der Regel ein für alle gesellschaftlichen Gruppen offenes und auch genutztes Terrain. Hier wird auch deutlich, dass die »Vertreibung« der Bahnhofsmission aus den zentralen Lagen im Bahnhof nicht nur ein organisatorisches Problem ist.

33 Das hier auch eine (weitere) Verbindung wirkt, zeigt sich an den Ausführungen von Gillich (2006) zum Thema *Gemeinwesenarbeit in Verbindung zur kirchlichen Gemeinde und Diakonie.*

34 Dazu könnte in Zukunft auch beitragen, dass der Hilfeanspruch nach § 67 SGB XII nur für Deutsche eine Muss-Leistung ist, für Nicht-Deutsche lediglich als Kann-Leistung (Ermessen) geregelt ist.

den wird, wenn nämlich die Prozesse individuellen Scheiterns zu existenziellen Notlagen führen. Dies war in der Geschichte bei den Vertriebenen und Menschen, die ihre Heimat verlassen haben oder verlassen mussten, nach dem Zweiten Weltkrieg so, setzte sich mit den so genannten Gastarbeitern fort und auch bei den Aus- und Übersiedlern aus den Ostblockstaaten und der DDR konnte man diese Entwicklung beobachten.

Mit dem Thema »Flüchtlinge« ist auch ein anderes Thema wieder »auf die Agenda« gekommen, das in der Wohnungslosenhilfe seit Jahren eine Rolle spielt: Die Verknappung von (bezahlbarem) Wohnraum. Inzwischen weisen auch Organisationen und Institutionen, die sich normalerweise nicht mit dem Thema Obdachlosigkeit beschäftigen, auf ein massives Problem hin, wenn etwa Studentenwerke, Wohnungsbaugesellschaften, aber auch Banken, Wirtschaftsinstitute und Presse von zunehmendem Wohnungsmangel für größere Bevölkerungsgruppen sprechen und immer wieder darauf hinweisen, dass durch den Rückgang von Wohnungsbindungen die Verfügung der Kommunen über bezahlbaren Wohnraum bis 2030 dramatisch sinken wird.

Schließlich dürfte auch in den kommenden Jahren die (rechtliche und politische) Diskussion um das Aktivierungsparadigma (»Fördern und Fordern«) gerade bei der Frage der Hilfe für »Personen mit sozialen Schwierigkeiten« eine Rolle spielen – die Ausgrenzung von Menschen aus (sozial)rechtlichen und kommunal(politisch)en Bezügen ist für die Wohnungslosenhilfe eine bittere Tradition, die zudem in den eigenen Reihen immer wieder für intensive Debatten gesorgt hat. Dabei spielte Sozialarbeit zunächst eine innovative Rolle (Verweis auf Rechtsansprüche von betroffenen Menschen, Existenzsicherung unabhängig von Wohlverhalten etc.), die von den traditionellen Berufsgruppen in diesem Feld (Diakone und umgeschulte Industriearbeiter) wie auch im gesamten ehrenamtlichen Feld (z. B. Bahnhofsmission) nicht nur begrüßt wurde. Inzwischen ist die Sozialarbeit in der Wohnungslosenhilfe die stärkste Berufsgruppe geworden, was an manchen Stellen auch zu Auseinandersetzungen (inhaltlich wie materiell) mit unterschiedlichen Gruppen von Ehrenamtlichen geführt hat.

Ehrenamt

In der Wohnungslosenhilfe hat es immer ehrenamtliches Engagement gegeben und die Bahnhofsmission lebt überwiegend vom Ehrenamt.[35] Mit der hohen Bedeutung von Sozialarbeit hat es seit den 1980er-Jahren immer wieder Ausei-

35 Vgl. hierzu auch Jonas Meine unter Mitarbeit von Karen Sommer-Loeffen, *Zum Ehrenamt in der Bahnhofsmission* in diesem Band.

nandersetzungen um die »richtige« Hilfe für wohnungs- und obdachlose Menschen gegeben, was oft auch quer zu »institutionellen Grenzen« verlief.

Aus diesem Grund kann man auch heute davon ausgehen, dass die Argumentation nach wie vor nicht zwischen den »Ehrenamtlichen« auf der einen Seite und den »Professionellen«[36] auf der anderen Seite verläuft. So besteht über den »Broterwerb« öfter eine Gefahr, sich vorgegebenen (kommunal)politischen Entscheidungen in der Ausführung der Hilfe anzupassen, während das »bürgerschaftliche Engagement« das Eintreten für Bürgerrechte auch unabhängig von der eigenen Existenzsicherung eher fördert. Gleichzeitig ist über die professionelle Ausbildung und die Einbindung in fachliche Strukturen größere Sicherheit gegenüber der auch unbewussten Anwendung »privater Pädagogik« gegeben.

Es bleibt für beide Bereiche zu hoffen, dass auf der Basis unterschiedlicher Organisationsformen und Aufgabenstellungen dennoch für einen Personenkreis, der stark von Exklusion in unterschiedlichster Form betroffen ist, eine konkrete, praktische und rechtskonforme Hilfe als Ausdruck eines »aktiven Sozialraums« eine Zukunft hat.

Gelingender Sozialraum

Der Druck auf das Hilfesystem der Wohnungslosenhilfe durch die Ökonomisierung in der Sozialarbeit wie auch über die Änderung der Sozialgesetze hat zu einem starken »Erfolgsdruck« geführt, der im Hilfefeld mancherorts dazu führt, dass dieser Erfolg an Zahlen, Daten und (umstrittenen) Fakten festgemacht wird.[37] Dabei werden dann auch Indikatoren wie der Bezug und die Einrichtung einer Wohnung in die Erfolgsstatistik einbezogen (was zum Beispiel in einem Sozialraumbudget gut machbar ist), dies sind aber eher kurzfristige Erfolge, die das Ziel der Hilfe zumindest vernachlässigen. Es gilt nach wie vor das Motto der Ev. Obdachlosenhilfe aus den 1990er-Jahren: Wohnung ist nicht alles, aber ohne Wohnung ist alles nichts[38]. Gleichzeitig muss Soziale Arbeit in der Wohnungslosenhilfe die persönliche Hilfe als zentrales Element begreifen.

»Bei dieser Dimension der Wohnungslosenhilfe geht es also um mehr als um die Hilfe beim Einrichten einer neuen Wohnung. Und dieses Mehr, das die Profession

36 Neben der Sozialarbeit gibt es inzwischen im Hilfesystem weitere Professionen (z. B. medizinische Professionen, Pflegepersonal, therapeutische Berufsgruppen), die z. T. diese Auseinandersetzung um die »richtige« Hilfe auch innerhalb der Wohnungslosenhilfe (wieder) führen.

37 Allerdings in der paradoxen Situation, dass es – außer in NRW – in Deutschland keine Statistik gibt, die annähernd die Zahl obdachloser und wohnungsloser Menschen erfasst.

38 Siehe dazu auch den Ansatz des »Housing First« (Busch-Geertsema, 2014).

und Kompetenz der Sozialarbeit in der Wohnungslosenhilfe ausmacht, sprengt den Begriff der »Wohnungslosenhilfe«, wenn dieser in kategorischen Syllogismen einzig um die nicht vorhandene Wohnung kreist und nicht den kohärenten sozialen, den gesellschaftlichen und individuellen Prozess der Ausgrenzung in die extreme, durch Wohnungslosigkeit geprägte Lebenslage meint und ebenso den Prozess ihrer Überwindung.« (Holtmannspötter 2003, S. 89)

Dieter Oelschlägel (1990, S. 7), einer der »Erfinder« der deutschen Gemeinwesenarbeit (GWA), hat in einem Referat gesagt, dass es fatal wäre,

»die Arbeit nur an ihrem Anspruch nach gesellschaftlicher Veränderung zu messen, nicht aber an ihrem Veränderungspotential für das unmittelbare alltägliche Leben der Menschen«.

Mit Blick auf wohnungslose Menschen kann heute hinzugefügt werden, dass die sozialräumliche Arbeit dafür Sorge tragen muss, dass der Sozialraum nicht automatisch zur Einbindung der dort lebenden Menschen führt, sondern die konkreten Lebensumstände und Alltagswelten der Individuen zu beachten sind, damit nicht der »gelungene Sozialraum«[39] zu Lasten derjenigen definiert und realisiert wird, deren Alltag nicht gelingt. Mit einem solchen Ansatz würde dann auch ein Bahnhof nicht zur Endstation werden.

Literatur

Ayass, Wolfgang (1995): »Asoziale« im Nationalsozialismus. Stuttgart

Beutnagel, Eckardt (2006): Vom »Reden über Problemgruppen« zum »Miteinander als Modell«. In: Gefährdetenhilfe 1

Busch-Geertsema, Volker (2014): Housing First: Die Wohnung als Grundvoraussetzung für weitergehende Hilfen. In: Keicher, Rolf/Gillich, Stefan (Hg.): Wenn Würde zur Ware verkommt. Wiesbaden

Busch-Geertsema, Volker/Evers, Jürgen/Ruhstrat, Ekke-Ulf (2015): Prävention von Wohnungslosigkeit. In: wohnungslos 1+2/2015

Gillich, Stefan (2002): Am Netz spinnen: Sozialräumliche Ansätze in der Wohnungslosenhilfe. In: wohnungslos 2

Gillich, Stefan (Hg., 2006): Nachbarschaften und Stadtteile im Umbruch. Gelnhausen

Hecker, Wolfgang (1998). Die Regelung des Aufenthalts von Personen im innerstädtischen Raum. Materialien zur Wohnungslosenhilfe Band 38. Bielefeld

Herz, Gundolf (1977): Projekt Beratungsstelle Bahnhof Zoo. In: Gefährdetenhilfe 1

Hinrichs, Knut/Meier, Rüdiger (2004): Sozialraumbudget in Hamburg gestoppt. In: ZfSH/SGB 10

Holtmannspötter, Heinrich (1979): Die Armut der Nichtseßhaften – Aufgabe und Herausforderung für die Nichtseßhaftenhilfe. Gefährdetenhilfe Sonderheft 2, Bielefeld

39 Im Anschluss an Thierschs Konstrukt des »gelingenden Alltags«.

Holtmannspötter, Heinrich (1996). Von »Obdachlosen«, »Wohnungslosen« und »Nichtseßhaften«. In: Institut für kommunale Psychiatrie (Hg.): Auf die Straße entlassen. Bonn
Holtmannspötter, Heinrich (2003): Entwicklung und Kontinuität der Wohnungslosenhilfe. In: wohnungslos 3
Kessl, Fabian/Reutlinger, Christian (2015): Sozialraum. In: Otto, Hans-Uwe/Thiersch, Hans: Handbuch Soziale Arbeit.). München/Basel
Konferenz für kirchliche Bahnhofsmission in Deutschland (2004): Das Leitbild der Bahnhofsmissionen in Deutschland. Beschluss vom 22.9.2004, Bad Herrenalb.
Kunkel, Peter-Christian (2001). Gesetzmäßigkeit oder Marktmäßigkeit sozialer Arbeit? In: Nachrichtendienst Dt. Verein 7/2002
Luthe, Ernst-Wilhelm (2001): Wettbewerb, Vergabe und Rechtsanspruch im »Sozialraum« der Jugendhilfe. In: Nachrichtendienst Dt. Verein 8
Mesenzehl, Johannes (1978): Bahnhofsmission Frankfurt zwischen 20.00 und 7.00 Uhr. In: Gefährdetenhilfe 4
Nikles, BrunoW. (1989): Die »Bahnhofshilfe« des Jüdischen Frauenbundes (1904–1933). In: Gefährdetenhilfe 3
Oelschlägel, Dieter (1990): Einige Notizen zur »Theorie«-Diskussion in der Gemeinwesenarbeit. Unveröffentl. Manuskript zur Tagung »Kritische Sozialarbeit« an der FH Lüneburg, 30.11./1.12
Otto, Hans-Uwe/Ziegler, Holger (2004): Sozialraum und sozialer Ausschluss, Teil 2. In: Neue Praxis 3
Roscher, Falk (1986): Thesen zur Zukunft der Arbeit mit alleinstehenden Wohnungslosen. In: Gefährdetenhilfe 1
Roscher, Falk (2015): Wohnungslosenhilfe nach §§ 67 ff. SGB XII bei »komplexen Problemlagen« noch nötig? In: Nachrichtendienst Dt. Verein 12/2015
Rosenke, Werena (2001): Bahnhofsmissionen sollen Warmküchen schließen. In: wohnungslos 4
Rosenke, Werena (2003): »Die Entdeckung Bahnhof« – Wer nicht konsumiert muss raus?! In: wohnungslos 1
Ruder, Karl-Heinz (2015): Grundsätze der polizei- und ordnungsrechtlichen Unterbringung von (unfreiwillig) obdachlosen Menschen unter besonderer Berücksichtigung obdachloser Unionsbürger. Materialien zur Wohnungslosenhilfe Band 64. Berlin
Ruhstrat, Ekke-Ulf u. a. (1991): Ohne Arbeit keine Wohnung, ohne Wohnung keine Arbeit – Entstehung und Verlauf von Wohnungslosigkeit. Verlag Soziale Hilfe, Bielefeld
Scheffler, Jürgen (Hg., 1987): Bürger und Bettler – Materialien und Dokumente zur Geschichte der Nichtseßhaftenhilfe in der Diakonie. Bielefeld
Simon, Titus (Hg., 1996): Standards in der Wohnungslosenhilfe. Bielefeld
SGB XII vom 27.12.2003 (BGBl. I S. 3022) zuletzt geändert durch Art. 9 G. v. 21.7.2014 | 1133
Steinmeier, Frank-Walter (1992): Bürger ohne Obdach zwischen Pflicht zur Unterkunft und Recht auf Wohnraum. Bielefeld
Swientek, Christine (1985). Das trostlose Leben der Karin P. Hamburg
Wagner, Harald (2003): Droht die Privatisierung des öffentlichen Raums? Zum Umgang mit öffentlichen Räumen und Plätzen. In: Poreski, Thomas. (Hg.): Recht auf Hilfe und Eigenständigkeit. Materialien zur Wohnungslosenhilfe Band 53. Bielefeld
Wolf, Andreas (1989): Probleme und Perspektiven ambulanter Hilfen. In: Gefährdetenhilfe 2
Wolf, Andreas (2015): Wohnungslosigkeit. In: Otto, H.-U./Thiersch, H. (^{5}2015) Handbuch Soziale Arbeit. München/Basel
Zeitschrift »wohnungslos« (früher »Gefährdetenhilfe«), herausgegeben von der BAG-Wohnungslosenhilfe

Wichtiges in Kürze

Wohnungslosenhilfe

Die Wohnungslosenhilfe ist ein sozialarbeiterisches Arbeitsfeld, das im Rahmen der Sozialhilfe (Sozialgesetzbuch XII §§ 67 ff.) rechtlich geregelt ist. Ziel ist es, Menschen in »besonderen sozialen Schwierigkeiten« bei einer Verbesserung der Lebensumstände zu unterstützen.

Wohnungslosenhilfe und Sozialraum

In Bezug auf Sozialraum ist die Wohnungslosenhilfe ein besonderer Fall dahingehend, dass die Lebensumstände der betroffenen Menschen eine Unschärfe in die Räumlichkeit dieser Menschen bringt. Ansätze wie das Sozialraumbudget, das ohnehin qua Definition des Begriffs Sozialraum ein Quartiersbudget darstellt, greifen daher in Bezug auf diesen Personenkreis eher schlecht.

Wohnungslosenhilfe und Bezug zur Bahnhofsmission

Besonders in den Fokus zu nehmen ist hier der Bahnhof (und in oder an ihm die Bahnhofsmission) als öffentlicher Raum. Zwar ist der Bahnhof ein öffentlicher Raum, allerdings mit Eigentumsrechten und damit einhergehender Hausordnung durch die Deutsche Bahn. Da die Mehrheit der NutzerInnen, die diesen öffentlichen Raum aufsucht, sich auch von jenen gestört fühlt, die den öffentlichen Raum Bahnhof aufgrund von sozialen Schwierigkeiten aufsuchen, wird deutlich, dass die Öffentlichkeit des Bahnhofs immer wieder umstritten ist und auch unter rechtlichen Aspekten immer wieder geprüft wird, ob es ein öffentlicher Raum für alle ist.

Fragen zur Lernstandprüfung

Welche Rechtsgebiete betreffen die Wohnungslosenhilfe?
Was ist die zentrale Aufgabe der Wohnungslosenhilfe?
Welche Probleme können für marginalisierte Personengruppen entstehen, wenn im Sozialraum die Verteilung von Ressourcen ansteht?

Eingliederungshilfe als sozialräumliche Handlungsoption in Bahnhofsmissionen

Frank Dieckbreder/Sarah Dieckbreder-Vedder

1. Einleitung

Die Eingliederungshilfe ist eine Leistung des Staates, die subsidiär zumeist an Träger der Freien Wohlfahrtspflege übertragen wird, um durch sie Menschen zu unterstützen, die behindert oder von einer Behinderung bedroht sind. Dabei wird im Einzelfall entschieden, wer leistungsberechtigt ist, sodass die Eingliederungshilfe eine Einzelfallhilfe ist. Da der angesprochene Personenkreis der Leistungsempfangenden (AdressatInnen) die Voraussetzung erfüllen muss, behindert oder von einer Behinderung bedroht zu sein, handelt es sich in einer sozialarbeiterisch-pädagogischen Perspektive um eine so genannte Defizitorientierung.

Im Verlauf dieses Beitrags wird dargestellt, dass mit der Eingliederungshilfe die Ermöglichung zur Teilhabe an der Gesellschaft gemeint ist. Eine Behinderung besteht in diesem Sinn darin, an dieser Teilhabe an der Gesellschaft behindert zu sein. Diese Engfassung ist insofern zu problematisieren, dass defizitorientiert die Behinderung eines Individuums als zu überwinden gilt, also das Behindert-Sein und nicht das Behindert-Werden im Fokus der Maßnahmen der Eingliederungshilfe steht. Mit dieser Grundlage werden Menschen auf einen, wenn auch ggf. wesentlichen Aspekt ihres Seins reduziert.

Im Kontext der Sozialraumorientierung ist diese Reduktion nicht zulässig, weil Potenziale und Ressourcen von Menschen auf diese Weise für die Eingliederungshilfe zu wenig in den Blick genommen werden. Daraus folgt, dass es – wie unten gezeigt werden wird – kreativer Ansätze bedarf, um im ökonomischen »Korsett« der rechtlichen Rahmenbedingungen sozialraumorientiert handeln zu können. Hinzu kommt in diesem Zusammenhang, dass mit dem Mandat der Eingliederungshilfe im Grunde zwei Gesellschaftsziele erlangt werden müssen: Zum einen die Integration und zum anderen die Inklusion. Das ist insofern ein Widerspruch, als Integration bedeutet, dass sich Menschen (in diesem Fall mit einer Behinderung oder von dieser bedroht) in eine vorhandene Gesellschaft integrieren sollen (können) und somit offenbar nicht ohne den Schritt der Integration dazugehören. Anders in der Inklusion, bei der davon ausgegangen wird, dass Menschen ohne Eigenleistung zu einem größeren sozialen Zusammenhang (Gesellschaft) dazugehören.

Es gibt also gleich mehrere Spannungsfelder im sozialarbeiterischen Auftrag der Eingliederungshilfe, die in ökonomischer Abhängigkeit vom Kostenträger, der die Hilfe bewilligt und den Träger für die Ausführung bezahlt, den Willensbekundungen der AdressatInnen, dem sozialen Umfeld und dem paradoxen Doppelauftrag von gleichzeitiger Integration und Inklusion bestehen. Diese Spannungsfelder sind durch sozialraumorientiertes Handeln lösbar.

2. Eingliederungshilfe

Die so genannte Eingliederungshilfe hat ihren Namen aus einem Gesetz. In § 53 des Sozialgesetzbuches XII (SGB)[1] steht im ersten Absatz:

»Personen, die durch eine Behinderung im Sinne von § 2 Abs. 1 Satz 1 des Neunten Buches wesentlich in ihrer Fähigkeit, an der Gesellschaft teilzuhaben, eingeschränkt oder von einer solchen wesentlichen Behinderung bedroht sind, erhalten Leistungen der Eingliederungshilfe, wenn und solange nach der Besonderheit des Einzelfalles, insbesondere nach Art oder Schwere der Behinderung, Aussicht besteht, dass die Aufgabe der Eingliederungshilfe erfüllt werden kann. Personen mit einer anderen körperlichen, geistigen oder seelischen Behinderung können Leistungen der Eingliederungshilfe erhalten.« (SGB 2010, S. 1505)

Um diesen Ausschnitt des zwölften Gesetzbuches verstehen zu können, muss, wie im Zitat genannt, zusätzlich der § 2 Abs. 1 Satz 1 des Neunten Buches (SGB) hinzugezogen werden. Dort steht:

»Menschen sind behindert, wenn ihre körperliche Funktion, geistige Fähigkeit oder seelische Gesundheit mit hoher Wahrscheinlichkeit länger als sechs Monate von dem für das Lebensalter typischen Zustand abweichen und daher ihre Teilhabe am Leben in der Gesellschaft beeinträchtigt ist. Sie sind von Behinderung bedroht, wenn die Beeinträchtigung zu erwarten ist.« (SGB 2010, S. 1224)

1 Zum Zeitpunkt der Drucklegung des vorliegenden Buches liegt das Bundesteilhabegesetz (BTHG), das das jetzige Sozialgesetzbuch reformieren soll, lediglich als ReferentInnenentwurf vor. Mit dem BTHG werden deutliche Veränderungen für AdressatInnen, aber auch für Träger der Freien Wohlfahrtspflege einhergehen. Grundsätzliche hier vorgenommene Beschreibungen bleiben jedoch unberührt.

Beide Gesetzestexte lassen viel »Raum« für Interpretationen. Zunächst zum Neunten Buch des SGB: Hier wird davon ausgegangen, dass Behinderung zu einer Beeinträchtigung am Leben in der Gesellschaft führt. Einschränkungen von körperlichen Funktionen, geistiger Fähigkeit oder seelischer Gesundheit sind demnach (lediglich) Ursachen, die zur eigentlichen Behinderung, der beeinträchtigten Teilhabe an der Gesellschaft führen. Als Nebenschauplatz ist es an dieser Stelle interessant, die Frage zu stellen, ob dann auch staatliche Determinationen, wie z. B. eingeschränkte Rechte von Menschen, die sich in einem Asylverfahren befinden (Verbot der Teilhabe am Arbeitsmarkt u.v.m.) sozusagen strukturell zu Behinderung führen? Eine geschlossene Frage, die in dieser Interpretation schlicht mit JA beantwortet werden kann. Zusammengefasst kann der Gesetzestext aus dem Neunten Buch des SGB also dahingehend verstanden werden, dass Behinderung strukturell und individuell als Beeinträchtigung am Leben in der Gesellschaft zu verstehen ist.

Diese Analyse wird durch den ersten Satz im § 53 SGB bestätigt. Ergänzend kommt hier der Aspekt der Leistung hinzu. Diese ist im dritten Absatz des SGB XII § 53 wie folgt beschrieben:

»Besondere Aufgabe der Eingliederungshilfe ist es, eine drohende Behinderung zu verhüten oder eine Behinderung oder deren Folgen zu beseitigen oder zu mildern und die behinderten Menschen in die Gesellschaft einzugliedern. Hierzu gehört insbesondere, den behinderten Menschen die Teilnahme am Leben in der Gemeinschaft zu ermöglichen oder zu erleichtern, ihnen die Ausübung eines angemessenen Berufs oder einer sonstigen angemessenen Tätigkeit zu ermöglichen oder sie so weit wie möglich unabhängig von Pflege zu machen.« (SGB 2010, S. 1505)

Spätestens mit diesem Zitat wird deutlich, dass es sich bei der Eingliederungshilfe, die einen erheblichen Teil sozialarbeiterischer Tätigkeiten und Handlungsfelder umfasst, um eine Gemengelage verschiedener Aufträge an ebenso verschiedenen Personen handelt, die es zu sortieren gilt. Dies wird in der Folge anhand der Beschreibung und Analyse von Kernbegriffen geschehen.

Gesellschaft

Auf diesen Begriff wird in den Gesetzestexten mehrfach, immer mit dem Schwerpunkt der Teilhabe verwiesen. Unklar bleibt dabei, wer mit Gesellschaft gemeint ist. Es würde zu weit führen, an dieser Stelle die zahlreichen und in verschiedenen wissenschaftlichen Disziplinen, der Politik oder in Verbänden etc. aufgestellten und durchaus nicht einheitlichen Gesellschaftsdefinitionen vorzustellen. In

Bezug auf die Gesetzestexte kann jedoch festgehalten werden, dass Gesellschaft über und mit Teilhabe an etwas Größerem (mehrere Menschen) und somit Gemeinschaftlichem definiert wird. Diese Teilhabe wird implizit-normativ als Wert definiert, sodass die Teilhabe explizit-ökonomisch einen Wert in Form von Leistungen gegenübergestellt bekommt. Mit Blick auf die Eingliederungshilfe, die, wie aus dem ersten Absatz von § 53 hervorgeht, eine Einzelfallhilfe ist, ist Gesellschaft also ein abstrakt Größeres, an dem der Einzelne teilhaben soll.

Teilhabe

Erneut ein Begriff, für den zahlreiche Definitionen aus unterschiedlichen Feldern vorliegen. Und ebenso erneut können diese hier aus Platzgründen nicht alle dargestellt und analysiert werden.[2] Aus dem Gesetzestext kann abgeleitet werden, dass durch die Tatsache der Verquickung der Begriffe »Einzelfallhilfe« und »Teilhabe« dem Einzelnen (dem Leistungsempfangenden) eine Verantwortung, für die eigene Teilhabe am Leben in der Gesellschaft zu sorgen, zugeschrieben wird. Somit handelt es sich qua Gesetz um eine Teilhabelogik, die den Begriff der Gesellschaft als Teilhabeziel festschreibt, diesen jedoch zugleich nicht definiert und zudem als etwas (scheinbar) Geschlossenes darlegt, in das zu gelangen in der Verantwortung des Einzelnen liegt. Wenn dies dem Einzelnen nicht selbstständig gelingt, wird Unterstützung in Form von Leistungen (unter der Bedingung der Mitarbeit der Leistungsempfangenden) gewährt.

Dieser Grundlage der Leistungsgewährung liegt aus sozialarbeiterischer Perspektive der Ansatz der Integration zugrunde. Also die Idee, dass Gesellschaft als etwas (scheinbar) Geschlossenes besteht, darin jedoch offene Türen sind, durch die hindurchgegangen werden kann. Daraus folgt, dass für jemanden, der nicht durch diese Türen geht, eine Art Schuldhaftigkeit entsteht. Die Gesellschaft (was auch immer das ist) kann sich, besonders gepaart mit der Bereitstellung von Unterstützung (Leistung) in diesem Ansatz darauf zurückziehen, »alles« für Teilhabe getan zu haben; denn die Türen sind ja prinzipiell offen.

Demgegenüber steht ein politisch-juristisches Paradoxon, das in der sozialarbeiterischen Debatte[3] in Bezug auf die so genannte Behindertenrechtskonvention (UN-BRK) geführt wird. In den letzten Jahren begannen fast alle Beiträge zum Thema Teilhabe mit dem Hinweis darauf, dass die UN-BRK, die in Richtung Inklusion, also eine Teilhabe an der Gesellschaft als Selbstverständlichkeit

2 Vgl. jedoch die unten angeführte Literatur.

3 Und nicht ausschließlich in dieser. Auch in der Heilpädagogik, Soziologie und weiteren Sozialwissenschaften wird das Thema aufgegriffen.

und nicht durch »Türbarrieren« zielt, seit 2009 in Deutschland ratifiziert und somit gültiges Recht sei. (Wieder als Nebenschauplatz sei an dieser Stelle der Hinweis gegeben, dass dies für Menschen mit Behinderungen gilt, nicht aber für jene, die strukturell behindert werden.) In sozialarbeiterischer Handlungslogik besteht das Paradoxon nun darin, dass zwei Ansätze, nämlich Integration und Inklusion, parallel als Handlungsauftrag vorliegen. Wohin das führt, bringt Eckhard Rohrmann (2015, S. 2013) in seinem Beitrag *Teilhabe für alle – unter Anerkennung ihrer Verschiedenheit* auf den Punkt. Er schreibt:

»Die Forderung nach Inklusion und Teilhabe ist inzwischen rhetorische Selbstverständlichkeit, der jedoch oft allgemeine ökonomische Trends zuwiderlaufen. Doch auch die Soziale Arbeit steht zwischen Innovation und Beharrlichkeiten, also im Spannungsfeld zwischen Teilhabe und sozialer Ausgrenzung.«

Übersetzt auf die Gesetzesgrundlagen bedeutet dies, dass die Leistungen in der Eingliederungshilfe, die explizit den Personenkreis der UN-BRK betreffen, in den §§ 53 ff., also integrationsorientiert, beschrieben sind – bei gleichzeitiger Forderung der Umsetzung von Inklusion, der ja die Teilhabe an der Gesellschaft bereits inhärent ist. Das Spannungsfeld, auf das Rohrmann verweist, besteht also im Vierklang aus Einzelfall, Gesellschaft und den Leistungsträgern und der Leistungserbringer darin.

Leistung

Im Gesetzestext ist mit dem Begriff der Leistung zunächst ein Geldwert gemeint. Verbunden mit diesem tauchen die hier bereits beschriebenen Begriffe wie »Einzelfall« und »Gesellschaft« wieder auf. Diese sind zudem um »Leistungsträger« und »Leistungserbringer« zu ergänzen. Aber auch die vorhergehenden Begriffe sind in Bezug auf Leistung – als alles umspannendem Begriff – einzuordnen. Somit der Reihe nach:

Wie einleitend erwähnt, ist Leistung qua Gesetz ein Geldwert. Das bedeutet, dass aus Steuergeldern ein Betrag zur Verfügung gestellt wird, um Menschen (Einzelfall) darin zu unterstützen, an der Gesellschaft teilhaben zu können. Damit sind zwei weitere, aufeinander bezogene »Logiken« verbunden. Zum einen ist der Geldbetrag nicht als direkte Leistung gemeint. Er wird nicht an einzelne, als Einzelfall definierte Menschen ausgezahlt[4]. Stattdessen greift mit dieser Leistung

4 Eine Ausnahme ist das Persönliche Budget, mit dem genau dies geschehen soll. Trotzdem handelt es sich auch hierbei um einen Leistungsbezug.

das so genannte Subsidiaritätsprinzip. Dieses besagt, dass die Teilhabe an der Gesellschaft eine staatliche Aufgabe ist. Da der Staat diese Aufgabe aber nicht ausschließlich selbst erbringen kann, werden andere gesellschaftliche AkteurInnen, im Fall der Eingliederungshilfe gemeinhin Träger der Freien Wohlfahrtspflege, damit beauftragt. Durch diese wird dann die Unterstützungsleistung erbracht, die eine Teilhabe von Menschen (Einzelfall) an der Gesellschaft ermöglichen soll. Für diese Unterstützungsleistungen erhalten die Träger der Freien Wohlfahrtspflege dann Leistungen in Form von Geld vom Staat. Dabei wird der Staat durch so genannte Kostenträger wie Sozialamt oder Landschaftsverband mit der Aufgabe betraut, die für die Eingliederungshilfe nach § 53 beschriebenen Leistungen im Einzelfall zu prüfen, an einen Träger der Freien Wohlfahrtspflege zu übertragen und diesen dafür zu bezahlen. Daher ist der Kostenträger der Leistungsträger.

Zusammengefasst ist in Bezug auf *Leistung* ein einzelner Mensch mit einer Behinderung (oder davon bedroht) als Einzelfall ein Leistungsempfänger oder eine Leistungsempfängerin. Er oder sie empfängt direkt von einem Träger der Freien Wohlfahrtspflege und indirekt vom Leistungsträger, der diesen bezahlt. Hierbei handelt es sich um eine Unterstützungsleistung, z. B. durch Methoden der Sozialen Arbeit zur Ermöglichung der Teilhabe an der Gesellschaft. Die Gesellschaft selbst ist bezogen auf den Teil von ihr, der Steuern zahlt, in gewisser Weise dabei Leistungsträger, weil mit den Steuergeldern die Unterstützungsleistungen bezahlt werden. Die Gesellschaft (in der Logik der Integration) insgesamt ist aber auch Leistungsempfänger, weil durch die durch Träger der Freien Wohlfahrtspflege erbrachten Unterstützungsleistungen Menschen an ihr teilhaben (können/sollen), die dies sonst nicht in einem gesteigerten Maß könnten. Sie würden sozusagen fehlen. Verkürzt entsteht somit ein Dreiecksverhältnis aus Leistungsträgern (als Vertretung für Staat und Gesellschaft), die Leistungsanbieter (Träger der Freien Wohlfahrtspflege) dafür bezahlen, Menschen mit einer Behinderung (oder von dieser bedroht) bei der Teilhabe an der Gesellschaft zu unterstützen.

Behinderung

Dem Begriff der Behinderung liegt im Gesetz die Definition zugrunde, bezüglich der Teilhabe an der Gesellschaft eingeschränkt zu sein. Der Grund hierfür wird als eine körperlich-funktionale Einschränkung, eingeschränkte geistige Fähigkeit oder Beeinträchtigung der seelischen Gesundheit dargestellt. Als Vergleichswert wird eine Abweichung vom typischen Zustand des Lebensalters angenommen. (SGB 2010, S. 1224) Damit ist der Begriff jedoch nicht geklärt.

Auch hier ist es möglich, besonders mit Blick auf die Bezugswissenschaften der Sozialen Arbeit verschiedene und einander erheblich überlappende Definitionen vorzustellen. Eine wesentliche Differenz besteht in der Perspektive. Hier besonders zwischen Gesellschaft und Individuum. Da auf das Paradoxon zwischen Integration und inklusivem Anspruch bereits verwiesen wurde, weisen wir auf eine Definition von Behinderung hin, die als Grundlage der UN-BRK angenommen werden kann. Dabei handelt es sich um die so genannte *International Classification of Functioning, Disability and Health,* kurz: ICF. Die ICF stellt einen Alternativentwurf zum Diagnoseklassifikationssystem der Weltgesundheitsorganisation (WHO), der ICD (*International Statistical Classification of Diseases and Related Health Problems*)[5] und dem von der American Psychiatric Association herausgegebenen *Diagnostic and Statistical Manual of Mental Disorders* (DSM)[6] dar.

Die Alternative und der Unterschied bestehen darin, dass in der ICF sowohl die individuelle »Funktionsstörung«, als auch, anders als bei ICD und DSM, die gesellschaftliche (Aus-)Wirkung gleichberechtigt in den Blick genommen werden. Deshalb ist in der ICF auch der Begriff der Teilhabe zentral. Zudem wird in der ICF der Versuch unternommen, die Frage der Gesundheit, respektive der Nichtbehinderung, zu klären. Hierfür wird ein ganzheitlicher, auf das Lebenskonzept von Menschen ausgerichteter Blick angewandt. Im deutschsprachigen Standardwerk zur ICF *Einführung in die ICF – Grundkurs/Übungen/offene Fragen* (Schuntermann 2009, S. 19) wird vor dem geschilderten Hintergrund folgende Beschreibung vorgenommen:

»Eine Person gilt nach ICF als *funktional gesund*, wenn – vor ihrem gesamten Lebenshintergrund […] –

- ihre körperlichen Funktionen (einschließlich des geistigen und seelischen Bereichs) und ihre Körperstrukturen allgemein anerkannten (statistischen) Normen entsprechen
- (Konzepte der *Körperfunktionen und -strukturen*)
- sie all das tut oder tun kann, was von einem Menschen ohne Gesundheitsproblem (Gesundheitsproblem im Sinn der ICD) erwartet wird
- (Konzept der *Aktivitäten*), und
- sie zu allen Lebensbereichen, die ihr wichtig sind, Zugang hat und sich in diesen Lebensbereichen in der Weise und dem Umfang entfalten kann, wie es von einem Menschen ohne Beeinträchtigung der Körperfunktionen oder -strukturen oder der Aktivitäten erwartet wird
- (Konzept der Teilhabe an Lebensbereichen).«[7]

5 Vgl. u. a.: http://www.dimdi.de/static/de/klassi/icd-10-gm/index.htm (Zugriff, 13.03.2016).
6 Vgl. u. a.: http://www.dsm5.org/Pages/Default.aspx (Zugriff, 13.03.2016).
7 Alle Hervorhebungen im Original.

Legt man das hier lediglich an einer Definition skizzierte Konzept der ICF[8] und die oben zitierten und analysierten Gesetzestexte übereinander, wird deutlich, dass sie sich inhaltlich nicht widersprechen, obwohl sie in dem, was (auch) sozialarbeiterische Haltung genannt werden kann, grundverschieden sind. Denn in den Gesetzestexten werden letztlich Defizite – analog zu ICD und DSM – von Individuen zugrunde gelegt, indes mit der ICF geradezu sozialraumorientiert vom Willen des Individuums ausgegangen wird, wie es der dritte Punkt im Zitat zeigt.

Aus dieser Analyse folgt, dass es möglich ist, auf der Basis der Gesetzestexte sozialarbeiterisch sowohl dem Anspruch von Integration als auch von Inklusion gerecht zu werden. Methodisch ist hierbei die Sozialraumorientierung, wie sie im Kapitel *Sozialraum und Sozialraumorientierung* in diesem Band beschrieben wird, eine gute Option.

3. Eingliederungshilfe im Kontext von Sozialraumorientierung

Eingliederungshilfe ist mit Blick auf ihre fiskalische Finanzierung Einzelfallhilfe. Das muss an dieser Stelle noch einmal hervorgehoben werden, weil Sozialraumorientierung auch in Richtung Quartiersarbeit, Einbeziehung und ggf. Unterstützung auch anderer Personen und Personenkreise weiter gefasst werden kann und sollte. Dies ist in der Finanzierung der Eingliederungshilfe jedoch nur bedingt vorgesehen, indem z. B. Gruppenangebote letztlich auf Menschen bezogen sind, die ebenfalls Leistungen der Eingliederungshilfe erhalten. Sozialräumlich führt ein solches Leistungsangebot also eher zur Homogenität eines Personenkreises auf der Grundlage von Funktionseinschränkungen als zur Teilhabe an dem, was der/die Einzelne ggf. heterogen *will,* respektive welche *Interessen* er/sie hat, wie Wolfgang Hinte (2014, S. 15) es als erstes Prinzip der Sozialraumorientierung festgeschrieben hat.[9]

Insgesamt ist die Eingliederungshilfe hinsichtlich der Gesetzesgrundlagen an dem orientiert, was in der Sozialen Arbeit als »klassische Trias« aus Einzelfallhilfe (LeistungsempfängerIn), Gruppenarbeit (Gruppe von LeistungsempfängerInnen) und Gemeinwesenarbeit (in Bezug auf Eingliederungshilfe *Teilhabe,* auch wenn dies den Kern der Gemeinwesenarbeit nur bedingt trifft) bezeichnet wird. Sozialraumorientierung ist in diesem Zusammenhang nicht als Fortschreibung z. B. von Gemeinwesenorientierung zu verstehen, sondern nimmt »als Fach-

8 Die Lektüre des gesamten Buches ist dringend anzuraten.

9 Vgl. auch Dieckbreder, *Sozialraum und Sozialraumorientierung* in diesem Band.

konzept […] eine Brückenfunktion ein zwischen großen Entwürfen[10] und kleinteiligen, in unterschiedlichen Kontexten entwickelten Methoden« (ebd., S. 17).

Im Kontext der Eingliederungshilfe sozialraumorientiert zu handeln ist die sozialarbeiterische Option, den Willen und die Interessen von LeistungsempfängerInnen in den Fokus zu nehmen. Wenn also eine Behinderung im Sinn einer eingeschränkten Teilhabe an der Gesellschaft vorliegt, ist das gemeinsame – mit dem Menschen mit einer so definierten Behinderung – Herausfinden des Willens und der Interessen der erste und stetig zu überprüfende Ansatz. Hinte führt für die Sozialraumorientierung weitere vier Prinzipien an, die an dieser Stelle zur Grundlage sozialraumorientierter Eingliederungshilfe gemacht werden.

Das zweite Prinzip lautet: »Aktivierende Arbeit hat grundsätzlich Vorrang vor Betreuender Tätigkeit« (ebd., S. 15). Mit diesem Prinzip wird einer wesentlichen Gesetzeszeile, nämlich dem Absatz 3 § 53 »Besondere Aufgabe der Eingliederungshilfe ist es, […] den behinderten Menschen […] so weit wie möglich unabhängig von Pflege zu machen« (SGB 2010, S. 1505), entsprochen. Auf sozialarbeiterischer Seite wird in diesem Zusammenhang das so genannte Empowerment-Konzept in das Sozialraumorientierungskonzept eingebunden. Norbert Herriger (2010, S. 13) definiert dieses Konzept wie folgt:

»Empowerment (wörtlich übersetzt: ›Selbstbefähigung‹; ›Selbstermächtigung‹, ›Stärkung von Eigenmacht und Autonomie‹) – dieser Begriff bezeichnet Entwicklungsprozesse in der Dimension der Zeit, in deren Verlauf Menschen die Kraft gewinnen, derer sie bedürfen, um ein nach eigenen Maßstäben buchstabiertes ›besseres Leben‹ zu leben.«

Mit Bezug auf Herriger überträgt Röh (2009, S. 172) das Empowerment-Konzept in die Handlungsebene. Er schreibt:

»Empowerment – das ist heute eine Sammelkategorie für alle […] Arbeitsansätze in der psychosozialen Praxis, die Menschen zur Entdeckung der eigenen Stärken ermutigen wollen. Empowerment bedeutet, Hilfestellungen bei der Aneignung von

10 Hinte nennt in diesem Zusammenhang z. B. die Lebensweltorientierung nach Hans Thiersch. Zusätzlich sei an dieser Stelle darauf hingewiesen, dass Wolfgang Hinte an anderen Stellen unter dem Stichwort »Sozialraumbudget« erklärt, wie sein Konzept hinsichtlich des Zusammenwirkens von Leistungsträgern und Leistungserbringern umgesetzt werden soll. Das kann hier nicht ausgeführt werden. Die AutorInnen dieses Beitrags weisen darauf hin, dass sie der Methode der Sozialraumorientierung als Fachkonzept nach Hinte in wesentlichen Teilen zustimmen, sich den Umsetzungsvorschlägen hinsichtlich des Sozialraumbudgets jedoch nicht anschließen. [Vgl. zur Vertiefung Hinte, Wolfgang et al (2003) in den Literaturangaben zu diesem Text.]

Selbstbestimmung und Lebensautonomie zu vermitteln und gleichzeitig für die ablaufenden Prozesse des Empowerments verantwortlich zu sein: In summa also die Befähigung zur Selbstbefähigung.«

Das klingt womöglich einfacher, als es getan werden kann. Denn wie können sozialarbeiterisch Handelnde »empowern«? Hierzu bietet Hinte (2014, S. 15) im zweiten Prinzip eine »Faustregel«, die er selbst in Anführungszeichen setzt, an. Er schreibt: »Arbeite nie härter als Dein Klient.« Erweitert kann daraus abgeleitet werden, dass es darum geht, beim gemeinsamen Herausfinden von Willen und Interessen leistungsempfangender Menschen eigene Lebensentwürfe festzustellen. Klar ist dabei immer, dass daraus abzuleitende notwendige Schritte von SozialarbeiterInnen begleitet, nicht aber selbst gegangen werden können. »Härter als der Klient« zu arbeiten, ist somit nicht lediglich »übergriffiges« Verhalten, sondern zudem zwangsläufig ohne Erfolg im Hinblick auf eine eigenständigere und teilhabendere Lebensführung.

Als drittes Prinzip schreibt Hinte (ebd.):

»Bei der Gestaltung einer Hilfe spielen personale und sozialräumliche Ressourcen eine wesentliche Rolle: also konsequente Orientierung an den von den betroffenen Menschen formulierten, durch eigene Kraft erreichbaren Zielen (unter möglichst weitgehendem Verzicht auf expertokratische Diagnostik).«

Der im Zitat in Klammer gesetzte und somit nachgeschoben wirkende Hinweis ist in seiner Bedeutung für sozialraumorientierte Eingliederungshilfe zentral. Denn er stellt sozialarbeiterische Handlungsprinzipien grundsätzlich infrage. Es kann Hinte unterstellt werden, dass er mit »expertokratischer Diagnostik« meint (er lässt dies offen), dass in der Sozialen Arbeit durchaus nach dem Motto von »Besserwisserei in Lebensfragen« gehandelt wird. Wie sonst ist es zu erklären, dass Lebensberatungsstellen von sozialen Trägern[11] als Angebot vorgehalten werden. Sozialraumorientiertes Handeln stellt mit der »radikalen« Konzentration auf den Willen und das Interesse von Menschen einen Gegenentwurf zu solchen Herangehensweisen dar. Daraus folgt, dass die sozialräumlich verstandene sozialarbeiterische Expertise in dieser Konzentration besteht. Dazu gehört dann auch, sich gemäß des dritten Prinzips als SozialarbeiterIn als eine von mehreren personalen Ressourcen des Menschen zu verstehen, der oder die z. B. Eingliederungshilfe erhält. Dass daraus folgt, dass Menschen persönliche

11 Vgl. umfassend für die Freie Wohlfahrtspflege: http://www.bagfw.de/ueber-uns/freie-wohlfahrtspflege-deutschland/einrichtung-und-dienste/ (Zugriff, 13.03.2016).

Ziele aufgrund personaler Ressourcen in Form sozialarbeiterischer Unterstützung erreichen können, widerspricht nicht der Hinte'schen Forderung, dies aus eigener Kraft zu können. Vielmehr ist es im Grunde ein Normalitätsprinzip; niemand erreicht alle Ziele aus eigener Kraft. Jeder und jede bindet für Zielerlangungen andere Menschen ein, vertraut und verlässt sich auf sie. Warum also sollte dies in der Eingliederungshilfe anders sein?

In diesem Zusammenhang bringt Georg Theunissen (2012, S. 245), auch mit Blick auf Empowerment, einen hier zu ergänzenden Aspekt ein, indem er »persönlichkeits- und lebensunterstützende Maßnahmen« beschreibt:

»Persönlichkeits- und lebensstilbezogene Unterstützungsleistungen knüpfen an den globalen Arbeitshypothesen an, wo es um Lebenszufriedenheit, Ziele und Möglichkeiten einer sinnerfüllten Lebensverwirklichung geht. Entsprechende subjektzentrierte Angebote [...] reichen von Strukturhilfen (z. B. Ernährung) und ästhetische Praxis (z. B. durch körperliche Aktivierung, bildnerisches Arbeiten ...) bis hin zu spezifischen Lernangeboten und Trainingsprogrammen (z. B. Problemlösungstraining, Selbstbehauptungstraining ...). Einen wichtigen Stellenwert hat zudem die Förderung von Beziehungen und Freundschaften. Des Weiteren geht es um die Schaffung und Sicherung emotional haltgebender, schützender und entwicklungsfördernder Lebensräume sowie um Barrierefreiheit im gesellschaftlichen Raum.«

Ergänzt um die Argumentationslinie Theunissens, bedeutet Sozialraumorientierung auch, die professionelle Arbeit an dem Sinn auszurichten, den ein Mensch für sich als Lebensentwurf empfindet und wahrnimmt. Theunissen zeigt dabei auch die methodische Vielfalt und Komplexität auf, die es gibt und derer es bedarf, um sinn-, willens- und interessenorientiert sozialräumlich z. B. in der Eingliederungshilfe zu arbeiten. Neben der Tatsache, dass damit das vierte Hinte'sche Prinzip, »Aktivitäten immer zielgruppen- und bereichsübergreifend anzulegen« (Hinte 2014, S. 15), bestätigt wird, wird ebenso deutlich, dass kein Sozialarbeiter und keine Sozialarbeiterin allein in der Lage ist, die Methodenvielfalt auf sich zu vereinen. Deshalb schreibt Hinte (ebd.) sehr treffend für die Eingliederungshilfe als fünftes Prinzip der Sozialraumorientierung:

»Vernetzung und Integration der verschiedenen sozialen Dienste sind Grundlage für funktionierende Einzelhilfen – Konsequenz: strukturell verankerte Kooperation über leistungsgesetzliche Felder hinweg.«

Was besonders mit der »Konsequenz« in diesem Zitat gemeint sein kann, kann am Beispiel der Bahnhofsmission geklärt werden.

4. Eingliederungshilfe im Kontext der Bahnhofmission

Wird die Eingliederungshilfe auf die Bahnhofsmission bezogen, entsteht eine Doppeloption. Zum einen kann die Bahnhofsmission Teil von Eingliederungshilfe sein, zum anderen kann sie von dieser ausgehen. Beide Optionen werden in der Folge beschrieben.

Bahnhofsmission als Teil von Eingliederungshilfe

In Bezug auf die Bahnhofsmission wird der Gesetzestext § 53 Absatz 3 (SGB 2010, S. 1505) für folgenden Aspekt relevant:

»Besondere Aufgabe der Eingliederungshilfe ist es, [...] die behinderten Menschen in die Gesellschaft einzugliedern. Hierzu gehört insbesondere, [...] ihnen die Ausübung eines angemessenen Berufs oder einer sonstigen angemessenen Tätigkeit zu ermöglichen [...].«

Ein ehrenamtliches Engagement in einer Bahnhofsmission kann eine solche »angemessene Tätigkeit« sein.

In gewisser Weise sind die Bahnhofsmissionen Sonderwelten. Bezogen auf das Quartier Bahnhof und die damit einhergehenden Sozialräume, unterscheiden sie sich sowohl von im Bahnhof platzierten Geschäften, als auch vom oft hektischen Treiben. Sie sind ein Ort der Ruhe und für die Gäste ein weitgehend kostenloses Angebot. Aber die Bahnhofsmissionen sind auch ein Ort der Struktur, mit Öffnungszeiten und Aufträgen, wie beispielsweise Umsteigehilfen zu bestimmten Zeiten. Zugleich gibt es Spontanes, wenn Gäste unangemeldet eintreten und ein Anliegen vortragen. Noch mehr sind die Bahnhofsmissionen für die dort Tätigen ein Ort der Verbundenheit im gemeinsamen Ziel des bedingungslosen Helfens. Und abgesehen von der flachen Hierarchie einer hauptamtlichen Leitung, gibt es zumindest nach außen sichtbar wegen der einheitlichen Uniform der »blauen Westen und Jacken« keine Unterschiede zwischen den Mitarbeitenden.

Für einen Menschen, der Eingliederungshilfe erhält und bei dem es darum geht, Teilhabe zu ermöglichen, sind dies geradezu optimale Bedingungen. Unabhängig davon, dass nicht der generelle Anspruch erhoben werden kann, dass der Kontext einer Bahnhofsmission eine »angemessene Tätigkeit« darstellt – dies ist sozialraumorientiert am Willen und Interesse im Einzelfall zu klären –, kann sie jedoch als eine Option für diese Angemessenheit grundsätzlich angenommen werden. Folgendes fiktives Beispiel verdeutlicht das:

Angenommen, eine 28-jährige Frau ohne Berufsausbildung und mit einer Lernbehinderung ist nach dem Besuch einer Förderschule sehr gelegentlich und durch einen Sozialarbeiter vermittelt, Jobs nachgegangen, aber aufgrund mangelnden Engagements und fehlender Leistung immer wieder entlassen worden. Die Abhängigkeit von Transferleistungen bestand konstant. Sie geht spät ins Bett und schläft morgens lange. Kontakt zu den Eltern besteht nicht, mit einer Schwester, die mit ihrer Familie in einer anderen Stadt lebt, telefoniert sie gelegentlich, gemeinhin schickt sie aber eine WhatsApp. Sie wohnt in einem Hochhaus in einem Apartment. Mit einer Nachbarin trifft sie sich gelegentlich, um in die Stadt zu gehen. Sie verbringt viel Zeit vor dem Fernseher. Besonders mag sie Reisedokumentationen. Sie kennt alle Kontinente und weiß gut über unterschiedliche Kulturen und verschiedene Gepflogenheiten Bescheid. Einmal in der Woche nimmt sie an einem Gruppenfrühstück teil, das von dem ambulanten Dienst angeboten wird, für den der Sozialarbeiter tätig ist, den sie »ihren« Betreuer nennt. Am Tag davor geht sie früher ins Bett und war noch nie unpünktlich. Denn am Frühstück nimmt auch eine Frau aus Griechenland teil. Die spricht nicht gut deutsch. Aber sie freuen sich aufeinander, setzen sich immer zusammen und die 28-Jährige nennt eine der griechischen Inseln oder eine griechische Stadt. Die Griechin sagt dann, wie das im Griechischen ausgesprochen wird, was sie dann nachzusprechen versucht. Dabei lachen sie viel, aber inzwischen kann sie einige Inseln und Städte gut griechisch aussprechen. Außerhalb der Frühstückszeiten treffen sich die beiden nicht.

Dieses fiktive Beispiel ist durchaus realitätsnah. Wesentlich gehen daraus zwei Aspekte hervor: Auf der einen Seite wird ein gesellschaftliches Scheitern in der Form deutlich, dass die 28-Jährige ihr gesamtes Erwachsenenleben auf Transferleistungen und Unterstützung angewiesen war. Auf der anderen Seite sind Interessen und Kompetenzen erkennbar, kurz: Reisen, Kulturen und durchaus auch Menschen.

Jeder Mensch, der die individuelle und gesellschaftliche Möglichkeit dazu hat, wird versuchen, persönliche Interessen und Kompetenzen auch beruflich auszuüben. Dies gelingt sicherlich eher selten absolut deckungsgleich, aber zumindest tendenziell. Wenn dies erreicht ist, kann von einer angemessenen Tätigkeit gesprochen werden. Mangelndes Engagement bei der Arbeit ist, bezogen auf das Fallbeispiel, kein Phänomen, das es »nur« bei Menschen gibt, die Leistungen der Eingliederungshilfe empfangen. Wenn die Kombination zwischen Interesse und Beruf nicht in einem Mindestmaß gegeben ist, wird jedem und jeder langweilig, was sich zwangsläufig auf das Engagement auswirkt.

Wird aus der Perspektive der Frau aus dem Fallbeispiel auf Gesellschaft geschaut, so wird sie diese vermutlich als etwas wahrnehmen, an dem sie sehr bedingt beteiligt ist. Womöglich ist der Blick aus der Gesellschaft auf die Frau dabei so, dass sie nicht teilnimmt. Dies besonders deshalb, weil sie Jobgelegenheiten nicht »durchgehalten« hat. Im Zuge der Subsidiarität erhält die Frau Leistungen der Eingliederungshilfe. Diese erhält die Frau aufgrund des gesellschaftlich defizitären Blicks auf sie. Wichtig ist für die Bewilligung der Leistung, was sie nicht kann.

Unabhängig von dieser Ausgangslage ist es nun möglich, mit dem Ansatz der Sozialraumorientierung Brücken zu bauen, indem willens- und interessenorientiert der Frau die Bahnhofsmission als Option einer »angemessenen Tätigkeit« vorgeschlagen wird. Angesichts des fiktiven und somit idealisierten Fallbeispiels muss an dieser Stelle nicht hervorgehoben werden, dass die Bahnhofsmission sehr wahrscheinlich dem Willen, den Interessen und auch Kompetenzen der Frau entspricht. Deshalb sei darauf hingewiesen, dass die Bahnhofsmission als Option einer »angemessenen Tätigkeit« auch dann gegeben ist, wenn die Übereinstimmung von Wille, Interesse und Kompetenz zur Tätigkeit in einer Bahnhofsmission geringer ist, als im Fallbeispiel (z. B. für die griechische Tischnachbarin beim Frühstück).

Angenommen, die Frau lässt sich darauf ein, sich ehrenamtlich in der Bahnhofsmission zu engagieren. Dann entsteht eine Situation, die zweifach zu bewerten ist. Zum einen ist das Eingliederungshilfeziel der Aufnahme einer »angemessenen Tätigkeit« erreicht. Zum anderen ändert dies nichts daran, auf Transferleistungen angewiesen zu sein. Deshalb ist es wichtig, auch die Bahnhofsmission als eine Brücke zu verstehen. Denn wie im Fallbeispiel beschrieben, hat die Frau bisher ein Leben mit wenigen Strukturen geführt. Zwar konnte sie, was Kompetenz in diese Richtung zeigt, pünktlich zum Gruppenfrühstück erscheinen, aber ansonsten sah sie keinen Sinn darin, zu bestimmten Zeiten ins Bett zu gehen und aufzustehen. Die Tätigkeit in der Bahnhofsmission kann an dieser Stelle sinnstiftend wirken. Und da es ein Ehrenamt ist, kann sie sich weitgehend sanktionsfrei »erlauben«, die Selbststrukturierung einzuüben. Und sie kann die Erfahrung machen, dass sich Menschen auf sie verlassen, dass sie gebraucht wird. In der Bahnhofsmission besteht also die Möglichkeit, dass die Frau ihre grundsätzlich vorhandenen Kompetenzen erweitert und sich ihr Blick auf die Gesellschaft ebenso ändert, wie der Blick der Gesellschaft auf sie, die einer sehr anerkannten gemeinnützigen Tätigkeit nachgeht. Sicherlich idealisiert, aber mit diesen Maßnahmen deutlich wahrscheinlicher, kann es sein, dass durch diese »Lehrzeit« in der Bahnhofsmission die Frau letztlich einer sozialversicherungspflichtigen Tätigkeit nachgehen kann. Das würde nicht »nur« das Leben der Frau, sondern der Gesamtgesellschaft ändern. Die Frage der Teilhabe zumindest im Bereich Tätigkeit/Arbeit wäre damit geklärt. Und dabei wäre zudem nicht ausgeschlossen, dass sich die Frau weiter ehrenamtlich, wenn auch mit weniger Zeit, in der Bahnhofsmission als Teil ihres Sozialraums engagieren würde.

Bahnhofsmission als Trägerin von Eingliederungshilfe

Das dargestellte Fallbeispiel und entsprechende Übertragungen auf reale Personen können nur funktionieren, wenn aufseiten der Bahnhofsmission die Möglichkeit besteht, die für ein Gelingen notwendige Unterstützungsleistung erbringen zu können, sowohl fachlich wie ökonomisch. Mit fachlich ist gemeint, dass es nicht damit getan ist, eine Struktur anzubieten. Es handelt sich um einen Prozess, der begleitet werden muss. Dazu gehören methodisch z. B. Kompetenztraining, Hilfeplanerstellung und Verlaufsberichte, Reflexionsgespräche (inklusive motivierender Gesprächsführung), Kriseninterventionen, Evaluation und Dokumentation.[12] Diese Aufgaben können, es sei denn eine entsprechende z. B. sozialarbeiterische Kompetenz liegt vor, nicht ehrenamtlich übernommen werden. Zudem würde diese Person viel Zeit mit dieser Aufgabe verbringen und dann in anderen Bereichen der Bahnhofsmission fehlen. Somit ist es angezeigt, dass diese Aufgabe hauptamtlich von einer sozialarbeiterisch qualifizierten Person übernommen wird.

Das ist dann der Moment, in dem das Ökonomische Bedeutung gewinnt. Denn diese hauptamtliche Kraft muss bezahlt werden. Wie das gelingen kann, wird im Kapitel Ökonomie und Solidarität (Dieckbreder) in diesem Band beschrieben, sodass dieser Hinweis ausreicht und unten wieder aufgegriffen wird. Stattdessen soll beschrieben werden, was methodisch zu tun ist:

Teilhabe an der Gesellschaft und Teilhabe am Arbeitsleben sind, zumindest in dem Teil der Lebensspanne, in der in Deutschland üblicherweise einer Arbeit nachgegangen wird, im Grunde nicht trennbar. Denn jedes Kind wird gemeinhin bereits in der Kita gefragt, was es denn einmal werden wolle. Und jedes Kind weiß, dass die Antwort auf diese Frage ein Beruf ist. Da aber die Frage nach dem *Werden* geradezu philosophisch eine Frage nach dem *Sein an sich* ist, scheint dieses *Sein an sich* untrennbar mit einem Beruf verknüpft zu sein. Im Umkehrschluss folgt daraus, dass einen Beruf zu haben aufgrund von Transferleistungen ökonomisch nicht unbedingt, aber emotional auf jeden Fall existenziell ist.

Dass Bahnhofsmissionen für Menschen, die nicht am Arbeitsleben teilhaben können eine Chance bieten, dieses existenzielle Bedürfnis zu erfüllen, ist nicht expliziter Teil des Plans, was in und mit Bahnhofsmissionen geschehen soll.

12 Vgl. die Literaturliste zu diesem Kapitel.

Sich dem Thema »Eingliederungshilfe« professionell zu widmen, ist somit eine Entscheidung, die im Rahmen dieses Beitrags empfohlen, nicht aber getroffen werden kann. Deshalb ist das Folgende im Konjunktiv zu verstehen.

Bahnhofsmissionen erfüllen a priori und in nuce Kriterien, die strukturell mit den Anforderungen an einen Beruf vergleichbar sind. Auf der anderen Seite sind Menschen, die diese Struktur im Sinn der Eingliederungshilfe und hier speziell in Bezug auf eine »angemessene Tätigkeit« in Anspruch nehmen, nicht dem womöglich belastenden und somit Tätigkeit verhindernden Druck ausgesetzt, der mit einer so genannten sozialversicherungspflichtigen Tätigkeit, aber auch einem so genannten 450 €-Job einhergeht. Bahnhofsmissionen können daher sowohl ein tagesstrukturierendes als auch eine auf eine zukünftige andere Stelle ausgerichtetes Lern- und Tätigkeitsfeld sein. Mit den jeweiligen LeistungsempfängerInnen ist nach den Prinzipien der Sozialraumorientierung zu erarbeiten, welche Zukunftsperspektiven jeweils vorliegen, und ein entsprechender Hilfeplan ist zu entwickeln und umzusetzen.

Wenn eine Bahnhofsmission sich entscheidet, diesen Teil der Eingliederungshilfe zu übernehmen, kommt sie in eine ökonomisch schwierige Situation. Da, wie geschildert, für die Übernahme dieser Aufgabe eine Fachkraft benötigt wird, muss diese, wie ebenfalls schon erwähnt, bezahlt werden. Aus dem Topf der Eingliederungshilfe ist dies nicht möglich, da die Leistungsbeschreibung dahin zielt, bei der Aufnahme einer »angemessenen Tätigkeit« zu unterstützen. Dies geschieht vonseiten des Dienstes, der die Eingliederungshilfemaßnahme erbringt. Kommt es in diesem Zusammenhang zu einer Vermittlung an eine Bahnhofsmission, ist die Aufgabe vorerst (weitere Maßnahmen könnten und sollten ja folgen) erfüllt und somit auch bezahlt. Die Bahnhofsmission geht leer aus.

Als Optionen, dieses Dilemma zu überwinden, sind zwei Maßnahmen denkbar. Die eine besteht darin, dass ein Träger der Bahnhofsmission selbst Eingliederungshilfe anbietet. Auf diese Weise ist es möglich, z. B. Strukturierungshilfen im Kontext einer »angemessenen Tätigkeit« über den eigenen Dienst zu erbringen. Das würde jedoch den Personenkreis, dem diese Möglichkeit eröffnet würde, auf die LeistungsempfängerInnen einengen, die diese von dem Träger erhalten, der sowohl die Bahnhofsmission als auch Eingliederungshilfe im Portfolio hat. Auf der Ebene eines sowohl als auch und nicht entweder/oder, ist es daher – im Sinn des fünften Prinzips der Sozialraumorientierung nach Hinte (nicht aber seiner Ansätze zur Umsetzung dieser) – als weitere Option sinnvoll, andere Finanzierungslösungen zu identifizieren. Hierzu zwei Beispiele: Die eine besteht darin, dass es sich um den Bereich Arbeit handelt. Diesbezüglich werden von den Arbeitsagenturen und Job-Centern immer wieder Programme aufgelegt, mit denen Menschen in Arbeit gebracht werden sollen. Diese Programme sind mit Geldmitteln hinterlegt, die im Rahmen einer Kooperation ausgeschüttet werden können. Solche Kooperationen im Blick zu haben und einzugehen, ist eine gute Möglichkeit, sozialraumorientierte Eingliederungshilfe zu realisieren, ohne dass sie auf die Mittel der eigentlichen Eingliederungshilfe nach § 53 (SGB) allein angewiesen ist. Die andere Möglichkeit ist die sozialräumliche Variante, z. B. lokale UnternehmerInnen von der Arbeit in der Bahnhofsmission hinsichtlich des Bereichs »angemessene Tätigkeit« so zu überzeugen, dass sie bereit sind, hier dauerhaft, z. B. durch Patenschaften, zu investieren. Dies im Übrigen, wenn auch erneut idealisiert, mit der Perspektive, in zukünftige Arbeitskräfte zu investieren, die in der Bahnhofsmission Strukturen und auch Leistung gelernt haben.[13]

5. Fazit

Die Eingliederungshilfe ist mit rund 860 500 LeistungsempfängerInnen[14] (2014) bei weiter steigender Tendenz eines der größten Handlungsfelder der Sozialen Arbeit. Bei einer im selben Zeitraum angenommenen Gesamtbevölkerungszahl von 81,2 Mio.[15] Menschen ist dies, auch gemessen an den dafür aufgebrachten Bruttoausgaben von 16,4 Mrd. Euro[16], mehr als eine statistische Größe.

Wie der Begriff »Eingliederungshilfe« anzeigt, wird dem Personenkreis der LeistungsempfängerInnen unterstellt, dass sie Hilfe benötigen, um Teil eines Größeren (Gesellschaft) zu sein. Dies ist grundsätzlich richtig, denn Menschen mit Behinderungen finden gemeinhin eine »Welt« vor, die sie in ihrer Komplexität womöglich nicht begreifen und/oder die Barrieren aufgebaut hat, die sie körperlich nicht überwinden können. Eine solche Darstellung stärkt die These, dass so Behinderung gesellschaftlich eher individuell behindert werden, als behindert sein bedeutet. Das ist jedoch zu einfach argumentiert. Ausgehend von all den möglichen individuellen Behinderungen ist es z. B. im Bereich der Körperbehinderung möglich, das Behindert-werden zu reduzieren. Dies geschieht bereits durch zahlreiche Maßnahmen wie »klickende« Ampeln, abgesenkte Bordsteine und roll-

13 Das ist zugegeben die »ganz hohe Schule«. Allerdings mit zunehmender Relevanz für die Soziale Arbeit, die mit den bisherigen Finanzierungsstrukturen auf dem jetzigen und zu erwartenden Niveau nach Ansicht der Autorin und des Autors nicht langfristig realisiert werden kann. Vgl. deshalb *Ökonomie und Solidarität* (Dieckbreder) in diesem Band und dort besonders auch die Literaturhinweise.

14 Vgl. https://www.destatis.de/DE/ZahlenFakten/GesellschaftStaat/Soziales/Sozialleistungen/Sozialhilfe/Sozialhilfe.html (Zugriff 15.03.2016).

15 Vgl. http://de.statista.com/statistik/daten/studie/2861/umfrage/entwicklung-der-gesamtbevoelkerung-deutschlands/ (Zugriff, 15.03.2016).

16 Vgl. http://www.statistik.lwl.org/zahlen/eingliederungshilfe (Zugriff, 15.03.2016).

stuhlgerechte öffentliche Toiletten. Es kann viel darüber debattiert werden, dass diese Maßnahmen nicht flächendeckend und insgesamt nicht ausreichend sind. Allerdings ist festzustellen, dass es gut und richtig ist, hier für Erweiterung zu sorgen, dass es aber letztlich unüberwindbare Grenzen gibt. Denn was ist z. B. mit Menschen, die für ihre Orientierung im öffentlichen Raum Piktogramme benötigen? Was ist mit Menschen, die Geldwerte nicht verstehen und deshalb nicht einkaufen können? Diese Liste kann endlos fortgeführt werden und zeigt letztlich an, dass es um eine Mischform aus gesellschaftlicher Barrierereduktion und individuell (z. B. durch Eingliederungshilfeleistungen) zu erarbeitende Teilhabemöglichkeiten gehen muss. Sozialraumorientiert ist es möglich, beide Aspekte in den Blick zu nehmen, indem auf allgemeine Behinderungsverhinderungsmaßnahmen (deutlich) hingewiesen und in der individuellen Unterstützung geklärt wird, worin für den einzelnen Menschen die Teilhabe an der Gesellschaft bestehen soll (Wille der AdressatInnen). Denn in Bezug auf Teilhabe gilt es festzuhalten, dass nicht jeder Mensch an allen gesellschaftlichen Aspekten teilhaben will. Im Übrigen genauso wenig, wie jeder Mensch in alle gesellschaftlichen Aspekte inkludiert sein will. Jeder Mensch möchte Teil von etwas Bestimmten sein und Teil von etwas Bestimmten nicht sein. Ermöglichung von Selbstbestimmung durch Willens- und Interessensbekundung und -umsetzung ist somit als sozialraumorientierte Eingliederungshilfe handlungsleitend für die sozialarbeiterisch Tätigen.

Literatur

Appel, Marja/Kleine Schaars, Willem (2008): Anleitung zur Selbständigkeit – Wie Menschen mit geistiger Behinderung Verantwortung für sich übernehmen. Weinheim und München

Galuske, Michael (⁸2009): Methoden der Sozialen Arbeit – Eine Einführung. Weinheim und München

Galuske, Michael/Thole, Werner (2006): Vom Fall zum Management – Neue Methoden der Sozialen Arbeit. Wiesbaden

Herriger, N. (⁴2010): Empowerment in der Sozialen Arbeit – Eine Einführung. Stuttgart

Hinte, Wolfgang (2014): Sozialraumorientierung – Konzept, Debatte, Forschungsbefunde. In: Fürst, R. und Hinte, Wolfgang (2014): Sozialraumorientierung – Ein Studienbuch zu fachlichen, institutionellen und finanziellen Aspekten. Wien

Hinte, Wolfgang et al (2003): Sozialräumliche Finanzierungsmodelle. Berlin

Robeck, Johanna (2012): Von der Segregation über Integration zur Inklusion. Neckenmart

Röh, D. (2009): Soziale Arbeit in der Behindertenhilfe. München und Basel

Rohrmann, E. (2015): Teilhabe für alle – unter Anerkennung ihrer Verschiedenheit. In Blätter zur Wohlfahrtspflege 6. Baden-Baden

Schuntermann, M. F. (³2009): Einführung in die ICF – Grundkurs/Übungen/offene Fragen. Heidelberg, München, Landsberg, Frechen, Hamburg

Theunissen, G. (²2012): Empowerment und Inklusion durch Positive Verhaltensunterstützung. In: Schwalb, H./Theunissen, G. (Hg.): Inklusion, Partizipation und Empowerment in der Behindertenarbeit. Stuttgart

Wichtiges in Kürze

Eingliederungshilfe

Eingliederungshilfe ist ein Feld der Sozialen Arbeit, das in den §§ 53 ff.

SGB XII auf der Grundlage der juristischen Definition von Behinderung nach § 2 Absatz 1 des neunten Gesetzbuches (SGB) geregelt ist. Eingliederungshilfe kann Menschen gewährt werden, die im Sinn dieser Paragraphen behindert oder von Behinderung bedroht sind.

Eingliederungshilfe und Sozialraum

Eingliederungshilfe ist aufgrund der Gewährungsform dieser Leistung Einzelfallhilfe. Methodisch ist es möglich, nach den Maßgaben der Sozialraumorientierung zu handeln. So z. B. nach den fünf Prinzipien nach Hinte.

Eingliederungshilfe und Bezug zur Bahnhofsmission

Die Bahnhofsmission ist in besonderer Weise geeignet, Teilhabe durch eine »angemessene Tätigkeit« zu realisieren. Sie ist ein mögliches Lernfeld für Tagesstruktur, Verantwortungsübernahme und auch Selbsterfahrung der LeistungsempfängerInnen hinsichtlich der eigenen Kompetenzen.

Fragen zur Lernstandprüfung

Welche Personen können Eingliederungshilfe in Anspruch nehmen?

Worin besteht der Widerspruch zwischen Eingliederungshilfe und Sozialraumorientierung und wie kann dieser überwunden werden?

Welche Möglichkeiten bestehen, Eingliederungshilfe in der Bahnhofsmission umzusetzen?

Die Arbeit der Bahnhofsmission als Beitrag der psychiatrischen Versorgung vor dem Hintergrund von Community Mental Health

Michael Schulz/Michael Löhr/Pascal Wabnitz

1. Einleitung

Die Versorgung psychisch kranker Menschen ist mit den erwünschten Effekten einer zunehmenden Deinstitutionalisierung eine größere Herausforderung innerhalb der Gemeinde. Mit dem Ziel gemeindenaher Versorgung auch von Menschen mit schweren psychischen Erkrankungen ergeben sich für die verschiedenen spezifischen und unspezifischen Orte im psychosozialen Versorgungsnetz entsprechende Aufgaben.

Davon betroffen sind auch Mitarbeitende aus dem Fach der Sozialen Arbeit und angrenzenden Berufsfeldern der Bahnhofsmissionen. Eine Untersuchung des Arbeitskreises kirchlicher Bahnhofsmissionen in Bayern aus dem Jahr 2014 kommt laut einer Pressemitteilung der Arbeitsgemeinschaft kirchlicher Bahnhofsmissionen zu dem Ergebnis, dass jeder fünfte Besucher von Bahnhofsmissionen psychisch krank ist.[1] Das entspricht einem Anstieg um 80 % seit 2008. Bundesweit ging man für das 2014 von ca. 73000 Kontakten mit psychisch kranken Menschen in den Bahnhofsmissionen aus. Grund genug, psychische Erkrankung als Einsatzfeld von Bahnhofsmissionen innerhalb des Sozialraums zu begreifen.

Die Bahnhofsmission stellt angesichts von Einsamkeit und sozialer Not für psychisch kranke Menschen häufig einen Schutzraum dar. Hinzu kommen jene, die die Bahnhofsmission nicht aufsuchen, sondern von den Mitarbeitenden bei ihren Rundgängen auf den Bahnhöfen angesprochen werden; z. B., weil sie wohnungslos[2] sind.

Die Bahnhofsmission stellt mit Blick auf die Gemeinde demnach einen Ort dar, an dem Menschen mit psychischen und psychosozialen Problemlagen zu finden und zu unterstützen sind. Damit handelt es sich im Hinblick auf diese

---

1 http://www.bahnhofsmission-bayern.de/fileadmin/99-redaktion/PM_Jahresbilanz2013_bayer_Bahnhofsmissionen__1_.pdf (Zugriff am 12.03.2016).

2 Vgl. hierzu auch Wolf, *Endstation Bahnhof? – Die Zwiespältigkeit des Sozialraums für wohnungslose Menschen* in diesem Band

Bevölkerungsgruppe nicht um eine solitäre Einrichtung, sondern um einen Teil der psychosozialen Versorgungsstrukturen.

Viele der in den Bahnhofsmissionen versorgten Menschen sind schwer psychisch krank und hatten schon Kontakt zu psychiatrischen Einrichtungen, haben ihn aber nicht selten verloren. Vielfach handelt es sich um Menschen, die sich vor Jahren von der Psychiatrie abgewandt haben oder heute keine Therapieplätze mehr finden. Festzuhalten ist auch, dass komplexe Ereignisse für die Lebenssituation vieler Menschen ohne Obdach ausschlaggebend sind. Gerade psychosoziale Probleme können hier zu schwierigen Situationen führen (Trabert, 2016).

Im Rahmen des Beitrages wird die Bahnhofsmission demnach als Teil der psychosozialen Versorgungsstruktur verstanden und vor dem Hintergrund einer gesundheitswissenschaftlichen, auf das Wohl der Gesamtbevölkerung ausgerichteten Denkweise betrachtet. Hierfür wird zunächst der Community-Mental-Health-Ansatz vorgestellt. In einem weiteren Schritt wird dann auf mögliche Problembereiche seelischer und physischer Gesundheit bei ausgegrenzten Bevölkerungsgruppen, wie es die BesucherInnen der Bahnhofsmission häufig sind, eingegangen.

2. Der Ansatz *Community Mental Health Care*

Das Fachgebiet der gemeindenahen Psychiatrie gibt es im internationalen Feld seit den 1950er-Jahren. Der englische Begriff lautet *Community Mental Health Care* und ihm liegt ein interdisziplinärer und pluralistischer Ansatz zugrunde.

International hat sich das Fachgebiet Community Health Care in den letzten 50 Jahren vor allem in den angloamerikanischen Ländern als eigenständiges Fach entwickelt. In den vergangenen Jahrzehnten hat die Psychiatrie an vielen Stellen die Kliniken verlassen und ein komplexes psychosoziales Versorgungssystem soll heute dafür sorgen, dass Zieldimensionen wie Teilhabe oder psychische Gesundheit für den Einzelnen erreichbar sind. Gleichwohl deuten epidemiologische Daten darauf hin, dass eine Zunahme psychischer Erkrankungen nicht zu verzeichnen ist – eine Abnahme des Erkrankungsrisikos jedoch trotz aller therapeutischer Bemühungen auch nicht. In diesem Zuge gewinnen Präventionsansätze auch im tertiären Bereich ebenso an Bedeutung wie die Berücksichtigung psychosozialer Gesundheit in allen Formen der sozialen Versorgung.

»Keine Gesundheit ohne psychische Gesundheit« (*No health without mental health,* Price et al 2007, S. 859), so lautet in unseren Tagen eine Kernüberlegung zur Relevanz psychischer Gesundheit. Vor diesem Hintergrund forderte die World Health Organisation (WHO) 2008, dass psychiatrische Versorgung und psychische Gesundheit Gegenstand der primären Gesundheitsversorgung werden müssten. Im Zuge dieser Entwicklungen stellen Institutionen wie die Bahnhofsmission in urbanen Umgebungen einen Ort dar, an dem sich vor allem jene einfinden, für die das psychosoziale Hilfesystem keine erreichbare und angemessene Hilfe bietet. Von daher ist die Arbeit in der Bahnhofsmission nicht hoch genug einzuschätzen. Sie fokussieren im Sinne sekundärer Prävention vor allem auf die Vermeidung oder Verlangsamung von Störungen oder die Entaktualisierung größerer Krisen. Dies gilt zum Beispiel für Menschen, die unter großem psychosozialem Stress grundlegendste Bedürfnisse wie Nahrungssuche, Organisation eines Schlafplatzes oder Hilfe bei der Kontaktaufnahme zu nahestehenden Personen durch die Mitarbeitenden der Bahnhofsmission kurzzeitige Entlastung und Hilfe erfahren.

Dies hat zur Folge, dass im Sinne des Stress-Vulnerabilitäts-Modells eine Verhinderung akuter Krankheitszustände durch die Begleitung *(beeing with)* erfolgt.

Im Ansatz von *Community Mental Health* wird gemeindebezogen gearbeitet. Damit ist gemeint, dass neben dem Gesundheitszustand psychisch erkrankter Menschen auch das Hilfesystem in den Blick genommen wird.

Innerhalb von Gemeinden (Sozialraum) finden sich unterschiedliche Personenkreise von Menschen mit unterschiedlich hohem Risiko, psychiatrisch zu erkranken. Bestimmte Personenkreise innerhalb des Sozialraums weisen ein eher hohes Risiko psychiatrischer Erkrankung auf. Dazu gehören z. B. Menschen mit Migrationshintergrund, wohnungslose Menschen oder Menschen, die einem Umfeld mit extremen sozialen oder traumatisierenden Erfahrungen ausgesetzt sind. Auch Menschen, die besonders unter Einsamkeit leiden, sind einem erhöhten Risiko für psychische Erkrankungen ausgesetzt, welches sich durch soziale Unterstützung, wie sie im Kontext der Bahnhofsmissionen zu finden ist, reduzieren lässt (Meltzer et al. 2013).

Der Begriff *Community Mental Health Care* lässt sich wie folgt definieren (Thornicroft 2011, S. 4):

> Community Mental Health Care comprises the principles and practices needed to promote mental health for a local population by: Adressing population-based needs in ways that accessible and acceptable Building on the hoals and strenghts of people who experience mental illnesses.
>
> Promoting a wide network of supports, services, and resources of adequate capacity Emphasizing services that are both evidence-based and recovery-oriented.

Die hier gewählte Definition weist auf zentrale Dimensionen des Community-Mental-Health-Ansatzes hin, die auch mit Blick auf die Bahnhofsmission von Bedeutung sind. Dazu gehört die Gesundheit der Bevölkerung – die Public-

Health-Perspektive, der Fokus auf die psychischen Erkrankungen, ein erweiterter Begriff der Gemeinde und ihrer Funktionen, sowie eine Verbindung zwischen medizinisch wissenschaftlichem Verständnis auf der einen und einem personenzentrierten und individuellen Verständnis von Genesung *(recovery)* auf der anderen Seite. Im Folgenden werden diese in der Definition benannten Dimensionen etwas ausführlicher dargestellt.

Die *Public-Health*-Perspektive

In der *Community Mental Health* werden psychische Krankheit und psychische Gesundheit nicht auf der Ebene des Einzelnen betrachtet, sondern es wird aus gesundheitswissenschaftlicher Sicht nach dem Zustand im Hinblick auf die seelische Gesundheit der Bevölkerung gefragt. Von daher spielen folgende Aspekte eine Rolle:
- bevölkerungsbezogene Sichtweise,
- Berücksichtigung sozioökonomischer Situationen der Betroffenen,
- Fokussierung auf Möglichkeiten der primären Prävention,
- Entwicklung sowohl auf den einzelnen als auch auf Gruppen bezogene Präventionsprogramme,
- eine systematische Analyse der regionalen Versorgungssituation unter Betrachtung vorhandener Institutionen und Dienstleiter im psychiatrischen Feld,
- möglichst offene Zugangswege zum Versorgungssystem,
- Fokussierung auf teambasierte Versorgungsformen,
- im Hinblick auf die Ergebnismessung der Einsatz von Langzeituntersuchungen
- Analyse der Kosten vor dem Hintergrund aller bevölkerungsrelevanten Kosten, also auch sekundärer Kosten wie z. B. Berentung oder »verlorene« Lebensjahre durch Krankheit.

Dem Ansatz ist zudem eine streng an Fragen der sozialen Gerechtigkeit ausgerichtete Sichtweise eigen. So interessieren in diesem Rahmen auch jene Bevölkerungsgruppen, die traditionell einen erschwerten Zugang zu Gesundheitsleistungen haben. Dies gilt zum Beispiel für Menschen mit Migrationshintergrund, für wohnungslose Menschen, für Menschen in Haftanstalten oder arme Menschen.

Der *Community-Mental-Health*-Ansatz fragt in diesem Zusammenhang danach, ob die Dienstleistungen einer psychiatrischen Organisation, z. B. einer psychiatrischen Klinik, eines ambulanten Wohnangebotes oder einer Bahnhofsmission so verortet und gestaltet sind, dass sie auch für diese Bevölkerungsgruppen akzeptabel und erreichbar sind.

Mit diesem streng bevölkerungsbezogenen Ansatz steht also weniger die krisenhafte Behandlung durch ExpertInnen im spezialisierten Setting im Vordergrund. Vielmehr wird mit dem Ansatz der Blick auf die langfristigen Folgen psychischer Störung innerhalb einer Gemeinde, die Präventionsmöglichkeiten und das Zusammenspiel im Versorgungsfeld gerichtet.

Community Mental Health fokussiert auf psychisch erkrankte Menschen

Die Erfahrung psychiatrischer Erkrankung hat für die Betroffenen und deren Angehörige meist tiefgreifende Folgen. Dabei werden auch die Folgen der Krankheit häufig nur in mittelbarem Zusammenhang mit der Krankheit, wie z. B. bei der häufig auftretenden Stigmatisierung (»zweite Krankheit«) berücksichtigt. Der *Community-Mental-Health*-Ansatz erlaubt neben einer krankheitsbezogenen Perspektive – mit einem Schwerpunkt auf Symptomen, Bedarfen und Behinderungen – auch eine auf Genesung ausgerichtete Perspektive. Genesung ist ein individueller Prozess. So kann z. B. die Frage danach, ob eine Genesung eingetreten ist oder nicht, letztlich ausschließlich von dem Betroffenen selbst beantwortet werden. Von daher folgt der *Community-Mental-Health*-Ansatz einer personenorientieren Sichtweise. Als Ergebnis der Genesung von psychischen Erkrankungen steht in der Regel der Aufbau einer positiven Identität, eine sinnvolle persönliche Rahmung der durchlebten Krankheitserfahrung, der Aufbau von Selbstmanagementfähigkeiten im Hinblick auf die Erkrankung und die Übernahme als sinnvoll erachteter sozialer Rollen. Besondere Bedeutung erhält hier also die Frage nach dem Umgang mit psychischer Erkrankung. Diese Frage hat in den letzten Jahren an Bedeutung gewonnen und wichtige Antworten gibt hier vor allem das *Recovery*-Konzept. *Recovery* lässt sich übersetzen mit Erholung, Genesung, Gesundung, Rückgewinnung, Wiedergewinnung oder Wiederfinden. *Recovery* beschreibt einen Prozess, durch den die Betroffenen die persönlichen, sozialen und gesellschaftlichen Folgen einer psychischen Erkrankung überwinden und (zurück) zu einem erfüllten Leben finden und einen positiven Beitrag in der Gesellschaft leisten. *Recovery* bedeutet nicht zwangsläufig Heilung, sondern meint Teilhabe in der Gesellschaft trotz Erkrankung (Falkai 2012).

Dem *Community-Mental-Health*-Ansatz unterliegt ein erweitertes Verständnis von »Gemeinde«

Mit Blick auf psychische Krankheit geht es hier nicht darum, Störungsbilder so zu managen, dass die soziale Umgebung möglichst wenig in Mitleidenschaft gezogen wird. Vielmehr ist es das Ziel, mit diesem kontextbezogenen Ansatz eine Stärkung der Familien, der sozialen Netzwerke, Gemeinden, Organisationen (z. B. Fußballvereine, Arbeitgeber oder Bahnhofsmission) herbeizuführen. Psychiatrische Krankheit wird also weniger als biologisch determiniertes Problem eines Einzelnen, sondern vielmehr in seinem Geschehen innerhalb eines sozialen Kontextes betrachtet.

Für Organisationen, die auf die Hilfe von Menschen mit psychischen Störungen spezialisiert sind, und zu denen im weiteren Sinn auch die Bahnhofsmission gehört, hat eine solche Sichtweise Auswirkungen auf die zu erwartende konzeptuelle Ausgestaltung. Gefragt sind nach einem solchen Verständnis ineinandergreifende Netzwerke mit Fokus auf z. B. physischer Gesundheit, die Wohnsituation, Einbeziehung religiöser Strukturen oder Selbsthilfegruppen. Im Sinn des *Community-Mental-Health*-Ansatzes ist aber darauf zu achten, dass pragmatische Lösungen angestrebt werden. Andernfalls drohen psychisch kranke Menschen im Rahmen ihrer Problemsituationen am Zugang zu solchen Hilfen zu scheitern.

Community Mental Health schafft eine Verbindung zwischen medizinischer Wissenschaft und dem *Recovery*-Ansatz

Vor dem Hintergrund ethischer Überlegungen ist die wichtigste Anforderung an eine Intervention im Gesundheitswesen, dass sie wirksam ist. Alle anderen Fragen, zum Beispiel nach der Kosteneffektivität, sind erst dann sinnvoll, wenn der Nachweis einer grundsätzlichen Wirksamkeit erbracht werden konnte.

Auf der anderen Seite besteht die Anforderung, psychiatrieerfahrene Betroffene mit ihren Präferenzen mit professionellen Unterstützern zusammenzubringen und eine partizipative Entscheidung zu treffen. Als weiteres herausforderndes Element kommt hier ein grundsätzlicher Wandel der anzustrebenden Ergebnisse von psychiatrischen Interventionen ins Spiel. Standen traditionell eher krankheitsspezifische und eher einfache Ergebnisparameter wie z. B. Wiederaufnahmen in die Psychiatrie oder Symptomreduktion im Vordergrund, fokussieren Ziele heute eher auf persönliche Aspekte wie z. B. Zuversicht oder Lebenssinn. Letztlich geht es hier auch um die Frage, ob eine Intervention lediglich statistisch signifikante oder auch klinisch relevante Unterschiede bewirken kann. Eine durch wissenschaftliche Studien belegte Wirksamkeit einer Intervention enthebt also die Professionellen und die Betroffenen nicht der Verantwortung, die Frage zu stellen, ob die als wirksam getestete Intervention auch im speziellen Einzelfall angebracht ist.

3. Community Mental Health im Sozialraum Bahnhofsmission

Ein Großteil der Menschen, die die Dienste der Bahnhofsmission in Anspruch nehmen, verfügt über einen eher geringen Sozialstatus. Damit gehören sie zu jener vulnerablen Bevölkerungsgruppe, deren Gesundheitszustand mit hoher Wahrscheinlichkeit eher schlecht ist und die ein eher früher Tod erwartet. Aktuelle Zahlen des Robert-Koch-Instituts zeigen, dass die Lebenserwartung in der Gruppe mit niedrigem Sozialstatus bei Männern um elf Jahre und bei Frauen um acht Jahre geringer ist als bei Menschen mit hohem Sozialstatus. Krankheiten wie Herzinfarkt, Schlaganfall und Diabetes Mellitus treten in dieser Bevölkerungsgruppe häufiger auf. 60 % der Frauen über 65 Jahren mit niedrigem Sozialstatus schätzen ihren Gesundheitszustand als schlecht ein. In der Gruppe mit hohem Sozialstatus sind es dagegen 30 %.

Ebenso verhält es sich mit den psychischen Erkrankungen. So weist Salize (2014) darauf hin, dass sozial randständige und arme Menschen nach wie vor zu der Bevölkerungsgruppe mit dem höchsten psychiatrischen Erkrankungsrisiko gehören. In Studien wird aufgezeigt, dass zwei Drittel der Menschen ohne festen Wohnsitz eine psychische Störung aufweisen.(Salize et al. 2006). Die erhöhte Prävalenz psychischer Störungen weist sowohl auf die Vulnerabilität dieses Personenkreises für den Verlust der eigenen Wohnung als auch auf die besondere psychische Belastung durch die Lebensbedingungen der Wohnungslosigkeit hin.

Die Zunahme von BesucherInnen, die aus dem Hilfesystem herausgefallen sind und psychisch, physisch und sozial komplexe Problemlagen mitbringen, fordert von den Bahnhofmissionen eine Anpassung ihrer Konzepte. So wird im Sinn von *Community Mental Health* z. B. die Bedeutung der Vernetzung mit anderen Organisationen wachsen. Hier wird deutlich, dass *recovery*-orientierte Konzepte immer auch eine politische Dimension mit Aufträgen an regionale Gesundheitsversorgung haben. Es muss ein politischer Wille zur Vernetzung vorhanden sein.

Welche speziellen Anforderungen ergeben sich aus den Problemlagen der Betroffenen für die Mitarbeitenden der Bahnhofsmission?

Psychisch erkrankte Menschen, die die Leistungen der Bahnhofsmission in Anspruch nehmen, sind gemeinhin sozial isoliert und marginalisiert und befinden sich in prekären Gesundheitssituationen. Die Bahnhofsmission kann hier ein niedrigschwelliges Angebot für jene darstellen, die durch die häufig für sie zu hohen Anforderungen des Gesundheitssystems am Einholen von Hilfe scheitern. Studien zeigen, dass vor allem psychisch kranke wohnungslose Menschen einmalig psychosoziale Einrichtungen aufsuchen, mit kontinuierlichen Behandlungsangeboten aber überfordert sind (Meller et al. 2000).

Die komplexen Problemlagen der Betroffenen stellen nicht nur die Bahnhofsmission, sondern im Sinn von *Community Mental Health* das ganze Gesundheitssystem vor große Herausforderungen. Rantze (2016) weist darauf hin, dass die Kombination sozialer Schwierigkeiten und schwerer, meist chronisch verlaufender Erkrankungen komplexe Anforderungen an Netzwerkarbeit stellt. Häufig werden Sozial- und Gesundheitsleistungen nicht (mehr) in Anspruch genommen. Mangelnde gesellschaftliche Akzeptanz wirkt sich zudem negativ auf den Aufbau tragfähiger und stärkender Beziehungen aus.

Persönliche Hygiene und gesundheitsförderliches Verhalten stellen oft Problembereiche dar, welche von den Mitarbeitenden der Bahnhofsmission thematisiert werden können und eine eventuelle Weitervermittlung an andere niedrigschwellige Angebote ermöglicht. In diesem Zusammenhang fordert Salize (2001), dass Strategien zur Verbesserung der gesundheitlichen Lage und der Versorgung psychisch kranker alleinstehender Wohnungsloser lokal oder regional entworfen oder verankert werden sollten.

Im Hinblick auf niedrigschwellige Versorgungsstrukturen kann die Bahnhofsmission hier eine wichtige Rolle einnehmen und einen Beitrag zur Versorgungsgerechtigkeit leisten. Aber vor allem kann die Bahnhofsmission für die Betroffenen im Rahmen von Beratungs- und Begleitungsprozessen einen förderlichen Ort darstellen.

Bei den kräftezehrenden Anforderungen, die der Alltag für Menschen am Rande der Gesellschaft bedeutet, stellt die Bahnhofsmission nicht selten eine Insel zum Verschnaufen dar. Leipersberger (2013) spricht in diesem Zusammenhang von Nischen. Nischen fördern jene, die in ihnen leben und lassen sich durch folgende Merkmale charakterisieren:

- In förderlichen Nischen sind die ökonomischen Ressourcen angemessen, und es werden Qualität und Kompetenz belohnt. Dies reduziert ökonomischen Stress und trägt damit maßgeblich dazu bei, Institutionalisierung zu verhindern. Es geht also nicht nur um materielle Werte, sondern auch anderen Werten wird Achtung geschenkt.
- In förderlichen Nischen besteht die Möglichkeit zum Erlernen von Fertigkeiten, die der/die Einzelne braucht, um in eine andere Nische wechseln zu können. Dabei handelt es sich nicht selten um längerfristige Kontakte. Seitens der Mitarbeitenden in der Bahnhofsmission wird dann erwartet, dass sie sich im Hilfesystem der Stadt auskennen und eventuell weitere Kontakte vermitteln können.

- Personen in befähigenden Nischen werden nicht ausschließlich über ihre soziale Kategorie definiert. Sie werden als Menschen wahrgenommen, die darüber hinaus andere valide Ziele und Eigenschaften haben. Sie sind also nicht nur »Verrückte«.
- Förderliche Nischen bieten neben dem Kontakt zu Mitgliedern aus der eigenen (Peer)Gruppe auch die Möglichkeit zur Begegnung mit Menschen aus anderen sozialen Bezügen, die wiederum ihre eigenen Sichtweisen mitbringen. Dadurch erweitert sich die Wahrnehmung derer, die in förderlichen Nischen leben, anstatt eng und begrenzt zu bleiben.
- Schließlich hat Stigmatisierung in förderlichen Nischen keinen Platz. Diejenigen, die darin leben, werden als vollwertige Menschen wahrgenommen, deren Würde respektiert wird.

Welche Kompetenz erfordert die Arbeit mit Menschen in komplexen sozialen und psychiatrischen Problemlagen?

Was sollten Menschen können, wenn Sie als HelferInnen der Bahnhofsmission in Kontakt mit psychisch kranken Menschen kommen? Eine zentrale Kernkompetenz ist es, sich auf ständig wechselnde Situationen einzustellen. Auch für die ehrenamtliche Arbeit in der Bahnhofsmission ist vor allem die Ungewissheit, wie sich Situationen weiterentwickeln werden, sowie der geringe Grad an möglicher Standardisierung handlungsbestimmend. Demnach müssen ständig neue Kompetenzen generiert werden. Auch das Wissen professioneller HelferInnenberufe hat angesichts von Ungeregeltem und Unstrukturiertem eher den Status von Vorwissen (Leipersberger 2013, S. 309). Das Handeln der dort Tätigen angesichts großer Unsicherheiten erfordert die Möglichkeit der Reflexion. Von daher gelingt ein Fallverständnis vor allem über Supervision. Eine Stärkung und Professionalisierung für dieses komplexe Arbeitsfeld kann somit im Rahmen einer professionellen Begleitung gelingen. Im Hinblick auf die Vermittlung von psychiatrischem Wissen sollte im Rahmen von Fortbildungsveranstaltungen deshalb weniger eine symptomorientierte Sichtweise auf psychiatrische Krankheitsbilder vermittelt werden. Im Sinn von personaler *Recovery* sollten eher die Zieldimensionen Hoffnung, Sinn im Leben und Empowerment fokussiert werden. Eine solche Ausrichtung fördert die kommunikativen Kompetenzen, um in diesen Situationen trotz schwierigster Rahmenbedingungen Zuversicht zu vermitteln und Stress zu lindern. Das wiederum wirkt präventiv, weil es Rückfällen vorbeugt.

Vor allem im Hinblick auf psychotische Symptome ist es von zentraler Bedeutung, die Sinnhaftigkeit der Symptomatik zu unterstellen, sich für die Bedeutung zu interessieren »und jede Form des Eigensinns wohlwollend zu betrachten« (Bock 2011).

4. Fazit und Ausblick

Es wurde deutlich, dass Menschen, die die Dienste der Bahnhofsmission in Anspruch nehmen, häufig unter psychischen Krankheiten leiden. Zudem handelt es sich nicht selten um Menschen am Rande der Gesellschaft und ohne adäquate Versorgung psychischer und somatischer Gesundheitsprobleme. Folgt man nun dem Konzept von *Community Mental Health* innerhalb von Sozialräumen in urbanisierten Räumen, dann stellt die Bahnhofsmission einen wichtigen Ort der präventiven, niedrigschwelligen und unterstützenden Arbeit mit psychisch erkrankten Menschen dar. Auch im Hinblick auf die Identifizierung von Menschen, die an den für sie zu hohen Anforderungen für den Zugang zu Sozial- und Gesundheitsleistungen scheitern, kann eine stärkere Einbindung der Bahnhofsmission in das psychosoziale Versorgungsnetz sinnvoll sein.

Angesichts der Zunahme psychisch kranker und sozial häufig exkludierter Menschen in der Bahnhofsmission müssen zukunftsfähige Konzepte sowohl eine stärkere Vernetzung mit anderen AkteurInnen im psychosozialen Bereich fördern als auch entsprechende Bildungsmaßnahmen für ehrenamtlich und professionell Tätige entwickeln und durchführen. Der Ansatz des *Community Mental Health* und die Überlegungen zu *Recovery* stellen hier hilfreiche Strategien zur Verfügung.

Literatur

Bock, T. ([4]2011): Eigensinn und Psychose – Noncompliance als Chance. Neumünster: Paranus

Falkai, P. (Ed., 2012): S3-Leitlinie Psychosoziale Therapien bei schweren psychischen Erkrankungen: S3-Praxisleitlinien in Psychiatrie und Psychotherapie. Berlin und Heidelberg

Leipersberger, T. (2013): Obdachlos, psychisch krank und doch dabei-Entwicklung einer Fortbildungskonzeption zur Begleitung dieses Personenkreises auf der Grundlage von Interviews mit obdachlosen Psychiatrieerfahrenen in Hamburg und Columbus, Ohio (Doctoral dissertation, Leuphana Universität Lüneburg)

Meller, I./Fichter, M./Quadflieg, N./Koniarczyk, M./Greifenhagen, A./Wolz, J. (2000): Die Inanspruchnahme medizinischer und psychosozialer Dienste durch psychisch erkrankte Obdachlose Ergebnisse einer epidemiologischen Studie. Der Nervenarzt 71(7), S. 543–551

Meltzer, H./Bebbington, P./Dennis, M. S./Jenkins, R./McManus, S./Brugha, T. S. (2013): Feelings of loneliness among adults with mental disorder. Social psychiatry and psychiatric epidemiology 48(1), S. 5–13

Prince, M./Patel, V./Saxena, S./Maj, M./Maselko, J./Phillips, M. R./Rahman, A. (2007): No health without mental health. The lancet 370 (9590), S. 859–877

Rantze, S. (2016): Wohnungslos und psychisch krank: Problemlagen eines vulnerablen Personenkreises und für die Versorgung. Bielefeld, Fachhochschule der Diakonie, Bachelorarbeit

Robert-Koch-Institut: Gesundheit in Deutschland – Gesundheitsberichtserstattung des Bundes gemeinsam getragen von RKI und DESTATIS. Berlin, 2015 (www.rki.de, abgerufen am 06.03.2016)

Salize, H. J./Horst, A./Dillmann-Lange, C./Killmann, U./Stern, G./Wolf, I./Rössler, W. (2001): Wie beurteilen psychisch kranke Wohnungslose ihre Lebensqualität?. Psychiatrische Praxis 28(02), S. 75–80

Salize, H. J. (2006): Lebensqualität, soziale Gefährdung und psychiatrische Prävalenz-Gibt es Zusammenhänge in Risikopopulationen?. Psychiatrische Praxis 33(07), S. 323–329

Salize, H. J./Dillmann-Lange, C./Kentner-Figura, B./Reinhard, I. (2006): Drohende Wohnungslosigkeit und psychische Gefährdung. Der Nervenarzt 77 (11), S. 1345–1354

Thornicroft, G. (2011): Oxford textbook of community mental health. Oxford University Press

Trabert, G. (2016): Medizinische Versorgung für wohnungslose Menschen–individuelles Recht und soziale Pflicht statt Exklusion. Das Gesundheitswesen, 78(02), S. 107–112

World Health Organization (2008): Integrating mental health into primary care: a global perspective

Wichtiges in Kürze

Community Mental Health

Im Ansatz von Community-Mental Health wird gemeindebezogen gearbeitet. Damit ist gemeint, dass neben dem psychischen Gesundheitszustand der Menschen auch das Sozial- und Hilfesystem der Gemeinde in den Blick genommen wird.

Community Mental Health und Sozialraum

Bestimmten Personenkreisen, wie z. B. wohnungslose Menschen, fehlt, obschon sie überproportional von (auch) psychischen Erkrankungen bedroht sind, die Anbindung an entsprechende Hilfesysteme. Community Mental Health trägt dazu bei, entsprechende Sozialraumerweiterungen zu unterstützen.

Community Mental Health und Bezug zur Bahnhofsmission

Die Bahnhofsmission stellt mit Blick auf die Gemeinde und die darin enthaltenen Sozialräume einen Ort dar, an dem Menschen mit psychischen und psychosozialen Problemlagen zu finden und zu unterstützen sind. Damit handelt es sich im Hinblick auf diese Bevölkerungsgruppe nicht um eine solitäre Einrichtung, sondern um einen Teil der psychosozialen Versorgungsstrukturen.

Fragen zur Lernstandprüfung

In was für einem Zusammenhang stehen Wohnungslosigkeit und psychische Erkrankung?

Was ist im Ansatz des Community-Mental Health ein Hilfesystem?

Welche sozialräumliche Bedeutung hat das Hilfesystem?

Migration im sozialräumlichen Kontext am Beispiel der Flüchtlingsarbeit

Alla Koval

1. Einleitung

Zu allen Zeiten gab es Menschen, die sich auf den langen Weg in ein fremdes Land oder auf einen fremden Kontinent gemacht haben. Die Motivation war früher zumeist von Grundbedürfnissen wie Nahrung, Wasser, Klima und Sicherheit getrieben. Migration, Wanderung, Bewegung und Mobilität sind jedoch Erscheinungen der Neuzeit, die durch Globalisierung, verbesserte Kommunikations- und Transportmöglichkeiten, aber auch durch Krisen ausgelöst, ein untrennbarer Teil des Alltags geworden sind. Viele Menschen sind heute zu Mobilität und Flexibilität gezwungen, um den Anforderungen der postmodernen Welt gerecht zu werden. Andererseits hat heute jeder Mensch in verschiedenen Zusammenhängen mit Personen zu tun, die durch individuelle Schicksalsfügungen an einem Ort fern ihrer Heimat leben müssen. Wenn ich in meinen Seminaren frage, was unter dem Begriff »Migration« zu verstehen ist, scheint den Studierenden die Antwort zunächst sehr leicht zu fallen – Migration hat etwas mit Ein- bzw. Auswanderung zu tun. Man denkt dabei etwa an MigrantInnen der dritten Generation oder an (Spät-)AussiedlerInnen, die eine lange Zeit im Fokus der politisch-öffentlichen Diskussion und der wissenschaftlichen Studien standen, oder jetzt ganz aktuell an Menschen mit Fluchthintergrund.

Die Jahre 2015–2016 stehen ganz im Zeichen der »Flüchtlingskrise«: Dramatische Ereignisse auf dem Mittelmeer, Völkerwanderung auf der Balkanroute, Unvorbereitetsein und Überforderung der Kommunen mit den hohen Zahlen der Asylsuchenden, Überfälle auf Asylheime, Einrichten von Zäunen und Transitzonen entlang von Staatsgrenzen, die Pegida-Bewegung, um nur einige Themen zu nennen. Auch die Zahlen sprechen für sich: Im Jahr 2015 ist ein rapider Anstieg von Asylanträgen zu verzeichnen. Wurden im Jahr 2007 noch 19.164 Erstanträge vom Bundesamt für Migration und Flüchtlinge (BAMF) entgegen genommen, so belief sich die Zahl der Erstanträge im Jahr 2014 auf 135.634. Im Berichtsjahr 2015 (Januar bis Oktober) wurden bereits 331.226 Erstanträge erfasst, was einen Anstieg der Antragszahlen um 144,2 % im Vergleich zum Vorjahr bedeutet (BAMF 2015, S. 5).

Das Thema Flüchtlingsarbeit wird überwiegend in Konzepten, Positionspapieren oder Handreichungen behandelt. Die wissenschaftliche Literatur stammt zum größten Teil aus den 1990er-Jahren oder behandelt die Thematik nur am Rande. Deshalb wird in diesem Beitrag der Schwerpunkt auf der Herausarbeitung von Aufgaben und Handlungsfeldern der Flüchtlingsarbeit liegen.

Im folgenden Kapitel wird die Migration im sozialräumlichen Kontext dargelegt. Kapitel 3 stellt unterschiedliche Ansätze der Migrationsarbeit vor, die seit den 1960er-Jahren in Deutschland praktiziert werden. Das eigentliche Thema des Bandes steht im Kapitel 4 im Fokus – Migration im sozialräumlichen Kontext der Bahnhofsmission. Abschließend folgen Zusammenfassung, Fazit und Ausblick.

2. Migration im sozialräumlichen Kontext

Die Migration als selbstverständlicher Bestandteil des Lebens wird in den meisten Fällen mit dem 19. und 20. Jh. in Verbindung gebracht und als »der auf Dauer angelegte bzw. dauerhaft werdende Wechsel in eine andere Gesellschaft bzw. eine andere Region von einzelnen oder mehreren Menschen« (Treibel 2011, S. 21) verstanden. Migration war ein Normalzustand schon im Lebenszyklus früherer Generationen. Menschen gingen auf die Suche nach Nahrung, nach wärmerem Lebensraum – oder waren auf der Flucht vor lebensbedrohlichen Gefahren. Später waren sie auf der Suche nach Arbeit und nach Schutz vor Verfolgung. Die Sesshaftigkeit stellt(e) in früheren wie in gegenwärtigen Gesellschaften eher eine Ausnahme dar. Migration ist demzufolge so alt wie die Menschheit selbst (Hahn 2012, S. 16). Die Wanderung vollzog sich meistens frei und ungehindert. Erst durch die Festlegung unterschiedlicher Arten von Grenzen wurde die freie und ungehinderte Bewegung von einzelnen oder mehreren Menschen auf einen geografischen Raum innerhalb einer bestimmten Grenze beschränkt.

Die »Grenze« scheint hierbei zentral zu sein und verdient eine nähere Betrachtung, denn sie kann unterschiedliche Auswirkungen auf die Bewegung von Individuen haben. Bezüglich des Kriteriums Überschreiten oder Nicht-Überschreiten von Grenzen wird im Allgemeinen zwischen Binnen- und Außenwanderung unterschieden. Binnenwanderung ist die Verlagerung des Wohnsitzes innerhalb gesteckter Grenzen. Liegt mindestens eine Grenze dazwischen, so wird dies als Außenwanderung bezeichnet (Wenning 1996, S. 11). Wenn die überschrittene Grenze eine Staatsgrenze ist, wird von Aus- bzw. Einwanderung gesprochen und von Menschen mit Migrationshintergrund. Wenn die überschrittene Grenze ein Bundesland, eine Stadt, ein Dorf, eine Gemeinde etc. ist, sind Zu- und Fortzüge gemeint. Die Bewegung von Individuen über diese Art von Grenzen hinweg geschieht in der Regel frei und ungehindert. Bis vor Kurzem (Dez. 2014) stellten Menschen mit Fluchthintergrund aufgrund einer so genannten »Residenzpflicht«, d. h. der räumlichen Beschränkung des Aufenthalts, eine Ausnahme dar. Die zuständige Ausländerbehörde entschied darüber, ob der Landkreis bzw. die Gemeinde, in manchen Fällen sogar der Regierungsbezirk, in dem ein Asylsuchender angemeldet ist, verlassen werden darf (Weiss 2009, S. 64).

Die Richtung und der zahlenmäßige Umfang der Ein- bzw. Auswanderung werden durch politische Regulative bestimmt und potenzielle wie aktuelle Migrationsströme beschränkt, verhindert oder gefördert. Mit den rechtlichen Voraussetzungen der Migration hängt eng die Unterscheidung zwischen gewollter und ungewollter Migration zusammen (Nuscheler 2004, S. 29). Auch in diesem Zusammenhang ist die »Grenze« bedeutungsvoll. Es gibt Grenzen, die die Staaten des Schengener Abkommens, dessen Bürger sich frei und ungehindert bewegen können, von den Drittstaaten trennt. Diese Grenze kann in den meisten Fällen nur mit einer Einreiseerlaubnis passiert werden. So wird zwischen legaler und illegaler Migration unterschieden. Eine Migration als illegal zu bezeichnen, impliziert, dass der Grenzübertritt und der Aufenthalt im Zielland eine kriminelle Tat sei, bedeutet jedoch lediglich, dass der Wanderungsvorgang nicht nach vorgeschriebenen Regeln der jeweiligen Länder erfolgte.

Zudem gibt es eine Grenze zwischen den sicheren Ländern, in denen es keine staatliche Verfolgung gibt und Rechtsschutz gegen erlittene Menschenrechtsverletzungen gegeben ist, und unsicheren Herkunftsländern. Ob ein Mensch aus einem sicheren Herkunftsland kommt und über die Grenzen eines sicheren Staats eingereist ist, ist entscheidend dafür, ob der Status als Flüchtling im jeweiligen Ankunftsland anerkannt wird oder nicht. So wird zwischen Anerkennung oder Nichtanerkennung des rechtlichen Status des/der MigrantIn unterschieden, z. B. »Asylberechtigte« bzw. »anerkannte Flüchtlinge« oder »De-facto-Flüchtlinge«, die entweder keinen Asylantrag gestellt haben oder deren Asylantrag abgelehnt worden ist und deren Abschiebung temporär ausgesetzt wurde.

Aktuell wird in der fachöffentlichen Diskussion die »Sicherung« des Staatsgebiets durch den Bau von physischen Grenzen in Erwägung gezogen. Es wird über die Errichtung von Zäunen und Transitzonen diskutiert, um die Staatsgrenzen zu sichern und die Abschiebung von Menschen, die keine Aussicht auf Asyl haben, zu erleichtern.

Im Fokus der bisherigen Ausführungen stand die Bewegung von Individuen im geografischen Raum. In diesem Verständnis sind die Räume nach Deinet/ Krisch (2002) »architektonische Hülsen« bzw. »Behälter«, die den menschlichen Handlungen vorgelagert sind. Migration bedeutet aber auch die Bewegung von Individuen in bzw. den Wechsel zwischen unterschiedlichen Sozialräumen. Der Sozialraum erweitert den reinen geografischen Raum, in dem er Handlungs- und Deutungsmuster der in einem Quartier lebenden Menschen in den Blick nimmt und den interaktiven Aspekt der Raumherstellung hervorhebt (Löw 2001).

Migration bedeutet, dass eine Person in einen für sie fremden Sozialraum eines neuen kulturellen und gesellschaftlichen Systems gerät. Für diese Person sind Handlungs- und Deutungsmuster, nach denen die im neuen Quartier wohnenden Menschen ihr Leben gestalten, und die Sprache, in der die Kommunikation stattfindet, in der Regel neu. Sie kann ihr alltägliches Leben nicht nach den bewährten Prinzipien ihres »Denkens-wie-üblich« gestalten und muss lernen, sich mit den neuen Lebensumständen, Fertigkeiten, Rollenverständnissen etc. der im neuen Sozialraum bereits lebenden Menschen zurechtzufinden. Ein Individuum sieht sich herausgefordert, die neuen Gegebenheiten für sich sinnhaft auszulegen; d. h. es stellt sich nicht nur die Frage nach der Sache »Was ist das?«, sondern auch nach dem Sinn »Warum ist es so?«. Gemende (2002, S. 30) verwendet in diesem Zusammenhang den Begriff »interkulturelle Zwischenwelten«:

> »Interkulturelle Zwischenwelten sind eigenständige, multiple, ambivalente und veränderliche Wahrnehmungs- und Handlungsmuster, die MigrantInnen in einem widerständigen Wechselspiel zwischen sich und ihrer Umwelt entwickeln. Sie sind Ausdruck der Bewältigung der Verbundenheit eines Menschen mit mindestens zwei ethnisch-kulturellen Kontexten.«

Mit dem Wechsel des Quartiers wird nur eine Ebene der Migration vollzogen. Der Migrationsprozess hingegen wird auf der sozialräumlichen Ebene fortgesetzt. Han (2010, S. 6) versteht unter Migration »ein[en] Prozess, der, beginnend von der Vorbereitung über den faktischen Verlauf bis hin zu einem vorläufigen Abschluss, in einem langen zeitlichen Kontinuum stattfindet.« So gibt es die »äußere physische Migration«, die z. B. mit dem Quartierswechsel abgeschlossen und sichtbar ist, der aber kein »Endprodukt« der Migration darstellt, und die »innere psychosoziale Migration« verbunden mit der sozialräumlichen Verankerung im Alltag, die in der Regel erst nach der »äußeren physischen Migration« beginnt und meistens zeitintensiver und herausfordernder ist.

3. Allgemeine Darstellung der Migrationsarbeit

Der Darstellung von Ansätzen der Migrationsarbeit wird die begriffliche Klärung vorgeschoben, denn die Begriffe »AusländerIn«, »Mensch mit Migrationshintergrund« und »Flüchtling« werden im täglichen Sprachgebrauch uneinheitlich verwendet und gewertet. Diese Begriffe stehen zwar in Beziehung zueinander, haben jedoch verschiedene Bedeutungen und unterschiedliche Auswirkungen auf die betroffenen Menschen.

Als »Ausländer« nach § 2 Abs. 1 AufenthG wird derjenige bezeichnet, der »nicht Deutscher im Sinne des Artikels 116 Abs. 1 des Grundgesetzes« ist. Damit wird ein Personenkreis derjenigen Menschen zusammengefasst, die keine deutsche Staatsbürgerschaft besitzen.

Seit dem Mikrozensus 2005 wird das Merkmal »Bevölkerung mit Migrationshintergrund« durch die statistischen Ämter erfasst. Die Ableitung des Migrationshintergrunds erfolgt aus den Merkmalen zu Zuzug und Staatsangehörigkeit der Person wie auch aus den entsprechenden Merkmalen der Eltern. Laut den Angaben des Statistischen Bundesamtes (Statistisches Bundesamt 2014, S. 38) weisen im Jahr 2014 16.386.000 von insgesamt 80.897.000 in Deutschland lebenden Menschen einen Migrationshintergrund auf, was einem Anteil von 20,2 % der Gesamtbevölkerung entspricht. Lediglich 7.211.000 Menschen, d. h. 8,9 % weisen einen Ausländerstatus auf.

In einigen Studien werden unter »Migration« verschiedene Formen von mehr oder weniger freiwilliger Wanderung subsumiert. Flucht, welche aus Zwang zur Änderung des Lebensraums aufgrund von Gefahren oder Bedrohungen erfolgt und somit eine unfreiwillige Bewegung von Individuen darstellt, wird nicht darunter verstanden. Seit jüngerer Zeit jedoch gilt Migration als Oberbegriff für alle Formen von Wanderungen, d. h. eine Flucht ist demnach zu einer spezifischen Form der Migration geworden (Treibel 2011, S. 157).

Im Sinne des Artikels 1 der Genfer Flüchtlingskonvention kann der Begriff »Flüchtling« auf jede Person angewandt werden, wenn sie

> »aus der begründeten Furcht vor Verfolgung wegen ihrer Rasse, Religion, Nationalität, Zugehörigkeit zu einer bestimmten sozialen Gruppe oder wegen ihrer politischen Überzeugung sich außerhalb des Landes befindet, dessen Staatsangehörigkeit sie besitzt, und den Schutz dieses Landes nicht in Anspruch nehmen kann oder wegen dieser Befürchtungen nicht in Anspruch nehmen will; oder die sich als staatenlose infolge solcher Ereignisse außerhalb des Landes befindet, in welchem sie ihren gewöhnlichen Aufenthalt hatte, und nicht dorthin zurückkehren kann oder wegen der erwähnten Befürchtungen nicht dorthin zurückkehren will.«

Im juristischen Sinn gilt der Begriff »Flüchtling« nur für diejenige Person, bei der eine gesetzliche Anerkennung vorliegt, und ist mit einem gültigen Aufenthaltsstatus verbunden. Dies entspricht jedoch nicht der tatsächlichen Fluchtrealität. In der juristischen Definition werden Menschen mit einer Duldung, AsylbewerberInnen und De-facto-Flüchtlinge wie auch Armuts-, Klima- und Wirtschaftsflüchtlinge nicht erfasst. Im alltäglichen Sprachgebrauch wird der Begriff »Flüchtling« verwendet, um alle Menschen, die in einem sicheren Land Schutz suchen, zu bezeichnen. Nicht selten schwingt in diesem Begriff eine stigmatisierende Konnotation mit.

Im Folgenden wird der Begriff »geflohene Menschen« oder »Menschen mit Fluchthintergrund« verwendet, um alle Schutz suchenden Menschen zu bezeichnen, unabhängig davon, ob sie gesetzlich anerkannt sind.

Ursprünge der Migrationsarbeit

Die Ursprünge der Migrationsarbeit in Deutschland gehen auf die 60er-Jahre zurück, als Deutschland ein Abkommen zunächst mit Italien und später mit Spanien, Griechenland, Türkei, Marokko, Portugal, Tunesien und Jugoslawien über den Einsatz ausländischer Arbeitskräfte schloss. Es handelte sich um die Bereiche, in denen Arbeits- und Einkommensbedingungen unattraktiv waren und die von den einheimischen ArbeitnehmerInnen nicht favorisiert wurden – in der Landwirtschaft, im Bergbau und in der Eisen- und Metallindustrie. Das Ziel der »Ausländerarbeit« war die »soziale Integration auf Zeit«, denn das dauerhafte Zusammenleben war zunächst weder seitens der Aufnahmegesellschaft noch seitens der so genannten Gastarbeiter beabsichtigt (Schulte/Treichler 2010, S. 148). Anzumerken ist, dass der Begriff »Integration« im politisch-normativen Diskurs synonym zum Begriff »Assimilation« verwendet wurde, angelehnt an die soziologische Theoriebildung von Hartmut Esser (1980). Hierbei scheinen die Aufnahme- und Herkunftsgesellschaft keine Rolle zu spielen. Integration wird als eine »Einbahnstraße« gesehen und die Bemühungen für das Einleben in die Gesellschaft ausschließlich aufseiten der Einwanderer vorausgesetzt. Die »Ausländerarbeit« fand zunächst in Form von »nationalitätengruppen-spezifische[r] Ausländersozialberatung« statt, die als Einzelfallhilfe angelegt war.[1] Es ging vorrangig um die Fragen der Beschäftigung, Aufenthalt, Sozialversicherung, Wohnungssuche und Rückkehr. Später kamen gruppenausgerichtete Angebote

1 Basierend auf der klassischen Trias der Sozialen Arbeit: Einzelfallhilfe, Gruppen- und Gemeinwesenarbeit.

wie Integrationskurse für Aussiedler, Kontingentflüchtlinge[2] etc. hinzu. Einzelne Wohlfahrtsverbände waren für spezifische Ausländergruppen zuständig. Angestellt waren in der Regel Muttersprachler, die einen akademischen Abschluss hatten (Schulte/Treichler 2010, S. 147 f.). Der mit der so genannten Ölpreiskrise im Jahr 1973 verbundene Anwerbestopp führte dazu, dass vorwiegend Zuwanderer aus Jugoslawien und der Türkei auf eine rasche Ausreise verzichtet und ihre Familienangehörigen nachgeholt haben. Die »Ausländerarbeit« als zielgruppenspezifischer Ansatz geriet allmählich in Kritik.

Interkulturelle Soziale Arbeit

Ab den 1990er-Jahren und insbesondere nach der Änderung des Staatsangehörigkeitsrechts im Jahr 2000 sowie dem Verabschieden des neuen Zuwanderungsgesetzes im Jahr 2005 erfolgte eine integrationspolitische Neuausrichtung in der Auffassung von Integration. Der Begriff »Integration« wird dem Begriff »Assimilation« (Anpassung) gegenübergestellt. Integration wird als ein beidseitiger Prozess aufgefasst und die aktive Rolle der Aufnahmegesellschaft in diesem Prozess hervorgehoben (Kühn 2013, S. 236). Nach dieser Auffassung der Integration werden Menschen mit Migrationshintergrund nicht mehr als NutzerInnen spezieller, nur für sie vorgesehener Migrationsdienste gesehen, sondern als NutzerInnen von Regeleinrichtungen im Gesundheits- und Sozialwesen, welche vor die Herausforderung gestellt werden, sich für unterschiedliche MigrantInnengruppen zu »öffnen«.

Der Ansatz der interkulturellen Öffnung sollte die Verschaffung eines gleichberechtigten Zugangs zu Angeboten und Diensten für MigrantInnen fördern und zur Aufhebung der Differenz zwischen den Diensten für MigrantInnen und Nicht-MigrantInnen beitragen.

> »Interkulturelle Öffnung kann zusammenfassend verstanden werden als ein bewusst gestalteter Prozess, der (selbst-)reflexive Lern- und Veränderungsprozesse von und zwischen unterschiedlichen Menschen, Lebensweisen und Organisationsformen ermöglicht, wodurch Zugangsbarrieren und Abgrenzungsmechanismen in den zu öffnenden Organisationen abgebaut und Anerkennung und Gleichheit ermöglicht werden.« (Schröer 2011, S. 310)

2 Geflohene Menschen, die nach einem Verteilungsschlüssel in verschiedenen Bundesländern in Deutschland leben.

Unter interkultureller Orientierung wird als Querschnittaufgabe die strategische Ausrichtung einer Organisation verstanden mit dem Ziel, dass die Menschen eine selbstreflexive Haltung gegenüber der eigenen Kultur einnehmen können. Die interkulturelle Kompetenz wird als eine Querschnittkompetenz für alle Bereiche angesehen, wodurch eine gleichberechtigte Begegnung von Menschen aus unterschiedlichen Kulturen ermöglicht werden soll. Die Umsetzung dieses Ansatzes in der Sozialen Arbeit erfolgt(e) vorrangig durch die Initiierung und Durchführung von interkulturellen Stadtteilfesten, internationalen Austauschprogrammen und von Aus- und Fortbildungsangeboten zur interkulturellen Kompetenz (Schulte/Treichler 2010, S. 152 ff.).

Der Ansatz der interkulturellen Öffnung wurde und wird breit rezipiert: Interkulturalität wird zu einem Kriterium des Qualitätsmanagements, Menschen mit Migrationshintergrund werden zu Kunden, Angebote zu Produkten. Viele Arbeitskräfte zeigen zudem Affinität zur multikulturellen Gesellschaft. Dieser Ansatz gerät aber auch in die Kritik, weil die Menschen vorrangig durch ihre ethnische Zugehörigkeit charakterisiert und durch kulturelle Orientierungen ihres Herkunftslandes wahrgenommen werden. Ethnische Unterschiede werden teilweise erst dadurch hergestellt, z. B. würden ältere türkische oder russische Menschen eine andere Versorgung als deutsche benötigen. Oft werden Menschen auf ein stereotypes Verständnis von Herkunftskulturen reduziert. Denn: Die Ethnizität und Kultur existieren nicht an sich, quasi naturgegeben, sondern werden in sozialen Praxen durch das Handeln der AkteurInnen und durch die von ihnen vorgenommenen Zuschreibungen hervorgebracht.

Soziale Arbeit in der Einwanderungsgesellschaft

Nicht zuletzt vor dem Hintergrund der soziodemographischen Entwicklung wird aktuell die Bezeichnung *Soziale Arbeit in der Einwanderungsgesellschaft* verwendet. Laut Angaben des Statistischen Bundesamtes (2015, S. 39) weist fast jedes dritte Kind bzw. jeder dritte Jugendliche bis zu 15 Jahren einen Migrationshintergrund auf (34,6 % in der Kohorte 0–5; 35,3 % in der Kohorte 5–10 und 31,4 % in der Kohorte 10–15 Jahre). In bestimmten Quartieren wie z. B. im Dortmunder Stadtteil Scharnhorst-Ost wiesen 63,8 % von insgesamt 12.183 EinwohnerInnen einen Migrationshintergrund auf (Stadt Dortmund 2013). Scharnhorster EinwohnerInnen mit einem Migrationshintergrund kommen ursprünglich aus 90 unterschiedlichen Ländern.[3]

3 Die Aufbereitung von Daten zu Herkunftsländern erfolgte durch die Aktionsraumbeauftragte im Rahmen des Projekts *Gemeinsam für Ausbildung und Arbeit in Scharnhorst-Ost,* das durch den Europäischen Sozialfond mit der Laufzeit Januar 2013 – Dezember 2014 gefördert wurde.

In diesem Zusammenhang wird der Begriff »Integration« oft synonym zur »Inklusion« verwendet, worunter der Verzicht auf jegliches Etikettieren bestimmter sozialer Gruppen verstanden wird. Es wird hierbei von der Heterogenität menschlicher Gemeinschaften als Normalzustand ausgegangen und eine gleichberechtigte Teilhabe aller Mitglieder einer Gesellschaft verstanden, ohne dass diese wegen individueller Merkmale wie etwa kultureller oder ethnischer Andersheit der sozialen Ausgrenzung ausgesetzt wären. Unterschiedliche Dimensionen der Heterogenität werden in den Blick genommen und gemeinsam betrachtet: Geschlecht, Ethnie, Religionszugehörigkeit, Nationalität, soziale Unterschiede, Bildungsmilieus, Alter, gesundheitliche Einschränkungen (Frühauf 2008).

Viele Angebote und Maßnahmen der Sozialen Arbeit richten sich weiterhin auf ein spezielles Feld der Migration wie z. B. Integrationskurse, Eingliederung von Neuzugewanderten, Begleitung von minderjährigen Flüchtlingen etc. Zudem ist eine Tendenz zu allgemeinen Integrationspolitiken zu verzeichnen wie z. B. die Berücksichtigung der Heterogenitätsaspekte der BewohnerInnen bei der Quartiersgestaltung. Im Vordergrund stehen spezifische Lebenslagen, unabhängig von einem Migrationshintergrund, z. B. die Frage der materiellen Sicherheit, des Bildungsabschlusses, oder aber auch bestimmte negativ auffallende Verhaltensweisen wie Aggression oder Gewalt.

Im deutschsprachigen Raum überwiegen aktuell Veröffentlichungen, in denen eventuelle Benachteiligungen von MigrantInnen nicht an die Wahrnehmung einer kulturellen Differenz geknüpft werden, sondern vorrangig durch Ausgrenzungsprozesse auf der Seite der Einwanderungsgesellschaft erklärt werden. Viele Studien (Hunkler 2010; Schittenhelm 2005; Quenzel/Hurrelmann 2010) liefern Anhaltspunkte, aus denen hervorgeht, dass Menschen mit Migrationshintergrund überproportional häufig in wenig angesehenen Berufsfeldern vertreten und überdurchschnittlich hoch von Erwerbslosigkeit betroffen sind, und dass sie sich in einem verengten Spektrum von Ausbildungsberufen konzentrieren. Es seien die »Schieflagen« im deutschen Bildungssystem (Auernheimer 2010; Krüger/Rabe-Kleberg/Budde 2011), die Entwertung des Bildungskapitals durch Migration (Sixt/Fuchs 2009) etc., die zu unterschiedlichen Bildungschancen zwischen Jugendlichen mit und ohne Migrationshintergrund bzw. zwischen MigrantInnen unterschiedlicher Herkunftsländer führen.

Soziale Arbeit wird allgemein als Exklusionsvermeidung und Inklusionsarbeit verstanden und findet dort statt, wo Menschen dauerhaft aus unterschiedlichen Systemen herausfallen oder davon bedroht sind. Zur Zielgruppe der Maßnahmen wird zunehmend die Gesellschaft selbst, es wird die Veränderung der strukturellen Bedingungen angestrebt, um soziale Missstände zu beheben. Ein weiteres Handlungsfeld der Sozialen Arbeit in der Migrationsgesellschaft richtet sich auf die Stärkung der Demokratie und findet in Form von Präventions- und Interventionsarbeit gegen Fremdenfeindlichkeit statt.

4. Migrationsarbeit im Sozialraum Bahnhof

Nikles (1994, S. 13) beschreibt den Sozialraum Bahnhof wie folgt:

»Wie kaum eine andere Einrichtung der Wohlfahrtspflege war und ist sie [Bahnhofsmission] an einen klar umgrenzten sozialen Raum gebunden. Hier erlebte sie im Zuge ihrer Organisationsentwicklung den Wandel der Verkehrssysteme und die Veränderungen von Lebensbedingungen und sozialen Problemlagen in unseren Städten. Sie sah Geschäftsleute und Ferienreisende, Flüchtlinge und Wallfahrer, Umsiedler und Aussiedler, Alte und Junge, Ausreiser und Heimkehrer, Ratsuchende und Hilflose, Behinderte und Kranke. Sie bot Rat und Trost, Obdach und Verpflegung für Menschen unterwegs und für Menschen ohne eigenes Zuhause. Sie wurde eine Institution ›dazwischen‹, zwischen dem Verkehrsbetrieb und dem städtischen Leben, zwischen den Schluß- und Öffnungszeiten der Behörden, zwischen dem regulierten Anspruch auf soziale Hilfe und dem freien Fall in Gefährdung und Hoffnungslosigkeit.«

Der Bahnhof als »Sozialraum im Dazwischen« trägt dazu bei, dass Menschen unterschiedlicher kultureller und religiöser Herkunft, unterschiedlichen Alters, mit verschiedenen gesundheitlichen Voraussetzungen, mit unterschiedlichem Bildungshintergrund etc. aufeinandertreffen und miteinander in Kontakt treten können. Viele dieser Begegnungen zeichnen sich dadurch aus, dass sie einen unverbindlichen Charakter haben, zeitlich begrenzt sind und dass die Menschen ausnahmsweise Zeit haben. Und gerade die begrenzte Zeit des Zusammentreffens, die Anonymität und das Verfügen über die Zeit fördern in der Regel die Kontaktaufnahme untereinander. Der Bahnhof stellt eine Möglichkeit dar, Menschen zu treffen und kennenzulernen, denen man sonst nie begegnen würde. (Sauter-Ackermann 2013, S. 25 ff.).

In diesem »Sozialraum im Dazwischen« gibt es keine Mehrheitsgesellschaft und keine Zuwanderer, alle Menschen verbindet die Tatsache, dass sie Reisende sind; die askriptiven Merkmale wie Geschlecht, Alter, Beruf, Nationalität, Religionszugehörigkeit etc. spielen keine Rolle. In dieser Hinsicht kann der Bahnhof als ein inklusiver Ort angesehen werden.

In Bezug auf Migration kommt dem Sozialraum Bahnhof eine besondere Bedeutung zu. Es ist ein Anfangs- bzw. ein Endpunkt oder ein Zwischenstopp einer Reise – oft auch einer Migration. In der Regel halten sich Menschen in einem Bahnhof nur für eine begrenzte und meistens nur kurze Zeit auf, z. B. um die Zeit des Wartens auf einen Anschlusszug zu überbrücken. Lediglich in Ausnahmefällen, so etwa aufgrund eines Bahnstreiks oder Zugausfalls, kann der Aufenthalt etwas länger werden. In der Regel wissen die Reisenden oder die Migrierenden, wie sie aus diesem »Sozialraum im Dazwischen« zu ihrem Endziel kommen, ansonsten hilft eine Reiseauskunft wie etwa ein Bus- oder Bahnfahrplan.

Eine Ausnahme stellen Menschen mit Fluchthintergrund dar. Eine gewöhnliche Reiseauskunft erübrigt sich, da die meisten Menschen nicht wissen, wie und wohin sie weiterreisen sollen bzw. dürfen. Der »Sozialraum im Dazwischen« wird nicht selten zu einem Endziel ihrer Migration. Da es aktuell sehr viele Menschen betrifft, werden die BahnhofsmissionsmitarbeiterInnen sowie ehrenamtliche HelferInnen vor neue Herausforderungen gestellt.

Das Handlungsfeld der Bahnhofsmission hat drei Ausrichtungen:[4] Erstens ist es die Unterstützung bei der Überwindung von Barrieren auf Reisen durch die Hilfestellung beim Ein-, Aus- und Umsteigen. Hierbei sind zwei Arten von Barrieren gemeint – Unterstützung bei Verständigungsschwierigkeiten aufgrund der sprachlichen Barrieren oder der Schwerhörigkeit und bei der Versorgung mit einem Rollstuhl, einem Gepäckwagen oder einer Hebebühne bei Barrieren aufgrund gesundheitlicher Einschränkungen. Zweitens wird den Menschen in der Bahnhofsmission in akuten Nöten geholfen, z. B. wenn jemand bestohlen wurde, wenn das Telefon nicht funktioniert, wenn jemand verletzt oder krank ist oder sich nicht wohl fühlt. Drittens bietet die Bahnhofsmission die Hilfe in existenziellen Notlagen wie Wohnungslosigkeit, Sucht, Erkrankung oder Verzweiflung, indem Übernachtungs- und Aufenthaltsmöglichkeiten zur Verfügung gestellt werden.

In Bezug auf geflohene Menschen treffen alle drei Handlungsfelder zu: Die eingereisten Menschen brauchen sehr oft eine Unterstützung bei Verständigungsschwierigkeiten. Sie befinden sich in akuten Nöten aufgrund von Krieg und Verfolgung im Herkunftsland und als Ergebnis eines langen Fluchtwegs. Auch die Betroffenheit durch existenzielle Notlagen trifft auf diese Einwanderergruppe zu – Wohnungslosigkeit, Traumatisierung, Erkrankungen.

Im Folgenden werden die Handlungsfelder der Flüchtlingsarbeit vorgestellt, die speziell für Bahnhofsmissionsmitarbeitende von Bedeutung sein können.

4 Vgl. https://www.bahnhofsmission.de/Start.3.0.html.

Psychosoziale Beratung

Nicht selten wurde ein Zugticket für geflohene Menschen durch Schlepperbanden verschafft und eine rosige Zukunft versprochen. Einen Lebensplan bzw. Fahrplan für die Zukunft am Ankunftsort gibt es in der Regel nicht, was oft zu Enttäuschung und Frustration, verbunden mit der Orientierungslosigkeit in der »Institution im Dazwischen« führt. Die Beratungstätigkeit kann das breite Spektrum von Fragen umfassen, angefangen mit der Unterstützung, sich im Alltag zu orientieren, notwendige Ämter zu erreichen, über die Unterstützung beim Ausfüllen von Anträgen, hinzu der Hilfe, psychosozial anzukommen. Nicht zu vergessen sind geflohene Kinder und Jugendliche, die ohne ihre Eltern oder einen anderen Personensorgeberechtigten nach Deutschland einreisen und angemessen betreut und begleitet werden sollen.

Seelsorge

Viele geflohene Menschen erlitten eine Traumatisierung, verursacht durch Krieg, politische Verfolgung, Hunger und Not im Herkunftsland, durch die Trennung von wichtigen Bezugspersonen, Verlust der vertrauten Umgebung oder durch die physischen und psychischen Strapazen eines langen Weges. Bei der seelsorgerischen Beratung geht es um Hilfe, die Folgen der Traumatisierung zu bewältigen, Fluchterlebnisse zu verarbeiten und die Angst vor der Ungewissheit zu überwinden.

Versorgung und Unterbringung

Weiterhin werden Fragen der Versorgung und Unterbringung vieler Menschen virulent. Die Bahnhöfe sind auf eine längere Verweildauer der Menschen nicht eingestellt, deswegen stellt sich die Frage, wo die Menschen schlafen können, wo es etwas zu essen gibt usw. – und dies unter der Berücksichtigung der mangelnden oder fehlenden finanziellen Ressourcen der Menschen.

Gremien- und Netzwerkarbeit

Nicht zu unterschätzen ist die Gremien- und Netzwerkarbeit mit unterschiedlichen Hilfsorganisationen. Ein Netzwerk z. B. mit (meist ehrenamtlichen) Dolmetschern sollte aktiviert werden, um bei Sprachproblemen helfen zu können; mit Institutionen medizinischer Versorgung, um das psychische und physische Wohl wiederherzustellen; mit Behörden, mit ehrenamtlichen Gruppen, etc.

Öffentlichkeits- und Lobbyarbeit

Schließlich ist eine verstärkte Öffentlichkeits- und Lobbyarbeit notwendig: Ziel ist es, auf Missstände, Leid, Diskrepanzen zwischen Anspruch und Realität aufmerksam zu machen und weitere finanzielle Mittel und freiwillige Helfer zu gewinnen. Auch sollte über positive Entwicklungen berichtet werden, um Motivation und Engagement zu steigern.

Für die sozial-diakonische Arbeit sind Kenntnisse über die Lebenslage von geflohenen Menschen von hoher Bedeutung. Ihre Lebenslage im Zielland zeichnet sich durch eine geschwächte Position aus. In alltäglichen Angelegenheiten sind sie von behördlichen Bestimmungen abhängig und können über ihre Belange nicht selbstständig entscheiden. Menschen mit Fluchthintergrund erleben oft Misstrauen, weil ihnen häufig unterstellt wird, dass sie lügen, Dokumente fälschen und eine falsche Herkunft angeben würden. Im Herkunftsland wurden viele Opfer von Krieg und Verfolgung und erfuhren Zerstörung und Gewalt. Durch die Arbeit an der Behebung von beengten Lebenslagen von geflohenen Menschen besteht die Gefahr, dass Menschen ausschließlich als Opfer ihres Fluchtschicksals definiert und vorrangig Mängel und Probleme in den Vordergrund gerückt werden.

Eine defizitorientierte Sichtweise kann den Zugang zu und die Entfaltung von eigenen Stärken und Kräften verhindern sowie Menschen auf ihren Fluchthintergrund reduzieren. Ressourcenorientierung bedeutet eine professionelle, methodisch strukturierende Vorgehensweise, bei der die Ressourcen nicht lediglich abgefragt, sondern systematisch in die Arbeit integriert werden (Möbius 2010, S. 14).

5. Zusammenfassung, Fazit und Ausblick

Migration ist die durch ein komplexes Ursachenbündel entstandene, freiwillige und/oder erzwungene Bewegung von Individuen, Gruppen oder Gesellschaften innerhalb von oder über Staatsgrenzen hinweg, deren Ziel eine längerfristige oder temporäre Verlagerung des Lebensmittelpunktes ist, und die bestimmte Folgen für die MigrantInnen selbst, für die Menschen im Herkunfts- und Aufnahmesystem sowie für die Herkunfts- und Aufnahmesysteme selbst hat. Die (legale) Migration über die Nationalitätsgrenzen hinweg wird durch politische Maßnahmen und rechtliche Regelungen bestimmt und kann nur unter der Voraussetzung der Anerkennung des rechtlichen Status der Migranten im Aufnahmeland vollzogen werden. Migration auf der individuellen Ebene ist ein länger andauernder Prozess der Bewältigung von Migrationserfahrungen durch die MigrantInnen selbst, wie zum Beispiel Brüche in Beziehungen, Verlusterfahrungen, Zurechtfinden in der neuen Kultur, Sprache und Struktur der Gesellschaft, und zugleich ein Prozess, in dem sich die Menschen im Aufnahmeland mit den Zugewanderten in irgendeiner Form auseinandersetzen müssen.

Wie im Kapitel 3 dargestellt, wird vor dem Hintergrund der soziodemographischen Entwicklung in Deutschland von »Sozialer Arbeit in der Einwanderungsgesellschaft« gesprochen und der integrative Ansatz findet Verbreitung. Dies scheint allerdings auf die geflohenen Menschen nicht zuzutreffen. Die hohen Zahlen von Asylanträgen werden in den Medien als etwas Neues, Außergewöhnliches und Bedrohliches dargestellt, täglich werden in den Medien zu Fuß wandernde Menschen auf der Balkanroute sowie chaotische Zustände an den Ankunftsorten gezeigt. Auf diese Weise wird eine neue Migrantengruppe konstruiert, die nicht zu der Einwanderungsgesellschaft dazuzugehören scheint. Dadurch wird der integrative Ansatz der Sozialen Arbeit in der Migrationsgesellschaft latent in Frage gestellt.

Auch Fremdenfeindlichkeit spielt wieder eine gewichtige Rolle. Laut den Medien ist die Anzahl der Übergriffe auf Flüchtlingsheime im ersten Halbjahr 2015 fast so hoch wie im gesamten vergangenen Jahr 2014.[5] Pegida-Bewegungen »erfreuen« sich an einer stetig wachsenden Anhängerschaft. Die geflohenen Menschen werden oft als »Fremde« und als »Bedrohung« wahrgenommen und bezeichnet. Beispielsweise gaben laut dem ARD-Deutschland-Trend vom Oktober 2015 über die Hälfte der Befragten an, Angst vor der Flüchtlingssituation haben.[6] Bezog sich der im Kapitel 2 dargestellte Begriff »Grenze« primär auf die Trennung von »architektonischen Hülsen«, so bekommt dieser Begriff eine weitere Bedeutung – eine sozialräumliche Ausgrenzung von bestimmten Menschen, wodurch die psychosoziale Migration erschwert oder gar verhindert wird.

Die Ausrichtung des Hilfsangebots der Bahnhofsmission hat einen niedrigschwelligen und inklusiven Charakter: Alle Menschen können unentgeltlich, ohne Anmeldung und ohne Voraussetzungen zu erfüllen, das Hilfsangebot in Anspruch nehmen. Vor dem Hintergrund der aktuellen Ereignisse kommt das Handlungsfeld »Flüchtlingsarbeit« hinzu. Ziel der Flüchtlingsarbeit ist die (Wieder-)Herstellung und Wahrung der Autonomie und der damit einhergehende Aufbau eines Unterstützungsnetzwerks für die neu Angekommenen. Dazu muss die Alltagskompetenz aufgebaut und gestärkt werden, d. h. die Befähigung zum Erfüllen von Anforderungen des Alltags im Aufnahmeland und die Verschaffung einer Orientierung im neuen Sozialraum.

5 Vgl. https://www.tagesschau.de/inland/fremdenfeindliche-uebergriffe-103.html (Zugriff am 29.03.2016).

6 Vgl. http://www.tagesschau.de/inland/deutschlandtrend-405.html (Zugriff am 29.03.2016).

Literatur

Auernheimer, Georg (2013): Schieflagen im Bildungssystem. Die Benachteiligung der Migrantenkinder. Wiesbaden

Bundesamt für Migration und Flüchtlinge (2015): Aktuelle Zahlen zu Asyl. Tabellen, Diagramme, Erläuterungen, https://www.bamf.de/SharedDocs/Anlagen/DE/Downloads/Infothek/Statistik/Asyl/statistik-anlage-teil-4-aktuelle-zahlen-zu-asyl.pdf?__blob=publicationFile (zuletzt abgerufen am 21.11.2015).

Deinet, Ulrich/Krisch, Richard (2002): Konzepte und Methoden zum Verständnis der Lebensräume von Kindern und Jugendlichen. In: Riege, Mario/Schubert, Herbert (Hg., 2002): Sozialraumanalyse. Grundlagen – Methoden – Praxis. Opladen, S. 133–146

Frühauf, Theo (2008): Von der Integration zur Inklusion – ein Überblick. In: Hinz, Andreas/Körner, Ingrid/Niehoff, Ulrich (Hg.): Von der Integration zur Inklusion. Grundlagen – Perspektiven – Praxis, Marburg, S. 11–32

Han, Petrus (2000): Soziologie der Migration: Erklärungsmodelle, Fakten, Politische Konsequenzen, Perspektiven; 13 Tabellen. Stuttgart

Hahn, Sylvia (2012): Historische Migrationsforschung, Frankfurt/M./New York

Hunkler, Christian (2010): Ethnische Unterschiede beim Zugang zu Ausbildung und Erwerb von Ausbildungsabschlüssen. In: Becker, Birgit/Reimer, David (Hg.): Vom Kindergarten bis zur Hochschule. Die Generierung von ethnischen und sozialen Disparitäten in der Bildungsbiographie. Wiesbaden, S. 213–250

Gemende, Marion (2002): Interkulturelle Zwischenwelten. Bewältigungsmuster des Migrationsprozesses bei MigrantInnen in den neuen Bundesländern. Weinheim/München

Krüger, Heinz-H./Rabe-Kleberg, Ursula/Budde, Jürgen (Hg., 2011): Bildungsungleichheit revisited. Bildung und soziale Ungleichheit vom Kindergarten bis zur Hochschule. Wiesbaden

Kühn, Günter (2013): Menschen in der Migration zwischen vertrauter und fremder Tradition. Unter besonderer Berücksichtigung der Situation in der Bundesrepublik Deutschland, Bielefeld

Löw, Martina (2001): Raumsoziologie. Frankfurt/M.

Möbius, Thomas (2010): Ressourcenorientierung in der Sozialen Arbeit. In: Möbius, Thomas/Friedrich, Sybille (Hg.): Ressourcenorientiert arbeiten. Anleitung zu einem gelingenden Praxistransfer im Sozialbereich. Wiesbaden, S. 13–30

Nikles, Bruno W. (1994): Soziale Hilfe am Bahnhof. Zur Geschichte der Bahnhofsmission in Deutschland (1894–1960), Freiburg/Br.

Nuscheler, Franz (2004): Internationale Migration. Flucht und Asyl. Opladen: Leske + Budrich.

Quenzel, Gudrun/Hurrelmann, Klaus (Hg., 2010): Bildungsverlierer. Neue Ungleichheiten. Wiesbaden

Treibel, Annette (2011): Migration in modernen Gesellschaften. Soziale Folgen von Einwanderung, Gastarbeit und Flucht. Weinheim/München

Sauter-Ackermann, Gisela (2013): Bahnhofsmission heute. Aufgaben, Chancen, Herausforderungen. In: Lutz, Bernd/Nikles, Bruno W./Sattler, Dorothea (Hg.): Der Bahnhof – Ort gelebter Kirche. Ostfildern, S. 19–37

Schittenhelm, Karin (2005): Soziale Lagen im Übergang. Junge Migrantinnen und Einheimische zwischen Schule und Berufsausbildung. Wiesbaden

Schröer, Hubertus (2011): Interkulturelle Orientierung und Diversity-Ansätze. In: Veronika Fischer, Veronika/Springer, Monika (Hg.): Handbuch Migration und Familie. Grundlagen für die Soziale Arbeit mit Familien. Schwalbach, S. 307–322

Schulte, Axel/Treichler, Andreas (2010): Integration und Antidiskriminierung. Eine interdisziplinäre Einführung, Weinheim/München

Sixt, Michaela/Fuchs, Marek (2009): Die Bildungsbenachteiligung von Migrantenkindern als Folge der Entwertung von sozialem und kulturellem Kapital durch Migration. In: Dirim, Inci/Mecheril, Paul: Migration und Bildung: Soziologische und erziehungswissenschaftliche Schlaglichter. Münster/New York/München/Berlin, S. 265–287

Stadt Dortmund, 2013: Jahresbericht Bevölkerung. Dortmunderstatistik 2013; http://www.dortmund.de/media/p/statistik_3/statistik/veroeffentlichungen/jahresberichte/bevoelkerung_1/Nr_199_Bevoelkerung.pdf (zuletzt abgerufen am 11.11.2015)

Statistisches Bundesamt, Statistisches Jahrbuch 2015, https://www.destatis.de/DE/Publikationen/Thematisch/Bevoelkerung/MigrationIntegration/Migrationshintergrund2010220147004.pdf?__blob=publicationFile (zuletzt abgerufen am 08.11.2015)

Weiss, Karin (2009): Lebenslagen von jungen Flüchtlingen in Deutschland. In: Krappmann, Lothar/Lob-Hüdepohl, Andreas/Bohmeyer, Axel/Kurzke-Maasmeier, Stefan (Hg.): Bildung für junge Flüchtlinge – ein Menschenrecht. Erfahrungen, Grundlagen und Perspektiven. Bielefeld, S. 59–70

Wichtiges in Kürze

Migration

Migration ist die durch ein komplexes Ursachenbündel entstandene, freiwillige und/oder erzwungene Bewegung von Individuen, Gruppen oder Gesellschaften innerhalb von oder über Staatsgrenzen hinweg, deren Ziel eine längerfristige oder temporäre Verlagerung des Lebensmittelpunktes ist, und die bestimmte Folgen für die MigrantInnen selbst, für die Menschen im Herkunfts- und Aufnahmesystem sowie für die Herkunfts- und Aufnahmesysteme hat. Die (legale) Migration über die Staatsgrenzen hinweg wird durch politische Maßnahmen und rechtliche Regelungen bestimmt und kann nur unter der Voraussetzung der Anerkennung des rechtlichen Status der Migranten im Aufnahmeland vollzogen werden.

Migration und Sozialraum

Migration geht einher mit dem Verlassen sozialer Räume und dem Auffinden und dem Aufbau neuer Sozialräume. Die Antagonismen aus gewollt/ungewollt und legal/illegal wirken sich dabei stark auf die Möglichkeiten sozialräumlicher Gestaltung aus.

Migration und der Bezug zur Bahnhofsmission

Bahnhofsmissionen sind seit jeher mit Migration konfrontiert. Sie stellen einen ersten Anlaufpunkt bei der Einreise in die Bundesrepublik Deutschland dar und sind somit eine zentrale Schnittstelle zu anderen Institutionen und Organisationen.

Frage zur Lernstandprüfung

Welche Merkmale sind für die Ableitung des »Migrationshintergrunds« in amtlichen Statistiken relevant?

Kirche und Seelsorge

Christian Oelschlägel/Claudia Graf

1. Einleitung

»Ist Ihnen schon mal aufgefallen«, fragt die Theologin Birgit Hoyer, »dass es an Bahnhöfen keine Kirchen gibt, keine Gebetsräume. Warum eigentlich nicht?«[1] Zunächst scheint die naheliegende Antwort die Beobachtung zu sein, dass Bahnhöfe keine Orte des Bleibens sind, sondern »Einstiegsorte, Umsteigeorte, Hemmnisse und Ärgernisse in der großen, ständigen, alles durchziehenden Mobilität, Flexibilität, Kurzatmigkeit unserer Zeit.«[2] Sind diese Räume daher eher kirchenfern? Die Bezeichnung von Bahnhöfen aus kirchlicher Perspektive als »Andersort« betont eine Differenz zu sonstigen Orten kirchlichen Handelns. Warum gibt es aber dann kirchliche Dienste an anderen Durchgangsorten, am Flughafen, in Autobahnkirchen? In welcher Weise ist Kirche an den zentralen Knotenpunkten Bahnhof präsent? Inwiefern sind Bahnhofsmissionen als Kirche am Bahnhof erfahrbar?

Ist Bahnhofsmission dadurch Kirche, dass sie explizit als solche erkennbar ist? Ist es nicht gerade ihr sozialdiakonischer Dienst, die Zuwendung zu allen sich am Bahnhof aufhaltenden Menschen, der ihr Kirche-Sein ausmacht? Ist es die Offenheit für die oft indirekte Frage nach Gott? Was bedeutet diese Offenheit in Bezug auf Seelsorge?

Diese und ähnliche Fragen sind uns in Gesprächen mit Mitarbeitenden begegnet, die haupt- und ehrenamtlich in den über 100 Bahnhofsmissionen in Deutschland arbeiten.

---

1 Birgit Hoyer, Flüchtige Gedanken am Andersort Bahnhof, online abrufbar unter: http://www.feinschwarz.net/fluechtige-gedanken-am-andersort-bahnhof/ zuletzt abgerufen am 12.5.2016

2 Ebd.

»Wir haben ein wenig erzählt, nichts Bewegendes, worüber man halt so spricht – auf dem Weg zwischen Gleis 3 und Gleis 11. Es war eine angenehme Begegnung, die Person bedankt sich für das Gespräch und steigt beschwingt in den Zug. Freundliche Worte, Smalltalk oder war das schon eine Form von Seelsorge?«

Was in all diesen Fragen mitschwingt, ist, ob es Bahnhofsmission gelingen kann, mehr als nur einen Kaffee, ein Brötchen und eine helfende Hand anzubieten. Die Frage danach, wo und wie es an einem »Andersort kirchlicher Präsenz« möglich ist, die Liebe Gottes durchscheinen und vor allem erfahrbar werden zu lassen. Oder anders formuliert: Es ist die Frage nach dem kirchlichen Profil diakonischen Handelns am Bahnhof.

2. Zum Einstieg: Bahnhöfe als Orte von Kontingenzerfahrung

Birgit Hoyer beschreibt Bahnhöfe als charakteristische Orte heutiger Gesellschaften, als diese Gesellschaften charakterisierende Orte, an denen Gesellschaft zusammenkommt, aber sich nicht begegnet, aufeinanderprallt. Bahnhöfe sind Risikoorte, politisch brisante Orte, Konfliktorte – nicht nur, wenn man zwischen die Lager von Fußballfans gerät, Bahnhöfe sind Orte der Gewalt, der Angst – der Überwachung, der Kontrolle. Insofern ist die Bezeichnung von Bahnhöfen als »Andersort« möglicherweise auf das kirchliche Verhältnis zu den Mobilitätsknoten zutreffend, insofern sie Orte sind, zu denen Kirche zunächst kein unmittelbares Verhältnis hat. Der Begriff »Andersort« trifft aber weniger das Erleben der NutzerInnen. Im Gegenteil. Wurden Bahnhöfe anfänglich in einer weitgehend ortsstabilen Gesellschaft als Fremdkörper empfunden, sind sie heute ein

»hochkomplexer und aus mehreren Ebenen bestehender Erfahrungsraum, in dem das erspürt werden kann, was die Epoche für die Menschen bereithält. Im Bahnhofsgeschehen wird anschaulich, dass die Gesellschaft insgesamt mobil geworden ist, Beweglichkeit sich zu ihrem Wesensmerkmal universalisiert hat«. (John 2013, S. 88 ff.)

Bahnhöfe sind

»auch ein Ort der Verdichtung fundamentaler menschlicher Gefühle, Erwartungen und Erfahrungen. Sie sind Orte, an denen sich das abbildet, was Leben heute kennzeichnet. Bahnhöfe sind Orte des hautnah erlebbaren Widerspruchs von perfekter menschlicher Planung und dem immer wieder auftretenden Einbruch von Kontingenz, seien es die Verspätungen, die Erfahrung von Abschied und Trennung, des Sich-Treffens und Verpassens, des Strandens und Anlandens.«[3]

An Bahnhöfen fragen Menschen auch immer wieder nach dem Sinn des Lebens – und damit sind Bahnhöfe auch Orte der Frage nach Gott.

Beide Fragen hängen oft unmittelbar zusammen, und werden gerade in Krisenerfahrungen des Lebens gestellt. Wer im Beruf oder in einer Beziehung scheitert, wer aus dem Trott des Alltags mit dem Leid von engen Freunden oder Familienmitgliedern konfrontiert wird, wer die Diagnose einer eigenen schweren Erkrankung erfährt, wird dies gut nachvollziehen können. Dabei soll der Begriff »Krise« in diesem Zusammenhang nicht nur negativ oder bedrohlich verstanden werden. Krise bedeutet letztlich eine Zeit der Entscheidung, einen Wendepunkt im persönlichen Leben.[4]

Solche Lebenserfahrungen machen deutlich, dass vieles unplanbar und nicht steuerbar, unverfügbar bleibt. Sie werden oftmals als kontingent (lat. *contingere* = von einem anderen her zukommen) erfahren. Kontingenzerfahrungen, in denen sich die Gottesfrage und die Frage nach Glauben oder Ablehnung des Glaubens stellen, betreffen viele Menschen, die sich am Bahnhof aufhalten:

Persönliche Schicksalsschläge, wie etwa der Verlust eigener Angehöriger, unverschuldetes und verschuldetes Leid, Krankheit, Not oder Tod sowie das Zerbrechen menschlicher Beziehungen treffen Menschen existenziell. Dabei gibt es beide Reaktionen: Die tiefe Überzeugung, dass es etwas geben muss, das trotz aller scheinbaren Sinnlosigkeit einen Sinn in Not, Krankheit und Tod gibt, aber auch die Ablehnung eines Gottes, der solches Leid zulässt. Viele Menschen, für die der Bahnhof nicht Durchgangs-, sondern Lebensraum ist, konfrontieren das christliche Gottesbild mit der Frage, ob es denn angesichts ihrer schwierigen Lebenssituation einen (gütigen) Gott geben kann. Gleichzeitig klingt in Gesprächen auch an, dass sich solche Schicksalsschläge vielleicht nur dann ertragen lassen, wenn man einen tieferen Sinn sucht, wenn man daran glaubt, dass das Leben nur ein Augenblick im Sein des Menschen ist, weil sonst das Leid wirklich nur noch sinn-los sein kann.

In der Erfahrung von Schuld oder in der Erfahrung von Einsamkeit erleben Menschen Kontingenz als Begrenztheit, weil sie eben offensichtlich nicht alles gestalten können, wie sie es sich vorstellen. Als Konsequenz aus diesen Erfahrungen kann die Sehnsucht nach Vergebung der Schuld, die Sehnsucht nach Geborgenheit in Gemeinschaft entstehen.

---

3 Thomas Zippert, *»Bahnhof« – als (sozialer) Raum?* in diesem Band.

4 Vgl. Wunibald Müller, Die Krise als Chance, in: Religion unterrichten und leben 2009, 139–162.

Bahnhöfe sind aber nicht nur Orte, die von negativen Erfahrungen geprägt sind. Auch in der Erfahrung, willkommen, angenommen, nach Hause zu kommen, geliebt zu werden, in Augenblicken des Erfolgs, des Glücks, im Erlebnis, eine Krise bewältigt zu haben, kann Kontingenz erfahren werden. In solchen Erfahrungen kann sich über die Dankbarkeit durchaus ein Zugang zu Gott ergeben. Dann wird Gott vielleicht als »Geber aller (guten) Gaben« erlebt.

Dennoch bleibt festzuhalten, dass sich auch in Kontingenzerfahrungen die Gottesfrage und der Glaube nicht unmittelbar und notwendig erschließen. Es ist offen, ob Menschen solche Erfahrungen als bloßen Zufall, als Schicksal oder als Fügung Gottes interpretieren. Und auch umgekehrt gilt: Nicht jede Ohnmachtserfahrung ist als Gotteserlebnis zu deuten. Nicht jedes »durch einen ICE oder TGV – bei einigen Menschen – verursachte Schwindelgefühl ist [ein] Einbruch der Transzendenz.« (John 2013, S. 104)

Auch wenn die Interpretation von Kontingenz offen bleibt, sind Bahnhöfe Orte, an denen diese Fragen präsent sind. Kirche bietet durch die Arbeit der Bahnhofsmissionen einen Raum, diese zu thematisieren. Und dies als Teil des kirchlichen Auftrags: Bahnhofsmissionen verstehen seit ihrer Gründung ihre caritativ-diakonische Arbeit als gelebte Kirche am Bahnhof. Das gemeinsame Leitbild hält entsprechend fest: »Die Bahnhofsmission ist gelebte Kirche am Bahnhof und damit Ort diakonischen Handelns.«[5] Als ökumenische Einrichtungen der evangelischen und der katholischen Kirche sind sie Teil des Auftrags, miteinander Kirche zu sein, der ChristInnen über Institutionen und Organisationsformen hinaus verbindet. Im Sinne des allgemeinen Priestertums tragen alle Mitarbeitenden zu diesem kirchlichen Auftrag bei. Dass sich Bahnhofsmissionen als kirchliche Orte verstehen, bedeutet jedoch nicht, dass sie sich vorrangig an ChristInnen wenden. Gerade weil sie ihrem Selbstverständnis nach Kirche sind, kann jeder, jede kommen, ohne dafür Bedingungen erfüllen zu müssen.

Diesem Motivationstypus entspricht eine wichtige Einsicht neuerer Diskurse der Praktischen Theologie: Dass sich »Gemeindebildung (auch) am Ort der Diakonie« ereignet, also nicht nur in der traditionellen Ortsgemeinde, der Pfarrei, die sich um Predigt und Sakramente bildet.

Was für Studentengemeinden u ä. Formen so genannter Para-Gemeinden immer schon galt, scheint zu einem Prototyp zu werden. Im katholischen

5 Leitbild der der Bahnhofsmissionen in Deutschland. Beschlossen von der Konferenz für kirchliche Bahnhofsmission in Deutschland am 22.09.2004 in Bad Herrenalb, http://www.bahnhofsmission.de/fileadmin/bm/data/Oeffentlicher_Bereich/Ueber_uns/Leitbild.pdf. (Zugriff 04.04.2016).

Bereich wird dies nicht zuletzt durch die Reorganisation der parochialen Basis, durch die Zusammenlegung von Pfarrgemeinden zu regionalen Seelsorgeeinheiten, ausgelöst. Darin wird Bahnhofsmission der Forderung gerecht, dass es »eine sichtbare und erfahrbare Präsenz der Kirche in den Verkehrsbewegungen der Menschen geben [muss] – auf ihren Wegen zum Arbeitsplatz und in den Urlaub.« (John 2013, S. 137)

Gerade im sozialdiakonischen Dienst, in der Begleitung aller Menschen, die sich am Bahnhof aufhalten, zeigt sich der kirchliche Dienst der Bahnhofsmission. *Diakonia* ist neben dem Zeugnis *(martyria)* und dem Gottesdienst *(leiturgia)* eine der Grunddimensionen von Kirche, die sich bereits in der Apostelgeschichte als wesentliche Dimensionen des Selbstverständnisses der Urgemeinde erkennen lassen (vgl. Apg 2,37–47; 6,1–7; 7,1–60). Diese drei lassen sich evangeliumsgemäß in der Gemeinde als Gemeinschaft von Schwestern und Brüdern (Barmen III) in Gestalt der *koinonia* vollziehen (Eph 4,15.16).

Das Zusammenspiel dieser Kriterien lässt Gemeinde erkennbar und wirksam werden. Alle Bereiche kirchlicher Tätigkeiten lassen sich unter diesen Blickwinkeln verstehen. Der Gottesdienst hat eine diakonische Dimension, wie auch das diakonische Engagement etwas mit dem Bezeugen des Glaubens zu tun hat. Zeugnis, Gottesdienst, Diakonie und Gemeinschaft sind wesentliche und einander ergänzende Dimensionen von Kirche. Nicht alle Dimensionen sind immer in gleicher Weise präsent. Sie sind aber nicht voneinander zu trennen. Für die Bahnhofsmission bedeutet dies, dass ihr sozialdiakonisches Angebot ebenso Teil kirchlichen Handelns ist, wie sie zugleich auch Raum für die anderen Dimensionen bietet.

3. Kirche und Seelsorge im Sozialraum

Bahnhofsmission ist als Raum kirchlichen Handels dort präsent, wo Menschen Kontingenzerfahrungen machen, und bietet sich an, um diese zum Thema werden zu lassen. Sie öffnet sich gerade auch denjenigen, die sich nicht auf der Durchreise befinden, sondern sich vielleicht eher wie an einer Endstation fühlen. Denn überall, wo unser Auftrag als Kirche besteht, also überall, wo Menschen sind, ist Ort der Seelsorge im kirchlichen Leben. Dort wo Menschen wohnen, arbeiten, Freizeit und Urlaub machen, unterwegs sind, wo sie sich auf Zeit aufhalten – im Krankenhaus, im Heim, im Gefängnis, beim Militär, am Bahnhof. Überall, wo Kirche einen Auftrag hat, hat sie auch einen seelsorglichen Auftrag. »Geht hin in alle Welt« (Mk 16,15) und »was ihr dem Geringsten meiner Brüder getan habt, das habt ihr mir getan« (Mt 25,40).

Wenn Seelsorge zum elementaren Angebot der Bahnhofsmissionen gehört, tritt die Frage nach dem Verständnis von Seelsorge in den Mittelpunkt: Reden wir nur oder ist das schon Seelsorge?

Seelsorge sieht auch am Bahnhof nicht immer aus wie Seelsorge. Sie ist manchmal kaum von anderen helfenden Gesprächen zu unterscheiden. Es gibt einen alten Streit der Seelsorgekonzepte: Vertreter eines verkündigenden Seelsorgeansatzes verstehen Seelsorge als eine Ansprache an den einzelnen Menschen; jedes Seelsorgegespräch soll als christlich erkennbar sein, indem der Seelsorger/die Seelsorgerin explizit Gott und Jesus Christus zur Sprache bringt. Kritiker betonen, dass die Not und die Fragen im Mittelpunkt stehen, mit denen Menschen sich an Seelsorgende wenden, anstatt diese Gespräche als missionarische Gelegenheiten zu verstehen. Vertreter eines beratenden Seelsorgeansatzes verstehen Seelsorge als eine Art Psychotherapie im kirchlichen Kontext; jedes Seelsorgegespräch soll sich dem Anliegen widmen, mit dem die/der Hilfesuchende kommt und bestmöglich darauf eingehen – d. h. auch mit den bestmöglichen Mitteln, also methodisch versiert. Offen bleibt dann die Frage nach der spezifisch christlichen Prägung von Seelsorge bzw. die Frage nach dem kirchlichen Proprium und der Erkennbarkeit.[6]

Um seelischen Beistand zu erhalten, muss man nicht therapie- und heilungsfähig, nicht veränderungs- oder besserungswillig und nicht bekehrungsbereit sein. Umgekehrt gilt aber auch: Um Seelsorge leisten zu können, benötigen Menschen vor jeder Ausbildung zunächst ein aufrichtiges Interesse an ihrem Gegenüber, eine Bereitschaft, gemeinsam Gefühle wie Wut, Trauer oder Angst auszuhalten und darin zu begleiten. Ich bin Mensch, indem ich einen anderen für mich da sein lasse. Ich bin Mensch, indem ich für einen anderen da bin. Wir sind Menschen, indem wir füreinander da sind. Dies ist elementarer Teil eines christlichen Menschenbildes. Deshalb kann Kirche nur eine seelsorgliche Kirche sein.

Das kann eine entlastende Wirkung für Mitarbeitende in Seelsorgegesprächen haben. Nicht allein die beratende Person, nicht das Setting oder die Methodik bestimmen, ob ein Gespräch als Seelsorge empfunden wird. Es fordert Mitarbeitende aber auch heraus: Wer sich auf Seelsorge einlässt, ist mit ganz elementaren, auch theologischen, Fragen konfrontiert. Wie ist es möglich, in einem spontanen Gespräch dem Evangelium Raum zu geben, dass es sich entfalten kann; es zu kommunizieren – ohne die Sache Gottes zu beschneiden und ohne mein Gegenüber in der Seelsorge zu verfehlen. Ein wirkliches »Ernst-Nehmen« des Seelsorgepartners, ein ihn Wahrnehmen und Annehmen, schafft beim

6 Weitere Informationen zu den Seelsorgekonzepten siehe: Ziemer ([4]2015) sowie Lohse ([4]2013)

Seelsorgenehmenden überhaupt erst die Grundlage für ein Hören-Können auf die Sache des Evangeliums. Seelsorge gibt nicht ungefragt theologische Antworten auf Fragen, die die Gesprächspartner nicht gestellt haben. Sondern sie unterstützt Menschen dabei, die existenziellen Fragen zu stellen, die sie in ihrer aktuellen Lebenssituation haben, und Antworten darauf zu suchen, die sie glauben können. Seelsorge ist nicht einfach Kontingenzbewältigung, »denn hier wird nichts ›bewältigt‹, niemand kann hier vogelperspektivisch oder gar mit Siegesbewusstsein darüberstehen.« (Fuchs 2015, S. 42)

»Ich habe auf eine ganz neue Weise gelernt, Gott etwas zuzutrauen, etwas von ihm zu erwarten. Selbst dann, wenn ich ihn in Situationen des Schmerzes oder des Zweifels gar nicht mehr sehe.«

4. Seelsorge im Sozialraum Bahnhofsmission: Wie geschieht und was braucht gelingende Seelsorge in der Bahnhofsmission?

Als niedrigschwellige sozial-diakonische Einrichtung wendet sich Bahnhofsmission den Menschen in Form von vielfältiger, ganz praktischer Unterstützung und Hilfestellung zu, ohne dass diese dafür bestimmte Voraussetzungen erfüllen müssen. Sie sieht sich auf ganzheitliche Weise deren Nöten, Sorgen und Ängsten verpflichtet. Christliche Nächstenliebe und die Menschenfreundlichkeit Gottes können in dieser Hinwendung erfahrbar werden. In ihrem Selbstverständnis rückt sie dabei noch einen weiteren Aspekt in den Mittelpunkt:

»Unser Verständnis von ›Kirche‹ ist geprägt durch das neutestamentliche Bild vom Leib Christi als einer Gemeinschaft von Menschen mit unterschiedlichen Gaben, Stärken und Schwächen. Miteinander Kirche zu sein, bedeutet für die Bahnhofsmission, Menschen nicht nur helfend zu begegnen, sondern der Gemeinschaft Raum zu geben.« (Zum Selbstverständnis der Evangelischen Bahnhofsmission, S. 231)

Wo Gemeinschaft und ggfs. Spiritualität erlebt wird, können sich auch außerhalb traditioneller Ortsgemeinden Formen von Gemeinde bilden. Sie zeichnen sich u. a. dadurch aus, dass gegenseitige Anteilnahme, persönlicher Austausch und wechselseitiges Mittragen ge- und erlebt werden. Seelsorge wird erfahrbar.

Im Kontext der Bahnhofsmission lassen sich vorrangig drei Ebenen nachzeichnen:

a) Gemeinschaft der BesucherInnen

Für eine Vielzahl der Gäste ist der Bahnhof nicht mehr in erster Linie ein Ort, der für Mobilität steht, sondern er ist zu einem Ort des Bleibens geworden. Für sie ist der Besuch in der Bahnhofsmission oftmals eingebunden in eine feste Tagesstruktur und die dort erlebte Gemeinschaft mit anderen Besuchern vermittelt ein Gefühl von Heimat und Vertrautheit. Ich kann ankommen, mich stärken und erlebe dabei ein Miteinander von Menschen, die sich alle in irgendeiner Form auf der Lebensreise befinden. Sie kann zu einem Ort werden, in dem ich Freundschaften schließe und Leben mit anderen Besuchern teile, Feste wie Weihnachten oder den eigenen Geburtstag begehe. Bahnhofsmission wird zu einem Element des persönlichen Sozialraums. Sie bietet den Raum für informellen Austausch. Informationen über die sozialen Strukturen der jeweiligen Stadt, die Möglichkeit, ein kostenloses, warmes Mittagessen zu bekommen oder anstehende kostenfreie kulturelle Veranstaltungen werden häufig über so genannte »Mund-zu-Mund-Propaganda« weitergetragen. Aber auch die eigene Biografie kann in den Fokus rücken und damit verbunden ganz existenzielle Fragen. In dieser Gemeinschaft der Besucher kann an mancher Stelle das aufkeimen, was als Empowerment bezeichnet wird: Ich werde mir meiner eigenen Ressourcen bewusst und übernehme Verantwortung für mich selbst. Damit überwinde ich das Gefühl der Macht- und Einflusslosigkeit auf mein eigenes Leben und beginne (wieder neu), mein Leben selbst zu gestalten:

»Es hat mich Überwindung gekostet, das erste Mal hier her zu kommen. Mir damit einzugestehen, dass ich eben nicht mehr alles im Griff habe. Dass der Alkohol mich zerstört. Beziehungen zerbrochen sind.«

»Stammgast« der Bahnhofsmission Heidelberg, Ende 50, arbeitslos

Und noch eine Chance kann in der Begegnung der ganz unterschiedlichen BesucherInnengruppen der Bahnhofsmission liegen. Das kleine Missgeschick: der abgerissene Knopf auf dem Weg zum Bewerbungsgespräch, der verpasste Zug oder der im Zug liegen gelassene Geldbeutel führen Menschen mit ganz unterschiedlichen Hintergründen und Biografien in die Bahnhofsmission. Sie kann zum Ort der Begegnung und des Austauschs werden, an dem mir andere, vielleicht fremde Lebensbiografien begegnen. Und dann kann zart das aufkeimen, was im neutestamentlichen Bild vom Leib und den unterschiedlichen Gliedern anklingt.

b) Begegnung und Gemeinschaft von Mitarbeitenden und Besuchern

»Seit Jahren spenden wir an Weihnachten immer Geld an die Bahnhofsmission in Düsseldorf. Ein Sturz und plötzlich bin ich selbst auf Hilfe angewiesen.«

Reisende, vom Familienbesuch auf dem Weg zurück nach Düsseldorf, Mitte 70

So oder ähnlich kann es sich anhören, wenn aus einer zufälligen und anonymen Begegnung am Bahnhof ein sehr persönliches Aufeinandertreffen wird. Eine kurze Begegnung mit einem Reisenden während einer Reisehilfe, ein einmaliges Beratungsgespräch aufgrund einer akuten existenziellen Notsituation, aber auch die Begleitung einzelner Besucher über einen längeren Zeitraum hinweg prägen den Alltag der Bahnhofsmission. Sie macht die Themen der Menschen zu ihren eigenen und bietet den Raum für Fragen nach »sinnstiftender Lebensorientierung und Lebensgewissheit«. (Wentzek 2015, S. 33) Viele Gespräche zeichnen sich durch eine gewisse Unverfügbarkeit aus: Sie vollziehen sich häufig in einer einmaligen Begegnung mit einem Besucher und lassen im Alltagstrubel nicht mehr als wenige Minuten zu. Vielleicht ist dabei auch der Blick auf die Uhr gerichtet, weil gleich der nächste ICE eintrifft, in welchem eine Ausstieghilfe angemeldet ist.
Damit die Mitarbeitenden diesen sehr unterschiedlichen Gesprächssituationen und Anforderungen gerecht werden können, besteht die Notwendigkeit, sie kommunikativ zu schulen.[7] Ihre Kompetenz beruht dabei auf ihrer reflektierten Lebenserfahrung und Mitmenschlichkeit. Weil sie gelernt haben, die Erfahrungen des eigenen Schicksals von dem der Gäste der Bahnhofsmission zu unterscheiden, können sie sich in der Regel als Resonanzinstrument zur Verfügung stellen.

»Ziel unserer Arbeit in den Bahnhofsmissionen ist es, durch praktisches Handeln die Nähe Gottes erfahrbar und konkret werden zu lassen. Menschen, die zu uns kommen, begleiten wir kurze Zeit, sind für sie bedingungslos da, um so schon durch die Art der Zuwendung, etwas von der Annahme durch Gott spürbar und erfahrbar werden zu lassen. Jede Begegnung mit Menschen ist im Ansatz eine seelsorgliche Begegnung und Beziehung, die sich als gegenseitiges »Geben und Nehmen« gestaltet. Dies geschieht z. B. regelmäßig, wenn Mitarbeitende

---

7 Zu den vielfältigen Anforderungen an Mitarbeitende der Bahnhofsmission und der Gefahr der Selbstüberforderung vgl. den von Jonas Meine unter Mitarbeit von Karen Sommer-Loeffen verfassten Beitrag »Zum Ehrenamt in der Bahnhofsmission« in diesem Band.

Reisende am Bahnsteig in Empfang nehmen und zum nächsten Zug, Bus Taxi, Straßenbahn geleiten. Spontan erzählen dann die Reisenden ihre Lebensgeschichten. Sie öffnen sich uns oft in erstaunlicher Weise. Dabei ist es oft wichtig, mit aktivem Zuhören und teilnehmendem Schweigen dabei zu sein.« (Zum Selbstverständnis der Evangelischen Bahnhofsmission, S. 232)

Darüber hinaus bleiben Bahnhofsmission und ihre Mitarbeitenden aber auch aufgefordert, das, wofür sie stehen und woran sie glauben, zur Sprache zu bringen. Oder sie sind zumindest für spirituelle und religiöse Fragestellungen sensibilisiert. Verantwortliche bieten den ehrenamtlich Mitarbeitenden darin Hilfestellungen an. Bahnhofsmissionen können für viele ihrer Besucher der einzige oder vielleicht auch letzte Kontakt zur Kirche sein.

»Meine Mutter hat Krebs. Jetzt gerade, wo ich mit Ihnen spreche, wird sie operiert und der Ausgang ist vollkommen offen. Ich wusste nicht, wohin ich gehen kann, um nicht alleine zu sein. Mit Religion habe ich nichts am Hut, aber könnten Sie zuhause für sie beten?«

Besucher der Bahnhofsmission Heidelberg, männlich, Anfang 50, wohnungslos

Neben den stattfindenden Gesprächen entsteht im Setting Bahnhofsmission eine seelsorgliche Atmosphäre auch dadurch, dass ein Raum der Geborgenheit erfahrbar wird, in welchem ich in meinem menschlichen Scheitern angenommen und akzeptiert werde. Mitarbeitende gestalten einen Raum, in dem christliche Gastfreundschaft gelebt und erlebt wird: Ich darf mich an einer Tasse Kaffee wärmen und sie stärkt mich, weil ich sein darf, ohne gesellschaftlichem Erwartungsdruck oder Konsumdruck ausgesetzt zu sein, ohne neugierige oder mitleidige Blicke spüren oder mich immer erklären zu müssen.

»Hier ist ein guter Ort. Ich nehme fast jeden Tag einen weiten – und in meinem Alter beschwerlichen – Weg auf mich, um hier sein zu können. Aber für mich ist das Miteinander hier wichtig. Dass es Menschen gibt, die sich zusammen mit mir an einen Tisch setzen und mich fragen, wie es mir geht.«

Stammgast in der Bahnhofsmission Heidelberg, Anfang 80

Begegnung in der Bahnhofsmission haben den Anspruch, immer eine Begegnung auf Augenhöhe sein. Und so werden Besucher und Mitarbeitende zum Gegenüber, sie werden einander zum Nächsten. Spürbar und hörbar wird dies beispielsweise, wo ein Besucher gegenüber dem Mitarbeitenden äußert: »Du bist der einzige Mensch, der mir noch in die Augen schaut.« Bei allen Schwächen, Beeinträchtigungen und Mängeln geht es darum, die Selbstannahme zu fördern und die Gewissheit, dass ich – so wie ich bin – gewollt bin. Auch das ist ein Gesicht von (Alltags-)Seelsorge. Sie zeigt sich im Erleben von Gemeinschaft und im Gefühl, angenommen zu sein.

»Verlässliche Erreichbarkeit und am gegenüber interessierte Präsenz sind unter diesen Bedingungen geschätzte Werte, die aufmerken und ggfs. nachfragen lassen. Sie eignen sich damit vorzüglich für jene zeitgemäße Form der der Evangelisierung, wie sie – ausgehend vom »Zeugnis ohne Worte« – Papst Paul VI. entwickelt hat.« (Lutz 2013, S. 200)

Grundlegend wichtig erscheint uns die Möglichkeit zur regelmäßigen Reflexion der eigenen Rolle und die Einübung in die Gestaltung der seelsorglichen Begegnung.

c) Gemeinschaft der Mitarbeitenden
Die Arbeit der Bahnhofsmission wird entscheidend durch den Einsatz von ehrenamtlich Mitarbeitenden geprägt, die sich aus ganz unterschiedlichen Motivationen heraus im Dienst am Bahnhof einbringen. Sinnstiftende Motive können die direkte Zuwendung zum Menschen sein, aber auch die Möglichkeit, sich einen neuen Erfahrungshorizont zu eröffnen, oder eine explizit christlich begründete Nächstenliebe. Im Miteinander der haupt- und ehrenamtlichen Mitarbeitenden ist es Anliegen, eine Atmosphäre der Bestätigung, Wertschätzung und sozialen Anerkennung zu schaffen. Das Erleben einer starken Mitarbeitergemeinschaft, eines »miteinander auf einem gemeinsamen Weg Seins« und einer gelebten Kultur der Wertschätzung und Anerkennung kann für Mitarbeitende tragendes Motiv für ein Engagement sein. Eine Wertschätzungs- und Anerkennungskultur wird etwa durch gemeinsame (Weihnachts-, Jahres-)Feiern oder Ausflüge gestärkt, aber auch Teamsitzungen und Fortbildungen haben darin einen festen Platz.

Für Mitarbeitende kann Bahnhofsmission gleichermaßen zu einem Ort werden, an welchem eigene Kontingenzerfahrungen zum Thema werden und Fragen nach Sinn oder Sinnlosigkeit von Leiden ins Zentrum rücken und ich mich mit meinen eigenen Grenzen, Schwächen und meiner ganz persönlichen Schuld konfrontiert sehe. Auch diese Erfahrungen sollen und wollen gehört werden und stellen Anforderungen an die Gemeinschaft der Mitarbeitenden im Ehren-, allem voran jedoch im Hauptamt, Momente der Seelsorge zuzulassen und zu gestalten.

5. Fazit und Ausblick

Bahnhöfe sind Orte, an denen existenzielle Themen und religiöse Fragen präsent sind.

Das »miteinander Kirche sein« wird in den rund 100 Bahnhofsmissionen ganz vielfältig zum Ausdruck gebracht und gelebt, auch in Abhängigkeit von den individuellen Möglichkeiten. In Andachten, Gesprächskreisen, Gottesdiensten, Räumen der Stille oder mit Weihnachtskrippen im Bahnhof wird ein Rahmen geboten, um gemeinsam oder ganz persönlich auf Gottes Wort zu hören. Diese Angebote wenden sich gleichermaßen an Besucher und Mitarbeitende, immer wieder auch an die Passanten im Bahnhof. Sie bieten die Möglichkeit, Lebens- und Glaubensfragen bewusst in den Mittelpunkt zu stellen.

»Die lange Liste spiritueller Angebote darf aber nicht den Blick dafür verstellen, dass die Mehrzahl der Dienste der Bahnhofsmission in Reisehilfen und in solchen sozialen Hilfen bestehen, die ein direktes Zeugnis vom Glauben nicht unbedingt beinhalten, sondern, auf dem Weg sozialpsychologischer Beratung, erste Schritte zur Wohnungssuche und Arbeitssuche oder auch zu einer erneuten Orientierung und Selbststärkung in einem verworrenen Leben einleiten. Dennoch sind die Grenzen hier fließend; Beratungsgespräche können in Seelsorgegespräche übergehen.« (Teschner 2013, S. 68)

Gleichzeitig kann der Selbstanspruch, gelebte Kirche sein zu wollen, auch zu einer Provokation für Besucher werden: Etwa, wenn Hilfe nicht in dem Umfang geleistet werden kann wie erhofft, kommt es vor, dass Menschen die Wirksamkeit kirchlichen Handelns in Frage stellen. Und so fallen in den Räumen der Bahnhofsmissionen auch immer wieder Äußerungen wie: »Ihr seid doch Kirche! Warum wollt ihr mir nicht helfen?« Wie die Zuwendung zum Nächsten von diesem interpretiert wird, darüber kann Bahnhofsmission letztlich nicht verfügen.

Unterschlagen werden soll auch nicht, dass die Motivationen der ehrenamtlich Mitarbeitenden für ihren Einsatz sehr vielschichtig sind und nicht jede und jeder gleichermaßen einen religiösen Bezug hat. Ohne Mitarbeitende unter Druck zu setzen, sollen sie jedoch darin unterstützt werden, sich mit dem Auftrag von Diakonie zu identifizieren und zu einer Sprachfähigkeit über religiöse Themen und Fragestellungen, die Besucher mit sich bringen, befähigt werden.

Der in der Bahnhofsmission präsente Ansatz einer Alltagsseelsorge ist insbesondere für ehrenamtliche Mitarbeitende entlastend. Gerade weil Alltagsseelsorge den Gedankens eines Priestertums aller Gläubigen aufnimmt und keine expliziten Anforderungen an die Methodik oder Zielsetzung von Seelsorgegesprächen stellt. Alltagseelsorge kann Formen von Beratung, Information oder Smalltalk haben. »Alltagsseelsorge meint, die gewöhnlichen Gesprächsgelegenheiten und das normale Gesprächsverhalten zu achten, [...] als eine eigene, zwar in ihren Leistungen begrenzte, aber doch voll gültige Erscheinung menschenzugewandten Christentums.« (Hauschildt 1999, S. 16) Nichtsdestotrotz benötigen alle Mitarbeitenden Unterstützungsangebote, um mit diesen komplexen Gesprächssituationen umgehen zu können. Es bedarf keiner Seelsorgeausbildung, um Menschen begleiten zu können. Dennoch öffnen sich in Gesprächen immer wieder Räume seelsorglicher Begleitung. Diese Dimension der Arbeit am Bahnhof ist unserer Beobachtung nach noch weiter zu stärken, ohne die Mitarbeitenden zu überfordern. Es wird eine wichtige Aufgabe sein, entsprechende Fortbildungs-Angebote zu entwickeln. Außerdem ist es unterstützenswert, vor Ort für Mitarbeitende im ehrenamtlichen Dienst Formen von Austausch, Supervision und kollegialer Beratung zu schaffen. Die Funktion der Bahnhofsmission als kirchliche Präsenz am Bahnhof wird bisher noch wenig wahrgenommen. Eine engere Verbindung von Kirchengemeinden und Bahnhofsmissionen ohne gegenseitige Vereinnahmung ist wünschenswert. Dass dies möglich ist, zeigen bereits mancherorts fruchtbringende Kooperationen. Dort wird gemeinsam Gottesdienst gefeiert oder es engagieren sich Gemeindemitglieder ehrenamtlich.

Auch wenn wohl eher selten explizit das Evangelium verkündet oder am Bahnsteig gebetet wird, sondern der Fokus auf Beziehung, Beratung und Begegnung liegt, haben Bahnhofsmissionen den Menschen mehr zu bieten als – wie eingangs formuliert – eine Tasse Kaffee, ein Brötchen oder eine helfende Hand. Birgit Hoyers Fazit lautet daher: »Solange Bahnhofsmission nicht Kirche heißt, ist Kirche keine Kirche.«[8]

8 Birgit Hoyer, Flüchtige Gedanken am Andersort Bahnhof, online abrufbar unter: http://www.feinschwarz.net/fluechtige-gedanken-am-andersort-bahnhof/.

Literatur

Fuchs, Ottmar (2015): Gegenwart des »religiösen Geistes« in der seelsorglichen Beratung. In: Giebel, Astrid/Lilie, Ulrich/Utsch, Michael/Wentzek, Dieter/Wessel, Theo (Hg), Geistesgegenwärtig beraten. Existenzielle Kommunikation, Spiritualität und Selbstsorge in der Beratung, Seelsorge und Suchthilfe. Neukirchen-Vluyn, 41–54

Hauschildt, Eberhard (1999): Alltagsseelsorge. In: Pohl-Patalong, Uta/Muchlinsky, Frank (Hg): Seelsorge im Plural. Perspektiven für ein neues Jahrhundert. Hamburg, 8–16

Hoyer, Birgit (2016): Flüchtige Gedanken am Andersort Bahnhof, http://www.feinschwarz.net/fluechtige-gedanken-am-andersort-bahnhof/ (zuletzt abgerufen am 12.5.2016)

John, Ottmar (2013): Der Bahnhof als Ort kirchlichen Handelns. In: Lutz, Bernd/Nikles, Bruno W./Sattler, Dorothea (Hg.): Der Bahnhof – Ort gelebter Kirche. Ostfildern, 88–105

John, Ottmar (2013): Die Bahnhofsmission aus der Perspektive einer inkarnatorischen Ekklesiologie. In: Lutz, Bernd/Nikles, Bruno W./Sattler, Dorothea (Hg.): Der Bahnhof – Ort gelebter Kirche. Ostfildern, 120–138

Leitbild der der Bahnhofsmissionen in Deutschland. Beschlossen von der Konferenz für kirchliche Bahnhofsmission in Deutschland am 22.09.2004 in Bad Herrenalb, http://www.bahnhofsmission.de/fileadmin/bm/data/Oeffentlicher_Bereich/Ueber_uns/Leitbild.pdf (zuletzt abgerufen am 04.04.2016)

Lohse, Timm H. ([4]2013): Das Kurzgespräch in Seelsorge und Beratung. Eine methodische Anleitung, Göttingen

Lutz, Bernd (2013): Bahnhofsmission – Niedrigschwellige Präsenz für alle. In: Lutz, Bernd/Nikles, Bruno W./Sattler, Dorothea (Hg.): Der Bahnhof – Ort gelebter Kirche. Ostfildern, 189–201

Meine, Jonas unter Mitarbeit von Karen Sommer-Loeffen: Zum Ehrenamt in der Bahnhofsmission. In diesem Band.

Müller, Wunibald (2009): Die Krise als Chance. In: Religion unterrichten und leben. Paderborn, 139–162

Teschner, Klaus (2013): Mission und Zeugnis in der Bahnhofsmission. In: Lutz, Bernd/Nikles, Bruno W./Sattler, Dorothea (Hg.): Der Bahnhof – Ort gelebter Kirche. Ostfildern, 55–87

Wentzek, Dieter (2015): Beratung – eine diakonische Form der Seelsorge. In: Giebel, Astrid/Lilie, Ulrich/Utsch, Michael/Wentzek, Dieter/Wessel, Theo (Hg), Geistesgegenwärtig beraten. Existenzielle Kommunikation, Spiritualität und Selbstsorge in der Beratung, Seelsorge und Suchthilfe. Neukirchen-Vluyn, 31–34

Ziemer, Jürgen ([4]2015): Seelsorgelehre. Eine Einführung für Studium und Praxis, Göttingen

Zippert, Thomas (2016): »Bahnhof« – als (sozialer) Raum? In diesem Band.

Zum Selbstverständnis der Evangelischen Bahnhofsmission. Ein Arbeitspapier der Theologischen Arbeitsgruppe des Verbandes der Deutschen Evangelischen Bahnhofsmission e. V. In: Lutz, Bernd/Nikles, Bruno W./Sattler, Dorothea (Hg.): Der Bahnhof – Ort gelebter Kirche. Ostfildern, 225–235

Wichtiges in Kürze

Kirche und Seelsorge

Kirche hat den Auftrag, im Alltag der Menschen präsent zu sein und sie in vielfältigen Lebenssituationen zu begleiten. Dies geschieht bspw. in Form von Seelsorge. Denn überall, wo Kirche einen Auftrag hat, hat sie auch einen seelsorglichen Auftrag.

Seelsorge bedeutet, sich auf Menschen einzulassen, Kontingenzerfahrungen Raum zu geben und sie darin zu unterstützen, existenzielle Fragen zu stellen und persönlich befriedigende Antworten darauf zu finden.

Kirche, Seelsorge und Sozialraum

Wo Raum für das Erleben von Gemeinschaft und ggfs. Spiritualität eröffnet wird, können sich auch außerhalb einer traditionellen Ortsgemeinde Formen von Gemeinde bilden. Sie zeichnen sich u.a. dadurch aus, dass gegenseitige Anteilnahme, persönlicher Austausch und wechselseitiges Mittragen ge- und erlebt werden.

Kirche und Seelsorge und der Bezug zur Bahnhofsmission

Bahnhofsmission ist als Raum kirchlichen Handels dort präsent, wo Menschen existentielle Fragen bewegen, und bietet an, diese zum Thema werden zu lassen.

Fragen zur Lernstandprüfung

Was sind Kontingenzerfahrungen? Und wie können sie in seelsorglichen Begegnungen in der Bahnhofsmission zur Sprache kommen?
Informieren Sie sich über unterschiedliche Konzepte von Seelsorge. Was unterscheidet Alltagsseelsorge von anderen Ansätzen?

Milieuübergreifende Freundschaften durch inklusive Sozialräume am Beispiel der Bahnhofsmission in Hamm

Jonas Meine

1. Einleitung

In allen Kulturen existieren schriftliche Zeugnisse über die Freundschaft. Am Anfang stehen mythologische Darstellungen und Erzählungen über Taten von bewunderungswürdigen Freundschaftspaaren. Zu einem philosophischen Thema erklärt Platon (428/427 v. Chr. – 348/347 v. Chr.) die Freundschaft in seinen Dialogen, indem er ihre ontologischen Voraussetzungen und Bedingungen untersucht. Aristoteles (384 v. Chr. – 322 v. Chr.) erhebt die Freundschaft zu einer Tugend, zu einer mit Entscheidungen verbundenen Haltung, welche auf moralischem Können beruht. Dagegen beschreibt Epikur (um 341 v. Chr. – 271 v. Chr.) die profanen, jeder Freundschaft zugrundeliegenden selbstsüchtigen Interessen. Ein Freund sei derjenige, der nützlich ist.

Mit dem Auflösen der klaren Unterscheidung zwischen Freunden und Feinden im Kontext der griechischen Adelsethik verblasst die vorrangige Vertrautheit im Umgang mit Freunden. Aus dieser Entwicklung entsteht die Frage, was den anderen Menschen zum Freund macht. Aristoteles formuliert daraufhin einen grundlegenden Topos[1] der Freundschaftsliteratur – es bedarf des »Wissens«, um den wahren Freund erkennen zu können. Die Freundschaft als eine Tugend des Charakters benötigt zu ihrer Entwicklung die Klugheit, um die Mitte zwischen Schmeichelei und Streitsucht zu treffen. Zudem ist das Eingehen von Freundschaften mit einer moralischen Lebensform verbunden, in welcher auch der Nutzen und die Lust in der Freundschaft eine Rolle spielen.

Freundschaften erhielten in der Antike sowie im 18. Jahrhundert eine besondere Wertschätzung. Dessen ungeachtet ist das Thema »Freundschaft« heute ein Randthema der Ethik geworden. Sie spielt, obgleich von einer Inflation der begrifflichen Verwendungsweise auszugehen ist, in der vom Utilitarismus und Kantianismus beeinflussten moralphilosophischen Debatte nur eine unterge-

1 Modernes Verständnis.

ordnete Rolle. Die Beschäftigung mit dem Thema Freundschaft kann zu dem Ergebnis führen, dass Freundschaften Modelle des Zusammenlebens sind, welche neue Perspektiven auf die Gesellschaft erlauben. (Eichler 1999, S. 9 f.) Die scheinbare Vertrautheit mit dem Begriff »Freundschaft« führt im Regelfall zu der Annahme, dass jeder und jede ihn mit derselben Plausibilität und mit ähnlichem Bedeutungshorizont verwendet.

Ein Freund/eine Freundin ist in unterschiedlicher Hinsicht für ein Individuum bedeutsam: in programmatischer, sozialer, personaler und emotionaler Weise. Er/Sie ist nicht nur eine unverbindliche Begleitung, sondern sollte neben konkreter Unterstützung seelisch-moralischen Beistand leisten, vor Alleinsein schützen und sozialen Rückhalt bieten. Mit einem Freund/einer Freundin sollte wechselseitiger, persönlicher Austausch möglich sein und gegenseitige Zuneigung bestehen. Freundschaft spielt neben Familie und Verwandtschaft eine wichtige Rolle. Sie ist eine eigenständige Sozialform mit besonderen Qualitäten.

Diese Heterogenität der alltäglichen Auffassung setzt sich in einer Vielzahl von unterschiedlichen wissenschaftlichen Definitionen zum Thema Freundschaft fort. Besonders in der Psychologie und der Soziologie ist der Begriff nach unterschiedlichen Kriterien untersucht worden. Von ihren Handlungsprinzipien, Inhalten und Funktionen her, oder über Klassifizierungen wie »echte«, »gute«, »enge« oder »beste« Freundschaften. Soziologische Ansätze zur definitorischen Klärung der Freundschaft setzen implizit oder explizit bei deren systematischer Zuordnung zur Gemeinschaft, beziehungsweise zum Gemeinschaftshandeln an. Grundsätzlich ist Freundschaft ein soziales Phänomen, das dem gesellschaftlichen Wandel unterliegt und kulturspezifisch ausgeformt und gedeutet werde. (Nötzoldt-Linden 1994, S. 23 ff.)

Freundschaften sind somit dynamische und multidimensionale Beziehungen, welche innerhalb einer bestimmten Zeit gesehen werden können. Mit dem Begriff der »Freundschaft« ist ein Komplex von unterschiedlichen Merkmalen verbunden. Freundschaften sind in diesem Sinn freiwillige und auf Gegenseitigkeit beruhende, dyadisch-persönliche Beziehungen zwischen nicht verwandten Menschen mit einer prinzipiellen Zukunftsperspektive.

Menschliches Handeln und so auch der Aufbau und das Pflegen von Freundschaften findet naturgemäß immer räumlich statt. Diese Einsicht schien so selbsterklärend, dass nur in den seltensten Fällen eine weitergehende Beschäftigung mit dem Thema des Raums erfolgte. Gleichwohl wurde bereits in der griechischen Antike darüber nachgedacht, was dem menschlichen »Sein« eine Stätte gewährt (Platon), wie die Bewegung menschlicher Körper begrenzt wird (Aristoteles) oder wie Beziehungen zwischen verschiedenen Körpern geordnet werden (Theophrast 371 v. Chr. – 287 ca. v. Chr.), was also den Raum ausmacht. Eine breitere Auseinandersetzung mit dem Thema findet erst seit den 1990er-Jahren verstärkt statt. Der Grund dafür scheint besonders in der Tatsache zu bestehen, dass seit der Aufklärung zwei konkurrierende Raumvorstellungen existieren. Zum einen gibt es die Vorstellung eines absoluten Raumes; demnach stellt der Raum ein fixiertes Ordnungssystem dar, das unabhängig ist von den enthaltenen Körpern. Symbolisch lässt sich der absolute Raum als ein unbeweglicher Container vorstellen. Zum anderen existiert die Vorstellung des relativen Raums. In diesem Raum bilden die Körper die Raumstruktur. Relative Räume können folglich nicht ohne die sie bildenden Körper bestehen. Die Lage eines Körpers ergibt sich aus seinem Verhältnis zu anderen Körpern. Ein Raum im Sinne der relativen Vorstellung ist nicht absolut zu denken. Seine Bestimmung ist abhängig von der Wahl der Perspektive. Je nachdem, von welchem Punkt die räumliche Lage eines Körpers betrachtet wird, entsteht eine andere Verortung. Diese relative Raumvorstellung erfährt seit einigen Jahren erhöhte Aufmerksamkeit. (Kessel/Reutlinger 2010, S. 22f.)

Wird der Begriff des Raums mit dem Präfix »Sozial« ergänzt, so wird der Hinweis impliziert, dass der Raum immer das Ergebnis menschlichen Handelns ist. Die sozialräumliche Perspektive bezieht sich nicht primär auf materielle Orte respektive auf Plätze, sondern auf die von Menschen konstruierten Räume der Beziehungen, der Interaktionen und der sozialen Verhältnisse. Somit werden mit dem Begriffspaar »Sozial« und »Raum« die gesellschaftlichen Räume und die menschlichen Handlungsräume beschrieben. (ebd., S. 25)

Der Beitrag fokussiert im Wesentlichen den Einfluss des Sozialraums auf die unterschiedlichen Menschen, die sich in diesem bewegen. Es wird ferner untersucht, welche Bedingungen ein Sozialraum aufweisen muss, damit Freundschaften, möglicherweise auch milieuübergreifende, entstehen können.

Durch die Beziehungsart der Freundschaft entstehen Verbindungs- und Knotenpunkte, welche als »Brücke« zwischen unterschiedlichen Sozialräumen dienen können. Durch diese Querverbindungen entsteht ein erweitertes Netzwerk, das für unterschiedliche Inklusionsprozesse angepasst und nutzbar gemacht werden kann. Die Bahnhofsmissionen bilden einen Ort, in dem die Netzwerke niederschwellig und ungezwungen gepflegt und erweitert werden können.

2. Freundschaften im sozialräumlichen Kontext

Kommen unterschiedliche Menschen in Kontakt, entstehen soziale, das Verhalten der Beteiligten beeinflussende Begegnungen. Dabei existieren unterschiedliche Arten sozialer Beziehungen. So sind informelle Beziehungen die interindividuellen sozialen Kontakte, die im tatsächlichem Verhalten und in den involvierten Orientierungen und Emotionen nicht ausschließlich über von außen gesetzte Anforderungen von Organisationen oder Arbeitsformen angewiesen sind. Im Gegensatz dazu werden formelle Beziehungen durch vorgegebene, nicht vom Individuum veränderbare Strukturen bestimmt; beispielsweise Kontakte zu Ärzten, Juristen usw. Soziale Beziehungen sind bei durchaus wechselnden Personen lebenslang begleitende Teile menschlichen Lebens. Sie unterstützen in Alltags- und Notsituationen und bieten Orientierung bei den Normen, die ein soziales Miteinander erst ermöglichen. Zudem besitzen sie eine zentrale Bedeutung für die Entwicklung des Denkens und Handelns und für die Erhaltung der eigenen Identität und Motivation für die psychische Stabilität (»Psychohygiene«) und Lebenszufriedenheit. Folglich besitzen soziale Beziehungen für die psychische Gesundheit eine hohe Relevanz. (Hahmann 2013, S. 55 f.)

Das Entstehen von intimen/sozialen Beziehungen oder Freundschaften kann (nach Perlman und Duck 1987, S. 31 ff.) in neun Phasen unterteilt werden:

1. Interaktionen nehmen bezüglich Frequenz, Dauer und Anzahl der Situationen zu, in denen sie stattfinden.
2. Individuen erlangen Wissen über das Innerste ihres Gegenübers. Die Tiefe und Breite des getauschten Wissens nimmt zu. Eine gemeinsame Sprache entwickelt sich.
3. Individuen lernen mehr und mehr die Ansichten und das Verhalten des jeweils anderen zu klassifizieren und zu antizipieren.
4. Die Beteiligten erhöhen die jeweiligen Investitionen.
5. Die wechselseitige Abhängigkeit und der Sinn für gemeinsame Erfahrungen erhöhen sich.
6. Die beteiligten Personen glauben, dass separate Interessen unauflösbar mit dem Wohlbefinden und dem Ausgang der Beziehung verknüpft sind.
7. Das Ausmaß positiv-affektiven Ausdrucks (mögen beziehungsweise lieben) und Gefühle der Fürsorge, der Bindung und des Vertrauens nehmen zu.
8. Die Bindung nimmt zu, deshalb versuchen die beteiligten Personen, räumliche Entfernung zu minimieren.
9. Die beteiligten Personen nehmen die Beziehung als unersetzbar oder zumindest besonders wahr.

Es bestehen noch einige weitere Modelle, in denen die unterschiedlichen Phasen der Freundschaftsentstehung dargestellt werden. Besonders hervorzuheben ist die ABCDE-Theorie von Levinger (1980/1983), auf die hier aus Platzgründen lediglich verwiesen werden kann.

Blieszner weist darauf hin, dass sich die unterschiedlichen Phasen gegenseitig beeinflussen. »Friendship development is accomplished though processes, but also, the phase of the friendship affects the interaction that takes place« (Blieszner/Adams 1992, S. 17). Daraus ist zu entnehmen, dass die Freundschaftsentwicklung nicht isoliert betrachtet werden kann, durch die gegenseitige Abhängigkeit kann es auch zu abweichenden Entwicklungen kommen.

Die Vernetzungs- und Integrationsfunktion von Freundschaft gründet sich geschichtlich betrachtet auf die Tatsache, dass Freundschaft als nicht-familiäre Privatbeziehung der tendenziellen instrumentellen und auf den Menschen als Rollenspieler gerichteten öffentlichen Sphäre ein autonomes Beziehungskonzept gegenüberstellt. Wirksam wird diese soziale Kategorie mit der normativen Einbindung des Individuums in die jeweilige Gesellschaft. Sie wirkt somit in Form einer Brückenfunktion und trägt in der Folge zum Zusammenhalt und Fortgang der Gesellschaft bei. Sie ist nach ihrem Anspruch kein Mittel zur gesellschaftlichen Revolte; es werden keine Freundschaften mit dem Ziel geschlossen, aktiv gegen gesellschaftliche Zustände vorzugehen. Dennoch steht die Freundschaft als eigene Institution, die freiwillig und am Individuum orientiert Beziehungen fokussiert, in einem gewissen Grad konträr zur Ordnung von anderen Institutionen. Denn Freundschaften symbolisieren durch die Art des kommunikativen Umgangs miteinander und durch den Inhalt Werte und Mängel einer Gesellschaft. Es ist geschichtlich betrachtet nicht verwunderlich, dass in Freundschaftsbildungen immer wieder eine Gefahr für das gesellschaftliche Leben gesehen wird. In ihnen liegt der Kern zu Solidarisierungen im größeren Rahmen. Die übergreifende Funktion von Freundschaften besteht im Kompensationspotenzial. Dieses lässt sich in zwei Ebenen unterscheiden. Zum einen geht es um die Handlungsebene, die vernetzend, integrierend, stabilisierend und ausgleichend wirkt. Zum anderen transzendiert sie auf der Symbolebene existierender Werte und Unzulänglichkeiten der Gesellschaft. In diesem Sinn können Freundschaften sozialkritisch aufdeckend wirken. Aus diesem Grund besteht in ihnen die Chance zum Wandel und zur Innovation. Im Freundschaftsvollzug werden neue, gesellschaftlich nicht vorgegebene Beziehungskonstellationen möglich, in denen eigene Themen und Werte Einfluss nehmen, die sich auf andere soziale Bereiche auswirken können. Freundschaft stellt somit ein Pendant zur Öffentlichkeit dar, ohne auf diese jedoch verzichten zu können und ohne diese (an sich) in Frage zu stellen.[2] In der gegenseitigen Spannung von Öffentlichkeit und Privatheit liegt ihr spezifisches Potenzial. Denn um sich entwickeln zu können, sind Menschen darauf angewiesen, sich in allen gesellschaftlichen Bereichen partizipieren zu können und in einer Balance zwischen Öffentlichem und Privatem Bezüge zu leben. (Nötzoldt-Linden 1994, S. 82 f.)

---

2 Vgl. hierzu auch Dieckbreder *Sozialraum und Sozialraumorientierung* in diesem Band.

Es zeichnet sich die Tendenz ab, sich über alle Lebensalter Freunde gleichen Geschlechts mit ähnlichem Alter, Berufs- und Sozialstatus zu wählen, die in etwa gleiche Wertevorstellungen und Interessen vertreten und zudem gut zu erreichen sind. Freunde haben überwiegend gleiche Persönlichkeitsmerkmale (Selbstkonzept) und homogene Verhaltensweisen. Diese Ähnlichkeiten erleichtern den interaktiven Austausch sowie das gegenseitige Verstehen. Gemeinsame Erfahrungen, ähnliche biografische Muster, Geschmack und Lebensstil sowie identische kulturelle Einbindungen signalisieren Vertrautheit und lassen Bestätigungen erwarten.

Dennoch sind diese Ähnlichkeitsmuster keine Garanten für zur Freundschaft führende Sympathie und Zuneigung; dieses wird nur dann der Fall, wenn die Begegnung für beide Personen bedeutsam ist. Durch die gegenseitige Bewertung und Interpretation der wahrgenommenen Inhalte sowie deren interaktive Absicherung entsteht ein Maßstab für eine beginnende gemeinsame Realität (Nötzoldt-Linden 1994, S. 94). Aus dieser kann eine Art »dritte Haut« entstehen, die den Menschen als soziales Wesen auszeichnet. Aus diesen unterschiedlichen Beziehungen entsteht ein »Soziales Netzwerk«. Menschen verkehren primär in Netzwerken und diese stellen ein zentrales Strukturmerkmal der (z. B. deutschen) Gesellschaft dar. Eine wichtige Funktion der sozialen Netzwerke besteht in der Unterstützung. Diese dient als eine Ressource, auf die Menschen in Krisensituationen zurückgreifen können, womit sich eine Art »soziales Konto« bildet. (Laireiter 2008, S. 75)

Eine Freundschaft zeichnet sich unter anderem dadurch aus, dass die Beteiligten sich gegenseitig unterstützen. Die Differenzierung der Unterstützungsdimensionen enthält Leistungen emotionaler, instrumenteller und informationeller Art. Emotionale Unterstützungen zeigen sich im Austausch von Zärtlichkeiten, instrumentelle Hilfen beziehen sich auf konkrete Aufgaben im Alltag wie beispielsweise eine Fahrt zum Arzt oder das Blumengießen bei Abwesenheit. Dazu kommen Funktionen der Geselligkeit. Hierzu gehören die gemeinsam verbrachte Freizeit, aber auch ein kurzes Telefongespräch oder Ähnliches. (Hahmann 2013, S. 65 f.) Soziale Beziehungen sind während des gesamten Lebens von zentraler Bedeutung. Sie fördern eine Einbettung in soziale Netzwerke, tragen zur Identitätsbildung bei, helfen im Arbeitsleben und steigern im Regelfall die allgemeine Lebensqualität (Hahmann 2013, S. 71).

Freundschaftsbeziehungen können in Bezug auf Enge- und Intensitätsgrad unterschieden werden. Denn sowohl starke als auch schwache Verbindungen sind Teil des persönlichen Netzwerks. Zudem können Freundschaftsbeziehungen unter dem Gesichtspunkt der Exklusivität differenziert werden: Ein Freund gegen viele Freunde. Mit der Vermehrung von Freundschaftsbeziehungen vergrößert sich das Netzwerk; auch die Einbettung der Freundschaft in den Kontext anderer Formen sozialer Interaktion (Familie, Arbeitskollegen, Genossenschaften, Interessengruppen) lässt sich unter Zuhilfenahme des Netzwerksbegriffs vornehmen (Binczek/Stanitzek 2010, S. 13).

3. Freundschaftsnetzwerke und soziale Unterstützung im sozialräumlichen Kontext

Der Sozialraum ist die Lebenswelt, der sinnhaft aufgebaute Ort der alltäglichen Lebenstätigkeit der Individuen und ihrer jeweiligen Beziehungen. Er ist das Feld, in dem die Welt in ihrer differenzierten Gestalt anschaulich wird, in dem Beziehungsnetzwerke geknüpft, Nähe und Distanz ausgehandelt und in der Folge Zugehörigkeit und Nicht-Zugehörigkeit erfahren wird. Im jeweiligen Sozialraum werden soziale Differenzierungen in Form feiner Unterschiede[3] symbolisiert. Die prägende und normierende Kraft von Institutionen wird an dieser Stelle ebenso konkret wie das Ausfechten von Verteilungskämpfen sowie die Durchsetzung von Interessen. Freundschaften haben in diesem Kontext ein Kompensationspotenzial. Diese übergreifende Funktion lässt sich als eine informelle Ressource von niederschwelliger Hilfe bezeichnen. Soziales Leben ist dadurch charakterisiert, dass sich Menschen aufeinander beziehen. Dies setzt, zumindest in der Vergangenheit, eine räumliche Dimension voraus. Heutzutage wird diese geografische Dimension durch multimediale Kommunikationswege aufgebrochen. Menschen können mit entsprechenden technischen Geräten weltweit mit anderen Menschen reden und in Beziehung treten.

In der Sozialen Arbeit steht Sozialraumorientierung für den Versuch, die tradierte »Verbesonderung« von und durch Hilfen rückgängig zu machen und Inklusionsräume zu schaffen. Im Zentrum des Konzeptes steht nicht das für sich betrachtete und isolierte Individuum, sondern das konkrete Lebensumfeld des Individuums. Die Grundlage der Sozialraumorientierung besteht im Erkennen spezifischer Probleme und daraus resultierender Unterstützungsbedarfe von Menschen; nicht nur durch eher abstrakte gesellschaftliche Rahmenbedingungen, wie beispielsweise das Recht und die Ökonomie, sondern durch die konkreten Lebensumstände im jeweiligen Quartier (Dederich 2013, S. 62). Die hier zu stellende Frage betrifft den Begriff des Raums. Besonders durch die Telekommunikation ist die Welt ein Raum (geworden), sowie der Weltraum ein Raum ist. Im Kontext der Sozialen Arbeit ist ein engerer Raum gemeint, in dem sich zwischenmenschliche Beziehungen abspielen und der konkret erfahr- und begreifbar ist. Er ist

3 Siehe hierzu Bourdieu 1978.

nicht unendlich und betrifft immer nur einen bestimmten Personenkreis, der den Raum wechselt oder diesen nach individuellen Wünschen gestaltet und verändert.

Diese Räume haben sowohl eine physische, an eine Landkarte erinnernde Dimension als auch eine Beziehungsdimension. Zudem hat dieser Sozialraum noch eine strukturelle, von Architektur sowie Institutionen bestimmte Dimension. Diese lässt sich als »Lebensbedingung« bezeichnen. Sie ist durch soziale Beziehungen veränderbar. Sozialräume sind Resultate von und auch Ursache für menschliche Beziehungen und ihre Entscheidungen, folglich immer deren Produkt. Der soziale Raum ist abhängig von sozialen Beziehungen und somit individuell. Endet der Sozialraum eines kleinen Kindes an der Wohnungstür, so wird er sich im Normalfall im Laufe des Lebens erweitern, bis er gegen Ende des Lebens wieder an einer Tür aufhört. Zudem hängt die Bedeutung des Sozialraums für den einzelnen Menschen von der Bedeutung der durch ihn geprägten Beziehungen ab. So gesehen kann der durch Beziehungen strukturierte Sozialraum sowohl Begrenzung als auch Ressource sein (Schneider 2005, S. 8 f.).

Diese besteht dabei im Wesentlichen aus den Beziehungen zu anderen Menschen und weniger aus materiellen Gegenständen. Die unterschiedlichen Beziehungen zwischen Menschen verbinden sich zu einem Netzwerk.

Mit dem Begriff »Netzwerk« ist eine spezifische Relation einer Menge von Elementen gemeint. Netzwerke[4] können darüber als eine abgegrenzte Menge von Knoten mit zwischen ihnen verlaufenden Kanten beschrieben werden. Die Knoten entsprechen den Elementen und stehen für die verschiedenen AkteurInnen. Die Kanten stellen die zwischen ihnen verlaufenden Relationen oder Beziehungen dar. Diese können hinsichtlich Inhalt, Intensität und Form unterschiedlich sein. Beispiele für Relationsinhalte sind Verwandtschafts-, Gefühls- oder Machtbeziehungen. Relationsintensitäten können zudem nach der Häufigkeit respektive Wichtigkeit für die Akteure oder Akteurinnen bestimmt werden sowie nach dem Ausmaß des Ressourcentransfers. Unter einem ego-zentriertem Netzwerk versteht man das um eine fokale Person, das »Ego«, herum verankerte soziale Netzwerk. (Schaub 2002, S. 295 f.)

Freundschaftsnetzwerke werden häufig als homogen in Bezug auf Geschlecht, Ethnie, Bildung oder Alter charakterisiert. Der Umfang eines egozentrierten Netzwerkes wird in vielen Fällen zum Indikator für die Integration von Individuen gewertet. Je mehr Freunde jemand hat, umso besser ist dieser Mensch in die Gesellschaft integriert. Die Tendenz zur Ähnlichkeit von Freunden lässt sich durch eine entsprechende homophile Präferenz erklären. (Häring et al. 2014, S. 243) Die Struktur von Freundschaftsnetzwerken hängt in hohem Maße

4 Netzwerke werden oftmals symbolisch mit einem Fischer- oder Spinnennetz verglichen.

mit den Gelegenheiten zum Kontakt und zur Interaktion in unterschiedlichen Handlungskontexten der Individuen zusammen.

Die unterschiedliche Intensität, in der die Kontakt- und Interaktionsgelegenheiten in den Kontexten den Freundeskreis der Individuen beeinflussen, steht mit weiteren Kontexteigenschaften im Zusammenhang. Denkbare Einflüsse sind beispielsweise die miteinander verbrachte Zeit sowie spezifische Normerwartungen. Zudem könnte die positive oder die negative Bewertung der durch eine soziale Aktivität generierten Interaktion für die Ausgestaltung des Freundschaftsnetzwerkes bedeutsam sein. Zum Beispiel könnten »teamgeistgenerierende« Tätigkeiten die Entstehung von Freundschaftsnetzwerken fördern (Häring et al. 2014, S. 282).

Das Entstehen dieser Netzwerke ist folglich (auch) von äußeren Faktoren und der Möglichkeit der Etablierung abhängig. Durch eine niederschwellige Struktur und einheitliche Symbole lassen sich Freundschaftsnetzwerke im Sozialraum fördern. Sie bieten für die beteiligten Personen vielfältige positive Auswirkungen. Für den Inklusionsgedanken ist besonders die »soziale Unterstützung« durch Freundschaften zu nennen.

Der in der Literatur unterschiedlich verwendete Begriff der »sozialen Unterstützung« enthält im Kern die Annahme, dass soziale Beziehungen und soziale Interaktionen die grundlegenden Bedürfnisse von Menschen nach Zuneigung, Identität, Sicherheit, Informationen, Rückhalt etc. befriedigen und sie aus diesen Kraft und Stärke für ihre alltägliche Lebensbewältigung schöpfen sowie ihr Befinden stabilisieren und ihre psychische und somatische Gesundheit aufrechterhalten.

»Soziale Unterstützung« ist demnach ein komplexes Phänomen. Es besteht zum einen aus unterschiedlichen sozialen Rahmenbedingungen im Sinne von Personen oder Gruppen, welche als Ressource zur Verfügung stehen. Zum anderen geht es um die sozialen Interaktionen, mit deren Hilfe die jeweiligen Ressourcen und Hilfen vermittelt werden. Das gegenseitige Wahrnehmen des jeweils anderen Menschen generiert ein individuelles Gefühl der Unterstützung, das zur individuellen Bedürfnisbefriedigung beitragen kann. Hinsichtlich der Hilfebedarfe hat es sich eingebürgert, zwischen »alltagsbezogener« und belastungsbezogener Unterstützung sowie zwischen erhaltenen und verabreichten Unterstützungen zu differenzieren. (Laireiter 2008, S. 85 ff.)

Es zeigt sich, dass durch die nicht institutionalisierte Beziehungsform der Freundschaft ein vielfältiges Hilfsnetzwerk entstehen kann, auf das die Beteiligten bei Bedarf zugreifen können. Besonders bei niederschwelligen Anliegen kann dieses Netzwerk sein Potenzial ausschöpfen und sich reziprok entwickeln.

4. Soziale Inklusion durch milieuübergreifende Freundschaften am Beispiel der Bahnhofsmission in Hamm

Der Bahnhof als öffentlicher Raum ist ein Ort der Widersprüche und Gegensätzlichkeit. Es gibt Ordnung und Chaos, Sammlung und Zerstörung, Transit und Verweilen, Ankommen und Abfahren, Flüchtigkeit und Dauer, Menschenmassen und Anonymität, Service und Vertreibung. Der Bahnhof ist zu gleichen Anteilen ein offener und ein stark reglementierter Raum, er ist ein Sammel- und Umschlagplatz verschiedener sozialer Personenkreise und somit ein Ort sozialer Differenzierung und Klassifizierung. Zudem geht mit dem Bahnhof ein Bahnhofsviertel einher. Dieses fungiert in unterschiedlicher Hinsicht als Vorder- und Hinterbühne des Bahnhofs (Schmincke 2010, S. 105). Bahnhöfe sind in ihrer Funktion schienengestützte Verkehrssysteme. Dennoch werden sie nicht ausschließlich von den Kunden der Bahnanbieter genutzt. Eine erweiterte Funktion besitzen Bahnhöfe in Großstädten, sie sind Einkaufszonen und »Shoppingmalls« sowie Treff- und Verabredungspunkte (Ottmar, 2013, S. 91).

Aus dieser kurzen Beschreibung lässt sich leicht ableiten, dass ein Bahnhof ein besonderer Ort mit einem anderen Kontext ist als beispielsweise ein Stadtteil. Die oben erwähnten Abläufe, die zu freundschaftlichen Beziehungen führen können, sind an dieser Stelle nur schwer zu realisieren. Eine Ausnahme stellt die Bahnhofsmission dar.

In einer im Rahmen meiner Bachelorarbeit im Jahr 2015 durchgeführten qualitativen Stichprobe (Leitfragengestützte Interviews) fiel auf, dass sowohl die Mitarbeiterinnen und Mitarbeiter als auch die Gäste der Bahnhofsmission in Hamm diese als einen Ort der Ruhe und Entspannung empfinden. Er bietet Kontaktmöglichkeiten für Menschen, die sich sonst nur selten begegnen. Engagierte Ehrenamtliche aus der so genannten bürgerlichen Mitte treffen hier auf »Gäste ohne Fahrschein«, die sich nicht aus Gründen der Mobilität im Bahnhof aufhalten. Arbeitssuchende treffen auf beruflich erfolgreiche Menschen und alte auf junge.

Es hat sich gezeigt, dass die Bahnhofsmission einer der Orte ist, an dem ein inklusiver Alltag realisiert werden kann. Durch die milieuübergreifenden Begegnungen entstehen Bekannt- und Freundschaften, die durch ihre nicht institutionelle Natur dem Gedanken einer inklusiveren Gesellschaft nahe kommt. In den Freundschaften steckt folglich ein sich positiv auf den Inklusionsprozess auswirkendes Potenzial. Folgendes Beispiel[5] soll dies verdeutlichen:

5 Das Beispiel stammt aus der Stichprobe meiner Bachelorarbeit und wurde anonymisiert.

Die allein lebende Frau T. hat seit einigen Jahren keine Arbeit mehr. Sie verbringt ihre Zeit im Regelfall zu Hause und droht dadurch immer weiter zu vereinsamen. Durch eine Bekannte kommt sie mit der Bahnhofsmission in Kontakt. Dort findet sie aufgrund des unkomplizierten und niederschwelligen Umgangs schnell einen Zugang zum Team der Bahnhofsmission und beginnt, sich ehrenamtlich zu engagieren. Und sie kommt mit den anderen Mitarbeiterinnen und Mitarbeitern in Kontakt.

Frau T. baut mit der Zeit feste und belastbare Beziehungen auf, besonders zu einer kleinen, sich ebenfalls in ihrer Freizeit engagierenden Gruppe von Frauen aus der bürgerlichen Mittelschicht.

Durch den Einsatzplan mit den jeweiligen Dienstzeiten bekommt sie eine feste Tages- und Wochenstruktur. Diese hilft ihr, den Tag gewinnbringend für sich selbst und andere zu nutzen. Sie beginnt, ihr soziales Netzwerk zu erweitern und profitiert bereits in verschiedenen Situationen von der sozialen Unterstützung, die sie vor allem durch die anderen Beschäftigten erfährt.

Darüber hinaus hat sie durch die neuen sozialen Beziehungen den Mut und die Möglichkeit, an unterschiedlichen Aktivitäten teilzunehmen. So besucht sie regelmäßig andere Bahnhofsmissionen oder nimmt an Veranstaltungen, wie beispielweise dem Kirchentag, teil.

Dieses kleine Beispiel aus der Praxis zeigt, welchen Einfluss soziale Beziehungen auf einen Menschen haben können. Frau T. war es möglich, neue Sozialräume kennenzulernen und eine neue Struktur für ihren Alltag aufzubauen. Sie konnte milieuübergreifende Freundschaften schließen und diese als Ressource für weitere Unternehmungen nutzen.

Ohne diese Unterstützung wäre es Frau T. nur bedingt möglich gewesen, diese Art der Teilhabe zu erfahren. Die soziale Unterstützung durch die anderen Mitarbeiterinnen und Mitarbeiter brachten eine »Verkettung des Guten« hervor. Frau T. war es möglich, die Abläufe und die Struktur ihrer sozialen Kontakte selbst zu bestimmen und nach ihrem eigenen Ermessen auszurichten.

Neue soziale Situationen kamen folglich nicht mehr überraschend, Frau T. konnte sich langsam an die neue Umgebung und die damit verbundenen Möglichkeiten gewöhnen.

Hinterlegen lässt sich das Beispiel mit dem Konzept der Bindungstheorie, welche den so genannten *Circle of Security* enthält. Sie bietet mit dem anschaulichen Bild der »Bindungs-Explorations-Balance« eine Modellvorstellung der gegenseitigen Beeinflussung zweier Verhaltenssysteme. Diese lassen sich besonders in fremden Situationen beobachten. Das Explorationsverhalten ist demnach abhängig von dem individuellen Sicherheitsbedarf. Besteht dieses Bedürfnis, wird gleichzeitig das Explorationsverhalten eingestellt. Sinkt das Sicherheitsbedürfnis, so steigt das Explorationsverhalten wieder. Symbolisch lässt sich das Zusammenspiel dieser beiden Systeme mit einer Waage vergleichen. Das Explorationsverhalten geht im Regelfall von einer »sicheren Basis« (im Beispiel die Bahnhofsmission) aus. Von hier aus kann die Beschaffenheit des Sozialraums in zyklischer und umweltabhängiger Regulation postuliert werden. Das Explorationssystem ist dabei dem Sicherheitssystem zumindest prinzipiell untergeordnet (Schölmerich/Lenging, 2014, S. 203).

5. Fazit und Ausblick

Freundschaft ist ein nur schwer zu fassender Begriff, der vielen verschiedenen kulturellen und persönlichen Einflüssen unterliegt. Grundsätzlich legen die beteiligten Personen die Verhaltensweisen für die jeweilige Freundschaft individuell und ohne institutionalisierten Einfluss fest. Freundschaften sind dyadisch und auf Freiwilligkeit angewiesene Beziehungen. Durch ihren Charakter gelten Freundschaften als potenziell zerbrechlich.

Eine der Grundvoraussetzungen entstehender Freundschaften liegt in der Möglichkeit der Begegnung. Erst wenn Menschen in Kontakt treten, können sich Freundschaften entwickeln.

Studien verweisen auf einen Einfluss des sozialen Kontextes, der an verschiedenen Stellen der Freundschaftsentstehung wirken kann. Dabei bestärkt der kontinuierliche Wandel dominante Freundschaftsmuster, die wiederum die individuell spezifische Form der Freundschaftsausgestaltung rahmen. Der soziale Kontext »funktioniert« dabei nicht eindimensional, er hat strukturelle und kulturelle Aspekte und ist räumlich sowie zeitlich organisiert (Hahmann 2013, S. 98).

Freundschaften sind somit nicht nur von ihrer Umgebung abhängig, sondern können diese auch gestalten. Die Umgebung der Bahnhofsmission fördert – aufgrund ihres Konzepts – Begegnungen zwischen Menschen. Aus diesen inklusiven Sozialräumen entstehen milieuübergreifende, den Sozialraum prägende Freundschaften.

Darüber hinaus leisten Freundschaften individuelle Unterstützungen, die dem Individuum als niederschwellige Ressource dienen können. Dieses Wissen um Unterstützung hat einen positiven Einfluss auf die psychische Stabilität der beteiligten Personen.

Zudem können Freundschaften eine so genannte »Kette des Guten« auslösen. Sie bieten einen niederschwelligen Anfang und lassen sich von den Beteiligten selbst gestalten. Dies hat den Vorteil, dass Überforderungen vorgebeugt werden kann.

Sozialräumliche Inklusion ist von vielen unterschiedlichen Faktoren abhängig. Durch die Beziehungsform der Freundschaft lässt sich eine Parallele zu institutionellen, respektive organisationalen Konzepten ziehen. Diese Alternative erreicht besonders Menschen, welche nur selten oder gar nicht professionelle Hilfe annehmen können oder wollen. Besonders hier zeigt sich das Potenzial dieser Beziehungsform.

In Verbindung mit den aktuellen Inklusionsdiskursen nimmt das Thema der (milieuübergreifenden) Freundschaften eher eine Nebenrolle ein. Dabei zeigen die oben skizzierten Ausführungen, dass diese Beziehungsform einen signifikanten Einfluss auf die Beteiligten haben kann. Es wäre somit denkbar, dass durch milieuübergreifende Maßnahmen der Inklusionsprozess um diese Dimension erweitert werden kann.

Fraglich bleibt, ob sich Freundschaft, entgegen ihrem natürlichen Charakter, institutionell und organisational für eine inklusive Sozialraumarbeit nutzen lässt. In diesem Fall bestünde ein erster Schritt darin, Situationen zu schaffen, in denen niederschwellige Kontaktmöglichkeiten bestehen. Diese ließen sich beispielweise durch Begegnungszentren mit einem strukturierten Rahmenprogramm realisieren.

Hilfreich ist dabei die Methode des *Circle of Security.* Durch das Schaffen einer »sicheren Basis« und Unterstützung in der Exploration können anfängliche Kontakte weiter ausgebaut werden.

Durch eine professionelle Begleitung des Freundschaftsprozesses ließe sich das Entstehen von Bekannt- und Freundschaften noch weiter unterstützen. In der Folge entwickelt sich sozialräumliche Inklusion auch auf privater Ebene und bildet somit eine weitere Dimension, in der Inklusionsprozesse durch sozialräumliches Handeln stattfinden können.

Literatur

Aselmeier, Laurenz (Hg., 2008): Community Care und Menschen mit geistiger Behinderung. Wiesbaden

Baumgartner, Isidor (2013): Bahnhofsmission. Ort des Helfens und freiwilligen Engagements. In: Lutz, Bernd, Nikles, Bruno W./Sattler, Dorothea (Hg.): Der Bahnhof – Ort gelebter Kirche. Ostfildern, S. 165–188

Binczek, Natalie/Stanitzek, Georg (Hg., 2010): Strong ties/weak ties. Freundschaftssemantik und Netzwerktheorie. Heidelberg (Beihefte zum Euphorion, 55)

Bourdieu, Pierre/Schwibs, Bernd/Russer, Achim ([5]1992): Die feinen Unterschiede. Kritik der gesellschaftlichen Urteilskraft. Frankfurt/M.

Dederich, Markus (2013): Inklusionsbarrieren im Sozialraum. In: Becker, Ulrich &Wacker, Elisabeth, Banafsche, Minou. (Hg.): Inklusion und Sozialraum. Behindertenrecht und Behindertenpolitik in der Kommune. Baden-Baden, S. 61–67.

Diewald, Martin (2003): Kapital oder Kompensation? Erwerbsbiografien von Männern und die sozialen Beziehungen zu Verwandten und Freunden. Berl.J.Soziol. 13(2), S. 213–238

Eichler, Klaus-Dieter (Hg., 1999): Philosophie der Freundschaft. Leipzig

Felder, Marion (2014): Inklusion. In: Friesenhahn, Günter. J./Braun, D./Ningel Reiner (Hg.): Handlungsräume Sozialer Arbeit. Ein Lern- und Lesebuch. Stuttgart

Hahmann, Julia (2013): Freundschaftstypen älterer Menschen. Von der individuellen Konstruktion der Freundschaftsrolle zum Unterstützungsnetzwerk. Wiesbaden

Häring, Armando/Klein, Thoma/Stauder, Johannes/Stoye, Kristian (Hg., 2014): Der Partnermarkt und die Gelegenheiten des Kennenlernens. Wiesbaden

Huster, Ernst-Ulrich/Boeckh, Jürgen/Mogge-Grotjahn, Hildegard (Hg., 2012): Handbuch Armut und Soziale Ausgrenzung. Wiesbaden

Kessel, Fabian/Reutlinger, Chistian (2010): Sozialraum eine Einführung. Wiesbaden

Laireiter, Anton-Rupert (2008). Soziales Netzwerk und soziale Unterstüzung. In Lenz, K./Nestmann, F. (Hg.): Handbuch Persönliche Beziehungen. 1Weinheim, S. 75–100

Nötzoldt-Linden, U. (1994): Freundschaft. Zur Thematisierung einer vernachlässigten soziologischen Kategorie. Opladen

Perlman, Daniel/Duck, Steve (1987): Intimate relationships. Development, dynamics, and deterioration. Beverly Hills (Sage focus editions, 80)

Schaub, Johannes (2002): Freundschaftsnetzwerke in den neuen Bundesländern. Gruppendynamik 33(3), S. 295–310

Schölmerich, Axel, Lengning, Anke, (2014) Neugier Exploration und Bindungsentwicklung. In Ahnert, Liselotte (Hg.) Frühe Bindung. Entstehung und Entwicklung. (4. Aufl.). München

Wichtiges in Kürze

Freundschaft

Freundschaft ist eine individuell definierte Zuneigung zu einem anderen Menschen, die freiwillig ist und auf Gegenseitigkeit beruht.

Freundschaft und Sozialraum

Freundschaft ist eine zentrale Komponente im sozialräumlichen Netzwerk von Menschen.

Freundschaft und der Bezug zur Bahnhofsmission

In Bahnhofsmissionen kommen als dort Tätige Menschen zusammen, die z. B. ihr Ehrenamt verbindet. Da dieser Personenkreis über Milieugrenzen hinweg zusammengesetzt ist, kommt es zu Begegnungen, die durch die Bahnhofsmission erzeugt werden. Verschiedenheiten werden aufgrund der Gemeinsamkeit Bahnhofsmission überwunden und führen z. T. zu Freundschaften, die es ohne die Bahnhofsmission nicht geben würde.

Fragen zur Lernstandprüfung

Sehen Sie in Ihren Arbeitsfeldern Möglichkeiten, Freundschaften zu unterstützen?

Wie könnten Sie diese Beziehungsform in Ihrer täglichen Arbeit nutzen?

Ökonomie und Solidarität

Frank Dieckbreder

1. Einleitung

Es mag gewagt anmuten, dieses Kapitel mit der These zu beginnen, dass jegliches soziales Handeln über das Menschengedenken – also historisch Erfassbare – hinaus in einem Zusammenhang zwischen Ökonomie und Solidarität stehe. Dies mit Blick auf die Ökonomie freilich nicht im Sinn einer wissenschaftlich daherkommenden Wirtschaft, sondern als im Kern notwendige Überlebensstrategie von Menschen, die in Abhängigkeit zu anderen Menschen stehen. An anderer Stelle und in einem anderen Kontext habe ich im Rekurs auf Tattersall (1999, S. 106) darauf hingewiesen, »dass bereits der Homo neandertalensis (Neandertaler) Fürsorge für kranke und behinderte Mitglieder der sozialen Gruppe entwickelt hat« (Dieckbreder 2007, S. 91). Dies sei damit zu begründen, dass, wie Tattersall darlegt, es den Fund eines männlichen erwachsenen Neandertalers gäbe, der von Geburt an einen Arm nicht nutzen konnte. In Anbetracht der unwirtlichen Lebensbedingungen ist davon auszugehen, dass dieser Homo nur durch die Unterstützung seiner Gruppe, also durch Solidarität, überleben konnte.[1]

Erweitert um den Bezug zur Ökonomie zeigt dieser Fund nicht ausschließlich eine vorgeschichtliche Form der Subsidiarität, sondern zudem die Notwendigkeit einer wirtschaftlichen Organisation. Denn ausgehend davon, dass es sich bei diesen frühen Menschen um Jäger und Sammler handelte, deren Leben davon abhing, Erfolg – was ebenfalls eine ökonomische Kategorie ist – beim Jagen und Sammeln zu haben, wirkte sich das »Kümmern« gleich in doppelter Hinsicht ökonomisch herausfordernd aus. Zum einen konnte der Mann nicht selbst an der Jagd teilnehmen (kein Beitrag zum Erfolg), zum anderen

1 Weitere Funde weisen zudem darauf hin, dass die Neandertaler bereits Krankenlager hatten und eine Versorgung der »Alten« sicherstellten. Vgl. u. a.: http://www.wz.de/lokales/kreis-mettmann/mettmann/neandertaler-schlag-auf-den-kopf-als-narkose-1.1213941 (Zugriff am 13.01.2016).

band er Kapazitäten der Gruppe, um seine Versorgung sicherzustellen (Umverteilung von Gütern und »personellen Ressourcen«). Wie diese Organisation sichergestellt wurde, kann nicht nachgewiesen werden. Sicher ist jedoch, dass sie stattfand.

Sobald die ökonomische Komponente mit Blick auf Solidarität ins Spiel kommt, wird es gefährlich. Denn umgehend ist zu fragen, was im Beispiel des Neandertalers geschehen wäre, wenn die Gruppe z. B. durch Klimaeinflüsse plötzlich weniger Sammel- und Jagderfolg gehabt hätte? Für die Neandertaler muss diese Frage unbeantwortet bleiben. Die Frage an sich jedoch, die auf Normen und Werte des Zusammenlebens zielt, bleibt im Modus des Ewigkeitscharakters bestehen. Denn ebenso wie das Subsidiaritätsprinzip, also das Einstehen von Stärkeren für Schwächere, sich offenbar als »roter Faden« durch die Menschheitsgeschichte zieht, so doch auch zugleich die Abwägung des Nutzens eines jeglichen – und somit auch des sozialen – Handelns. Ökonomie und Solidarität bilden somit dialektische Komponenten, die im Utilitarismus synthetisiert werden. Mit Utilitarismus ist hierbei gemeint, dass Menschen ihr Handeln immer auch in Abhängigkeit zu ihrem eigenen Vorteil abwägen. Um an dieser Stelle nicht die umfangreiche Utilitarismusdiskussion, die viele Facetten hat, aufmachen zu müssen, wird diese Beschreibung menschlichen Handelns an Bertolt Brechts Diktum aus der *Dreigroschenoper* (1928/2004, S. 67) veranschaulicht: »Erst kommt das Fressen, dann die Moral«. Daraus kann abgeleitet werden, dass Moralität proportional zur existenziellen Bedrohung sinkt oder zumindest sinken kann. Wichtig ist, dass aus dieser These jedoch keine Umkehrrechnung dahingehend abzuleiten ist, dass zunehmender Wohlstand Moralität fördert. Wie sonst wäre es zu erklären, dass der Wohlstand z. B. auch in der Bundesrepublik Deutschland zu erheblichen Teilen auf Ausbeutung basiert?! Es bleibt somit festzuhalten, dass Moralität ein stetiger und stets wandelbarer Aushandlungsprozess im Miteinander, also im Sozialen, ist.

Aus diesem Grund kann soziales Handeln auch nicht synonym für gutes Handeln angenommen werden. Denn jegliches Handeln wirkt sich letztlich in irgendeiner Form auf andere aus und ist somit soziales Handeln. Wortschöpfungen wie *A*sozial (für die Abweichung von Individuen und/oder Gruppen von der gesellschaftlichen Norm) und *Dis*sozial (für die Unfähigkeit von Individuen und/oder Gruppen, sich in eine Gesellschaft einzufügen) sind somit letztlich Versuche, dem Sozialen den Normwert des Guten unterstellen zu können; das Wort »sozial« ist dabei jedoch mit keinem Präfix als Sammelbegriff für jegliches menschliche Handeln löschbar.

Somit ist auch das Wort *Sozialwirtschaft*, das in der deutschsprachigen Ökonomie in Bezug auf so genannte soziale Dienstleistungen oft verwendet wird, aus sich heraus kein Garant dafür, dass in diesem Zweig das »Wahre, Schöne und Gute« unter Einsatz von Geldmitteln geschieht. Wohl ist es aber der Anspruch, der mit sozialem (im Auftrag von Gesellschaft) Wirtschaften einhergeht. AkteurInnen in der Sozialwirtschaft haben es also in ihrem Handeln neben durchaus mit anderen Wirtschaftszweigen vergleichbaren Herausforderungen mit dem Aspekt zu tun, permanent ihre moralische Integrität – als schwer bestimmbarem Faktor – zu beweisen.

In diesem Beitrag wird es darum gehen, die Besonderheiten und Vergleichbarkeiten der Sozialwirtschaft darzustellen. Dabei wird deutlich werden, dass die sozialräumliche Dimension ein zentraler Faktor ist. Am Beispiel der Bahnhofsmission wird gezeigt, dass die These, letztlich sei jegliche Ökonomie eine soziale Ökonomie, eine Aufgabe der Sozialwirtschaft formuliert: Durch die auch der Sozialraumarbeit zuzuschreibende Methode der Netzwerkarbeit hat sie dafür Sorge zu tragen, Anknüpfungsmöglichkeiten an andere Wirtschaftszweige aufzuzeigen und herzustellen, um der seit über das Menschengedenken hinaus bestehenden und geschichtlich und gegenwärtig allzu oft Realität gewordenen Gefahr der *Ent*solidarisierung von Menschen entgegenzutreten.

2. Allgemeine Darstellung: Ökonomie und Solidarität

Die Einleitung endet mit dem Hinweis auf die Gefahr einer *Ent*solidarisierung von Menschen. Dieses Wort ist die dekonstruierende Antwort auf Solidarität, respektive die Handlung des Solidarisierens. Solidarität als Grundhaltung und sich solidarisieren im konkreten Kontext sind Aspekte des menschlichen Miteinanders, die unabhängig von der Tatsache, dass sie sowohl intrinsisch durch ein wie auch immer hervorgerufenes Verbundenheitsgefühl von Mensch zu Mensch oder extrinsisch, z. B. durch einen eingeforderten Solidaritätszuschlag, herbeigeführt werden können, die Grundbedingung des Sozialen überhaupt bilden. In dem Moment nämlich, in dem diese Verbundenheitsmerkmale von Menschen verschwinden (Entsolidarisierung), endet die Sache tödlich; dies sowohl durch Genozide und Kriege, als auch durch individuelle Vereinsamung, wie z. B. Selbstmordraten bei alleinstehenden alten Menschen anzeigen. Diesbezüglich führt de Vries (o. J., S. 7) in seinem Artikel *Wenn es scheinbar keinen Ausweg mehr gibt – Suizid im höheren Lebensalter* aus:

»Die Einengung der zwischenmenschlichen Beziehungen führt auf der Grundlage der vorherigen ›dynamischen Einengung‹ zur Isolierung, Einsamkeit und dazu, sich verlassen und unverstanden zu fühlen.«

Mit anderen Worten, ein Mensch, der von anderen (zumindest gefühlt allen!) Menschen verlassen ist, erlebt sich selbst nicht mehr als Teil des Sozialen, ihm widerfährt Entsolidarisierung. Und dabei ist es egal, ob diese Situation zum Selbstmord oder irgendwann zum natürlichen Tod führt; ein solcher Mensch lebt in einem sozialen Nichts. Er verabschiedet sich nicht und wird gesellschaftlich erst wieder bedeutend, wenn die Leiche entdeckt und beerdigt wird; ein letzter, auch ökonomisch konnotierter (wer bezahlt die Beerdigung?) Akt, entstehend aus einem kollektiven Solidaritätsgefühl – der Verbundenheit der Lebenden mit den Toten.

Die Radikalität respektive die drastische Form, die gewählt wurde, um in das Thema Ökonomie im sozialwirtschaftlichen Kontext einzuführen, ist dem Versuch geschuldet, zu erklären, wie dünn letztlich das Eis ist, auf dem Solidarität sich behaupten muss. In diesem Band werden viele Bedeutungen, Theorien und Handlungsoptionen aufgezeigt, wie im Kontext sozialräumlicher Arbeit agiert werden kann. Die Grundbedingung ist dabei jedoch immer die Solidarität, die überhaupt erst soziale Räume ermöglicht. Das Ausmaß der jeweiligen Solidarität scheint, wie schon in der Einleitung gezeigt, variabel und stufenhaft zu sein. Denn der Kern des Sozialen bedeutet bereits im Wortstamm: *verbunden* und/ oder *verbündet* zu sein (vgl. Dieckbreder 2015).[2] Dabei ist zu beobachten, dass es diese Weltweit nicht gibt, wie all die Krisen und Kriege der Weltgeschichte anzeigen. Wohl genau deshalb basieren z. B. die zur Zeit des »Kalten Krieges« begonnen Science-Fiction-Bücher der »Perry Rhodan – Reihe« auf der Idee, von Außerirdischen angegriffen zu werden, was dann bei der Erdbevölkerung zur Gesamtsolidarität gegen den gemeinsamen Feind führt und sie sich »Terraner« nennen. Aber auch Hollywood-Filme wie »Independence Day« basieren auf dieser Logik, nach der ein Verbünden des Feindes bedarf; die wohl deutlichste Differenz von System und Umwelt, um es mit Luhmann zu sagen.[3] Wie real diese »Fiktionen« letztlich sind, lässt sich am Beispiel der »Koalition der Willigen« feststellen, die der US-amerikanische Präsident Bush für den Dritten Golfkrieg einforderte, und was es für den Bundeskanzler Schröder schwierig machte, aus »seiner« *uneingeschränkten Solidarität* nach dem Attentat auf die Twin-Towers in New York wieder herauszukommen, ohne dass diese »Nicht-Solidarität« zur Entsolidarisierung und damit, wie gezeigt, zum Tod (zumindest hinsichtlich diplomatischer Beziehungen) führte.

---

2 Dieckbreder, Frank (2015): Begriffsklärungen und Handlungsoptionen zu Quartier/Sozialraum/Inklusion/Stadtentwicklung/Netzwerkarbeit. In: Dieckbreder, Frank und Meine, Jonas (2015): Vielfalt im Quartier. Bielefeld

3 Vgl. auch Dieckbreder, *Sozialraum und Sozialraumorientierung* in diesem Band.

Die Verbundenheit der Neandertaler mag dem gegenüber noch darüber erklärbar sein, dass neben der Tatsache eines aufeinander Angewiesen-seins Solidarität durch das *sich kennen* hervorgerufen wurde; ein Merkmal, das heutzutage z. B. durch den geflügelten Hinweis, dass Blut dicker als Wasser sei, noch immer Bestand hat.

Durch die Beispiele des Krieges und der Neandertaler sind die beiden wesentlichen Formen der Solidarität aufgezeigt, die jedoch letztlich verwoben sind. Dies allerdings mit unterschiedlichen Abstraktionsgraden. Der erste Abstraktionsgrad besteht darin, dass auf der Basis der Solidarität z. B. zu den vorherrschenden Normen und Werten in einem Staat Menschen bereit sind, andere Menschen zu töten. Dies einzig, weil sie andere Werte und Normen haben, respektive ihnen das unterstellt wird. Wie stark diese Solidarität ist, zeigt die schon bei Rousseau im Gesellschaftsvertrag (1762/1996) beschriebene und weiterhin gültige Tatsache, dass der Schütze den Getöteten gemeinhin nicht kenne und aufgrund dieser Beziehungslosigkeit den Getöteten nicht zum Feind haben könne. (S. 12 + 13)

Eine zweite abstrakte Solidarität gilt im Kriegsfall den Verwundeten in den eigenen Solidaritätsreihen, deren Versorgung sichergestellt wird. Dies führt die ökonomische Herausforderung des Krieg-Führens dann wieder in eine Situation, wie sie bereits bei den Neandertalern zu finden war. Und auch erneut verbunden mit der Frage, wie weit die Solidarität reicht? Bis zu welchem ökonomisch determinierten Grad werden auch diejenigen versorgt, deren Kriegstauglichkeit nicht wieder hergestellt werden kann? Entscheidend in diesem Zusammenhang ist jedoch noch eine weitere Solidarität, die sozusagen quer zur gegenseitigen Feindschaft steht. In dem Moment nämlich, in dem ein Mensch, der auf dem Schlachtfeld (als »Feind«) erschossen worden wäre, auf einem Operationstisch liegt, ist zu unterstellen, dass sich der oder die OperateurIn der Solidarität z. B. zu den Werten und Normen eines Staates gegen den Feind, der ja ein Staat ist, entzieht und aufgrund einer anderen Solidarität, nämlich der uneingeschränkten Zuwendung zum Kranken (Individuum), den Vorzug gibt.

Das letzte Beispiel macht deutlich, dass sich Solidarität in dem Moment ändert, wenn ein Nahraum entsteht. Von einem Schreibtisch aus mit einem Joy-Stick (euphemistischer geht es kaum) eine Drohne zu steuern und unter Inkaufnahme von Kollateralschäden (nächster Euphemismus) eine Bombe abzuwerfen, ist etwas anderes, als jemanden in die Augen zu sehen und zu erkennen, dass es sich um einen Menschen handelt.

Herauskommend aus dem Extrembeispiel des Krieges ist das, was Sozialstaat genannt wird, der Versuch, auf der abstrakten Ebene des Nichtkennens Solidarität zumindest mit all jenen zu praktizieren, die qua Ausweispapiere Bürgerrechte haben. Die Kombination aus Sozial- und Rechtsstaat ist somit für ihre Mitglieder (BürgerInnen) die institutionalisierte und in Verwaltungsapparate übertragene Ausgestaltung der Solidarität.

Es sei an dieser Stelle darauf hingewiesen, dass diese Solidarität – NUR FÜR MITGLIEDER – letztlich das Grundübel darstellt, das eine globale Solidarität (Menschenrechte) verhindert, wie es Navid Kermani (2015) im Rekurs auf Hannah Arendt darstellt: Der »Nationalstaat [ist] strukturell unfähig, die Menschenrechte universell zu vertreten, deren Proklamation doch mit seiner Schaffung einhergingen« (S. 300).

Aus dieser hier letztlich nur als Skizze darstellbaren Gemengelage, die aus dem untrennbaren Zusammenhang von Solidarität und Ökonomie hervorgeht, ist die Komplexität sozialwirtschaftlicher Herausforderungen mehr als nur zu erahnen. Viele Faktoren müssen berücksichtigt werden, zu denen sozialwirtschaftliche AkteurInnen sich in Teilen nur passiv verhalten können und in anderen Teilen aktiv verhalten müssen. Einmal mehr besteht die eigentliche Kunst des Handelns also auch in diesem Bereich darin, beide Teile unterscheiden zu können, um Handlungsfähig zu sein. Worin Handlungsoptionen bestehen, wird im folgenden Kapitel mit dem Fokus der Sozialräumlichkeit beschrieben.

3. Sozialökonomische Handlungsoptionen im sozialräumlichen Kontext

Das vorangegangene Kapitel endet auf den Hinweis, dass sozialwirtschaftliche AkteurInnen die Unterscheidungsfähigkeit besitzen und (ergänzt) jeweils im konkreten Fall anwenden müssen, zwischen notwendiger Passivität und Aktivität ihrer Handlungsoptionen zu differenzieren. Diese Fähigkeit bildet somit, so die hier vertretene These, die Grundlage jeglichen sozialwirtschaftlichen Handelns.

Diese Unterscheidungsfähigkeit darf jedoch nicht als ein *entweder/oder* missverstanden werden. Vielmehr enthält jegliche Handlungsoption ein *sowohl-als-auch* in Bezug Passivität und Aktivität. Auf die unternehmerische Perspektive übertragen kann es hierbei sein, dass sich ein einzelner Träger der Freien Wohlfahrtspflege aus einem bestimmten Handlungsfeld raushält und z. B. Wohnungslosenhilfe nicht anbietet. Im Kontext der Gesamtheit aller Träger muss aber zumindest die aktive Option bestehen, dass ein Mensch, der nach Unterstützung in Bezug auf Wohnungslosenhilfe fragt, vom nichtanbietenden Träger an einen anderen verwiesen wird.

Allein mit diesem Beispiel ist die sozialräumliche Dimension der Sozialwirtschaft aufgezeigt, die hier (wie auch unten) in Form der Netzwerkarbeit[4] ihren Ausdruck findet.

Aber was genau ist nun Sozialwirtschaft?

Die Frage ist insofern schwer zu beantworten, dass verschiedene Synonyme in der Literatur diskutiert werden. So weist Grunwald (2014) darauf hin, dass sowohl »unter dem Begriff des Sozialmanagements als auch unter demjenigen der Sozialwirtschaft oder der Sozialökonomie diskutiert [wird], ohne dass die Trennlinien zwischen den Begriffen und den hinter ihnen stehenden Konzepten immer einheitlich gezogen würden« (S. 33). Eine begriffsunabhängige Abgrenzungsoption zu einer »Ökonomisierung der Gesellschaft, der Sozialpolitik und/oder der Sozialen Arbeit« (S. 35) beschreibt Grunwald jedoch im Rekurs auf Siegler dahingehend, dass mit diesen keine Reduktion der Sozialen Arbeit auf »ökonomische Aspekte« gemeint sei. (Ebd.)

Für die Begriffsdefinition und auch weitere erhellende Auseinandersetzungen wird an dieser Stelle auf das in der Literaturangabe aufgeführte Lehrbuch verwiesen, aus dem die obigen Zitate entnommen sind. Auf die Redundanz einer Teilnahme der Begriffsdefinitionen wird verzichtet. Stattdessen wird den beiden Hinweisen Grunwalds an dieser Stelle grundsätzlich gefolgt und darauf aufgebaut.[5]

Also unabhängig von der Begriffswahl, handelt es sich in allen drei Fällen um zusammengesetzte Wörter, bei denen auf das gemeinsame *Sozial* dann Management, Wirtschaft oder Ökonomie folgen. Eine rein management-, wirtschafts- oder ökonomieorientierte Perspektive lässt sich daher nicht einnehmen. Und es handelt sich somit auch um eine vergleichbare Begriffssituation wie beim Sozialraum, der beim Weglassen von *Sozial* ggf. auch nur ein Zimmer zurücklässt. Doch ebenso analog ist danach zu fragen, wie stark sich der jeweils zweite Begriff auf den ersten, der ja immer *Sozial* lautet, auswirkt?

In der Einleitung zu diesem Beitrag wurde darauf hingewiesen, dass hier die These entwickelt wird, dass letztlich jede Ökonomie eine Soziale Ökonomie sei. Dies ist der schlichten Logik geschuldet, dass mit Ökonomie in diesem Kontext nicht das Haushalten mit Körperkräften gemeint ist, was ohne Bezüge zum Sozialen möglich ist, sondern Handelsbeziehungen in Form von Waren und Dienstleistungen. Eine solche Ökonomie erfordert immer Dritte, sodass

---

4 Vgl. auch Dieckbreder, *Sozialraum und Sozialraumorientierung* in diesem Band.

5 Allerdings wird auf die Verwendung des Wortes »Management« verzichtet. Wirtschaft und Ökonomie werden synonym verwendet.

das Soziale der Ökonomie zwangsläufig inhärent ist. Aus diesem Grund zählt die Ökonomie auch zu den Sozialwissenschaften.

Die Abgrenzung, die Grunwald und andere[6] zu einer Ökonomisierung z. B. der Sozialen Arbeit vornehmen, besteht darin, eine Art Ausgewogenheit zwischen Ökonomie und – hier absolut in einem Werteverständnis zu definierendem – sozialen Handeln herzustellen. Auch diesem Diktum wird an dieser Stelle gefolgt; gepaart mit dem Hinweis, dass genau darin der Konflikt der Sozialwirtschaft besteht. Denn letztlich beginnt bereits die Erteilung einer Betriebserlaubnis für ein so genanntes soziales Unternehmen damit, beweisen zu müssen, die angestrebte Aufgabe, z. B. aus dem Feld der Eingliederungshilfe, auch finanziell erbringen zu können. Kann Personal bezahlt und können Büros und Fahrzeuge und technische Infrastruktur bereitgestellt werden? Das sind Fragen, die bei der Beantragung einer Betriebserlaubnis mit JA beantwortet werden müssen. Als Besonderheit in der Sozialwirtschaft ist hier zu erwähnen, dass sich dieser so genannte dritte Sektor der Gesamtwirtschaft weitgehend in Abhängigkeit eines einzigen Kunden, dem so genannten Kostenträger, befindet. Je nach Aufgabenbereich (in der Wirtschaftssprache: Portfolio) sind z. B. das Jugendamt, das Sozialamt oder ein Landschaftsverband dieser als Kunde daherkommende Kostenträger. Und dieser zahlt nicht »nur« die vom sozialen Unternehmen erbrachten Leistungen, sondern erteilt auch die Betriebserlaubnis. Somit ist in der Sozialwirtschaft der Kunde tatsächlich der König, mit all der zumindest optionalen Willkür, die damit einhergehen kann.

Doch damit nicht genug. Ein Unternehmer, der ein Produkt herstellt, benötigt zwar auch eine Betriebserlaubnis, verkauft sein Produkt aber nicht ausschließlich an den, der die Erlaubnis erteilt – was aufgrund des dann sehr begrenzten Marktes auch schnell zum Konkurs führen würde. Stattdessen hat er eine Vielzahl von KundInnen, die potenziell alle Menschen umfassen, die sich für sein Produkt interessieren und es sich leisten können. Anstelle dieses Produktes steht in der Sozialwirtschaft nur *eine* Dienstleistung. Diese Dienstleistung wird jedoch nicht am, sondern für den Kunden erbracht. Der Fachbegriff hierfür ist das *Subsidiaritätsprinzip.* Anders als bei den Neandertalern meint der Begriff, dass eine staatliche Aufgabe wie die Unterstützung von Menschen mit Behinderungen[7] an einen Dienstleister aus der Sozialwirtschaft übertragen wird. Während also der ein Produkt herstellende Unternehmer in direkter Linie dem Kunden etwas anbietet und im besten Fall verkauft, verkaufen Sozialunter-

6 Vgl. Literatur zu diesem Beitrag.

7 Vgl. Dieckbreder, Frank/Dieckbreder-Vedder, Sarah, *Eingliederungshilfe als sozialräumliche Handlungsoption in Bahnhofsmissionen* in diesem Band.

nehmen ihre Leistungen ihrem Kunden, um sie einem Dritten zukommen zu lassen. Dieses Dreiecksverhältnis zeigt eine besondere Herausforderung und auch eine sozialräumliche Dimension, die mit sozialwirtschaftlichem Handeln einhergeht. Denn die Qualität der Leistung wird sowohl vom Kunden als auch vom Adressaten kontrolliert. Und nur wenn alle zufrieden sind, ist auch das ökonomische »Überleben« gesichert.

Im Berufsbild der Sozialen Arbeit ist aus dieser Konstellation das so genannte doppelte Mandat hervorgegangen. Das eine besteht darin, Unterstützungsleistungen zu erbringen, das andere darin, zu kontrollieren, ob die Unterstützungsleistungen auch erbracht wurden und zudem zu einem Ergebnis geführt haben.

Bei genauer Betrachtung sozialwirtschaftlicher Herausforderungen fällt jedoch auf, dass es letztlich viel mehr Mandate gibt, die es zu erfüllen gilt. Das ist dann die sozialräumliche Perspektive. Was bedeutet das?

Ein Anbieter aus der Sozialwirtschaft richtet sehr wohl ökonomisch orientiert sein Angebot daran aus, wie viele MitbewerberInnen am Markt sind und wie viele potenzielle AdressatInnen es gibt. Dabei wird ein diagnostisches Raster angelegt, das weniger medizinisch denn juristisch ist. Denn die einzelnen Hilfefelder sind, wie an verschiedenen Stellen in diesem Band gezeigt, Paragraphen zugeordnet, auf deren Grundlage der Kunde Kostenträger seine Aufträge vergibt.

Abgesehen davon, dass dies zur Folge haben kann, dass Menschen keine Unterstützungsleistung erhalten, weil sie zwar einen Bedarf haben, aber keinem Paragraphen zugeordnet werden können, kann es sein, dass vom Kunden (König!) vorgegebene Ziele nicht mit dem Willen und den Prioritäten der AdressatInnen übereinstimmen. Denn die sozialräumlichen Perspektiven sind aufgrund der Differenz zwischen Kunde und AdressatIn naturgemäß nicht deckungsgleich. Da aber vonseiten der Sozialwirtschaft sowohl den Interessen der KundInnen als auch der AdressatInnen Genüge getan werden muss, handelt es sich um Gratwanderungen mit der entscheidenden Frage: Wessen Wille[8] zählt letztlich mehr?

Aus einer ökonomischen Perspektive ist dieses Dilemma, das mit dem doppelten Mandat einhergeht, der fiskalischen Finanzierung geschuldet. Denn es ist ja nicht so, dass der Kunde mit Namen Kostenträger unerschöpflich und frei über Geldmittel verfügt. Es handelt sich schlicht um Steuergelder, die auf der Grundlage von Gesetzen für Sozialleistungen vom Kostenträger eingesetzt werden. Für die Verteilung dieser Gelder eine Konkurrenzsituation unter Anbietern der Freien Wohlfahrtspflege in Form eines Sozialmarktes herbeizuführen, ist

8 Zum hier grundgelegten Sozialraumbegriff vgl. Dieckbreder, *Sozialraum und Sozialraumorientierung* in diesem Band.

ein Konstrukt politischen Willens. Mit anderen Worten: Kein anderes Marktsegment befindet sich in so multikomplexer Abhängigkeit zum Kunden wie die Sozialwirtschaft. Die Folge ist, eine chronische Unterfinanzierung, obwohl jährlich viele Milliarden Euro in Deutschland in Sozialleistungen fließen; dazu kommt ein Verteilungskampf für die begrenzten Mittel, der den Habitus sozialer Unternehmen bestimmt.

Aus diesem Grund haben viele Sozialunternehmen ihre Tradition, zusätzlich Spendengelder zu akquirieren, nie aufgegeben. Und zunehmend wird zudem erkannt, dass andere Geldquellen erobert werden können, die aus der fiskalischen Abhängigkeit herausführen sollen. Stiftungen und Vereine, die alle unter dem Siegel der Gemeinnützigkeit geführt werden, nehmen Umwandlungsprozesse hin zu Holdings vor. Aus gemeinnützigen Gesellschaften mit beschränkter Haftung (gGmbH) werden im ökonomischen Sinn »normale« GmbHs, die dann zwar die steuerlichen Vorteile, die mit dem kleinen »g« verbunden sind, nicht mehr haben, aber letztlich unbegrenzt Gewinne generieren können. Und in Anbetracht der Größe des Marktes, in dem allein fiskalisch finanziert Milliarden umgesetzt werden, ist die Gewinnebene durchaus attraktiv.

Für eine solche Entwicklung gibt es noch ein zweites Argument, das der französische Ökonom Thomas Piketty in seinem Buch *Das Kapital im 21. Jahrhundert* (2014) anhand einer schlichten Formel mit großer Sprengkraft aufzeigt. Diese Formel lautet: $r > g$. Mit r ist hierbei die Kapitalrendite gemeint, mit g das Wirtschaftswachstum und die daraus generierten Steuereinnahmen: Privatpersonen besitzen mehr Geld, das sie im Übrigen oft durch Erbschaften und nicht durch Arbeit im klassischen Sinn erhalten, als es Staaten durch Steuern einnehmen. Es ist daher auch aus der Perspektive der Sozialwirtschaft zumindest auf einen ersten Blick nachvollziehbar, sich daran zu orientieren, was mehr Geld verspricht.

Das Problem einer solchen Ausrichtung besteht jedoch darin, dass es mit Blick auf das doppelte Mandat letztlich einen Wechsel von einem Abhängigkeitsextrem zum anderen bedeutet. Denn wenn z. B. Mark Zuckerberg beschließt, sein Privatvermögen für Soziales einsetzen zu wollen, dann führt das zu Steuerersparnis und vergrößert den Abstand zwischen r und g weiter. Jetzt bestimmt der private Spender anstelle des Staates, welche Maßnahmen gefördert werden und welche nicht. Es handelt sich also um eine Ökonomie des Unsolidarischen und Undemokratischen. Wenn die Aufforderung auch moralisierend daherkommt, so ist der Sozialwirtschaft zu empfehlen, diesen Weg nicht zu gehen.

Möglich ist jedoch ein Mittelweg aus fiskalischer und privatwirtschaftlicher Finanzierung. Damit dies möglich wird, ist es wichtig, dass die Soziale Arbeit sich als Profession sozusagen neu aufstellt.

In dem von Beate Köhn und Mechthild Seithe herausgegebenen Buch *Zukunftswerkstatt Soziale Arbeit* (2012) wird auf einen Ausspruch Hans-Uwe Ottos verwiesen, in dem er die Zunft der Sozialen Arbeit damit umschreibt, sich zu »verzwergen« (S. 63). Wenn auch etwas spekulativ, kann diese Selbsteinschätzung der eigenen Handlungskompetenz aufseiten der AkteurInnen der Sozialen Arbeit auf das extreme Abhängigkeitsverhältnis zum Kunden Kostenträger zurückgeführt werden. Letztlich sind alle innerhalb der Zunft und Wissenschaft Soziale Arbeit entwickelten Ideen abhängig von der Einwilligung des Kunden. Ansätze wie Empowerment, bei denen es darum geht, Emanzipationsprozesse bei den AdressatInnen zu unterstützen, gelten somit nur bedingt für die AkteurInnen der Sozialen Arbeit selbst. Das ist ein Widerspruch, der aus professioneller Perspektive auch zur Folge hat, dass die AdressatInnen nur bedingt z. B. empowernde Unterstützung erfahren. Wie soll jemand empowernd handeln, der oder die dies an sich selbst nicht erfährt?[9]

Sowohl die sozialarbeiterischen Theorien als auch die große Methodenpalette zeigen ein Expertentum an, dessen man sich innerhalb der Zunft der Sozialen Arbeit bewusst werden sollte. »Unterm Strich« steht dieses Expertentum für die Fähigkeit, wesentliche gesellschaftliche Prozesse zu erkennen und zu gestalten.

Hinsichtlich einer sozialräumlichen Perspektive werden in einer ausschließlich fiskalisch finanzierten Sozialwirtschaft Handlungsoptionen durch die Zuordnung von Einzelfällen zu Einzelhilfeleistungen nach Paragraphen verhindert. Denn in den jeweiligen Leistungsbeschreibungen wird eine Reduktion auf ein Problem des die Leistung empfangenden Menschen vorgenommen, das sowohl stigmatisierend wirkt – und deshalb von Erving Goffman (1975) mit Recht als »zweite Krankheit« bezeichnet wird – als auch eine gesamtgesellschaftliche, durch sozialraumorientiertes Handeln mögliche Wirkung verfehlt. Es ist daher die Frage zu stellen, ob Steuergelder gut eingesetzt sind, wenn auf ein individuelles Problem fokussiert wird statt viel deutlicher auch die Potenziale und Ressourcen des Menschen in den Blick zu nehmen. Wie die meisten modernen sozialarbeiterischen Theorien und Methoden zeigen, zielt die Soziale Arbeit schon seit vielen Jahren in diese Richtung, wird aber durch die so genannte Einzelfallhilfe, bei allem auch politisch-juristischen Bemühen, diese Aspekte aufzunehmen, weitgehend an der Ausführung gehindert.

Einen Ausweg aus diesem Dilemma bietet der emanzipatorische Mut, sich mit sozialarbeiterischer Expertise weitere Märkte zu erschließen. Wie das gelingen kann, wird am Beispiel der Bahnhofsmission im folgenden Kapitel beschrieben.

---

9 Das gilt im Übrigen auch für Unternehmenskulturen, wenn in diesen die Hierarchie eines Organigramms über Inhalten steht.

4. Ökonomie und Solidarität am Beispiel der Bahnhofsmission

Wie in diesem Band mehrfach gezeigt, sind Bahnhofsmissionen ökonomisch gesehen eine eingeführte und gesellschaftlich als moralische Instanz anerkannte »Marke«. Umso verwunderlicher ist es da, dass ausgerechnet dieser Sektor sozialer Dienstleistungen noch chronischer unterfinanziert ist als andere Handlungsfelder der Sozialen Arbeit.

Nun ist diese Unterfinanzierung, wie oben beschrieben, sowohl Pathos, als auch Habitus, aus denen heraus womöglich das »Markenzeichen« seine Anerkennung erfährt. Und tatsächlich würde es merkwürdig erscheinen, wenn Bahnhofsmissionen plötzlich im verchromten Glanz erschienen, der wiederum womöglich einen erheblichen AdressatInnenkreis vom Aufsuchen des Ortes Bahnhofsmission abhalten würde. Und so hat es sich im Grunde »eingespielt«, dass Träger von Bahnhofsmissionen sich diese »leisten«, um die »Marke« führen zu können. Dies nicht selten als Aushängeschild des Gesamtportfolios, unter Inkaufnahme der Bezuschussung durch Querfinanzierung aus dem eigenen Unternehmen. Zudem ist die Existenz als »Underdog« mit Spendenbereitschaft verbunden, die sowohl bei Sammlungen im Bahnhof als auch z. B. durch Kollektenmittel sichtbar wird. In einem Ranking zwischen Ökonomie und Solidarität ist in Bezug auf Bahnhofsmissionen der Fokus somit auf der Solidarität erkennbar.

Wie in den Kapiteln über das Ehrenamt und die Freundschaft von Jonas Meine in diesem Band gezeigt, ist diese Solidarität die entscheidende Ressource, die sowohl in Beziehungen zwischen Menschen verschiedener Milieus als auch hinsichtlich ehrenamtlichen Engagements einen Ausdruck findet. Nun ist Ressource jedoch ein Begriff, der seiner französischen Herkunft nach eher ein »Mittel« für einen Zweck beschreibt. So ist z. B. eine Ölquelle eine Ressource, die dem Zweck dient, daraus Treibstoff zu produzieren. Aus dieser Darstellung ist abzuleiten, dass eine Ressource erst dann als solche erkannt und relevant wird, wenn aus ihr etwas hervorgeht, das einen Zweck erfüllt. Und es kommt hinzu, dass Ressourcen nicht unbegrenzt zur Verfügung stehen, sodass z. B. in der Autoindustrie spätestens dann neue Technologien gefordert sind, wenn die letzte Ölquelle versiegt ist.

Übertragen auf die Arbeit in den Bahnhofsmissionen sind die Ressourcen überwiegend aufseiten des Engagements von Menschen zu identifizieren, das hier als Solidarität bezeichnet werden. Diese Solidaritätsressourcen bilden ein Potenzial, das weit über das hinausweist, was in der offiziellen Tätigkeitsbeschreibung aufgezeigt wird.

Mit Blick auf die Ökonomie bedeutet dieses Potenzial, dass in den Bahnhofsmissionen Arbeit geleistet wird, die gesamtgesellschaftliche Relevanz zeigt. Damit ist z. B. gemeint, dass dort Engagierte eine Tagesstruktur erleben, die ohne die Tätigkeit nicht gegeben wäre. Besonders mit Blick auf diejenigen Engagierten, die auf Transferleistungen angewiesen sind oder Sozialstunden ableisten, wird erkennbar, dass sie in den Bahnhofsmissionen eine Wandlung von Hilfeempfangenden zu Hilfegebenden erfahren. Und die »blaue Weste« ist ein Symbol für Zugehörigkeit und Gleichheit in der Verschiedenheit der unterschiedlichen AkteurInnen. All dies kann dazu führen, dass Menschen ihre eigenen Potenziale erkennen und so die Chance entsteht, über die Bahnhofsmission hinaus Lebensperspektiven zu entwickeln.[10]

So gesehen werden in den Bahnhofsmissionen nicht ausschließlich Unterstützung und Hilfe erbracht, sondern auch innerhalb der Organisation entstehen Möglichkeiten gesamtgesellschaftlicher Relevanz. Übertragen in die Wirtschaftssprache erhält die Gesamtgesellschaft durch die Arbeit in den Bahnhofsmissionen eine Rendite z. B. dahingehend, dass die dortige Tagesstruktur einen Menschen (wieder) befähigt, in der Arbeitswelt geforderte Grundeigenschaften wie Pünktlichkeit und kontinuierliche Leistung zu erbringen. Im Idealfall gelingt es so, dass ein Mensch, der auf Transferleistungen angewiesen ist, eine Tätigkeit aufnehmen kann, die zur Selbstfinanzierung führt und somit einen Wechsel vom Leistungsempfangenden zum Steuerzahlenden erzeugt. Ideen, wie dies gelingen kann, wurden im Kapitel *Eingliederungshilfe als sozialräumliche Handlungsoption in Bahnhofsmissionen* dargestellt. Ökonomisch ist daraus abzuleiten, dass es angemessen ist, das Ranking zwischen Solidarität und Ökonomie in Bezug auf Bahnhofsmissionen in ein Gleichgewicht zu bringen. Damit ist gemeint, dass Bahnhofsmissionen nicht unterfinanziert einen entscheidenden wirtschaftlichen Beitrag für die Gesamtgesellschaft leisten (können). In diesem Zusammenhang ist das oben gewählte Beispiel von der Transferleistung zum Steuerzahlenden bewusst gewählt, weil es den Ursprung einer sozialwirtschaftlichen Idee darstellt, die in den 1990er-Jahren unter dem Titel *Social Return on Investment* (SROI)[11] in den Vereinigten Staaten entwickelt wurde. Ins Deutsche wird dieser Ansatz als Sozialrendite übersetzt. Die Besonderheit besteht darin, dass die Rendite nicht, wie sonst im Wirtschaftskontext üblich, eine Geldausschüttung auf der Grundlage einer Investition z. B. in eine Aktiengesellschaft bedeutet, sondern in einem Beitrag für die Gesellschaft besteht. Wie in der Sozialwirtschaft üblich,

10 Vgl. hierzu auch: Dieckbreder/Dieckbreder-Vedder, *Eingliederungshilfe als sozialräumliche Handlungsoption in Bahnhofsmissionen* in diesem Band.

11 Vgl. Dieckbreder 2015.

ist der Abstraktionsgrad einer solchen Rendite ungleich höher. Deshalb ist SROI zudem eine Methode, mit der die Rendite gemessen werden soll. Dies ist nicht einfach, denn es ist schwer einzuschätzen, welche Kriterien für die Messung sozialer Rendite grundgelegt werden können.

Ein Beispiel: Menschen haben unterschiedliche Begabungen. Das gilt auch für diejenigen, die sich in den Bahnhofsmissionen engagieren. Wird in diesem Zusammenhang auf diejenigen fokussiert, die dort tätig und zugleich auf Transferleistungen angewiesen sind, liegt ein mögliches Messkriterium darin, diese so zu stärken, dass sie eine lohnsteuerpflichtige Arbeit aufnehmen können. Wird nun aber die Messung daran vorgenommen, ob es zu einem solchen Beschäftigungsverhältnis kommt, kann es sein, dass die Maßnahmen als wenig erfolgreich eingestuft werden, da dies womöglich selten gelingt. Zudem sind in einer solchen Messung dann Verträge mit aufstockenden Leistungen oder Qualifizierungsmaßnahmen womöglich nicht enthalten. Die Konsequenz wäre, die Rendite als nicht erlangt wahrzunehmen. Aber sogar bei Aufnahme dieser Kriterien kann es sein, dass die Rendite als unzureichend eingestuft wird, da noch immer Transferleistungen fließen.

Trotzdem ist SROI eine wichtige Methode, um die ökonomische Situation der Bahnhofsmissionen positiv zu verändern. Dies schlicht hinsichtlich der Tatsache, dass sich Menschen nach ihren Potenzialen entwickeln (können). Sie dabei zu unterstützen, sorgt mit hoher Wahrscheinlichkeit für eine positivere Selbstwahrnehmung und ermöglicht damit auch gesteigerte Teilhabe an der Gesellschaft. Und da in der BRD als »Land der Bahnhofsmissionen« gleichberechtigte Teilhabe (Inklusion) als gesamtgesellschaftliches Ziel definiert ist, erlangen die Bahnhofsmissionen über die Tätigkeitsbeschreibungen hinaus eine Sozialrendite, die auch bezahlt werden sollte.

Ökonomisch ist in diesem Zusammenhang zu fragen, wer bezahlen soll. Bahnhofsmissionen werden durch Steuergelder (teils direkt durch Kommunen, teils indirekt durch Querfinanzierungen der Träger) und Spenden finanziert. Damit ist der Personenkreis, der die Bahnhofsmissionen finanziell trägt, bereits sehr groß. Wer soll also zahlen? Diese Frage muss anders gestellt werden, um sie beantworten zu können. Sie lautet dann: Wer kann und will zusätzlich bezahlen? Jetzt lautet die Antwort: Interessierte, die sich das leisten können. Diese Antwort mag merkwürdig klingen, trifft jedoch den Kern. Denn da Steuerzahlende und Spendende bereits die Bahnhofsmissionen finanzieren, gilt es, mit dem Angebot einer (unbestimmten) Sozialrendite Menschen zu finden, die zu einem Investment bereit sind. *Interessierte* sind diese Personen dabei deshalb zu nennen, weil jedem Investment ein Interesse (an einer Rendite) vorausgeht.

Um diese Personen zu identifizieren und zu erreichen, greift an dieser Stelle all das, was der Methodenkoffer der Sozialraumorientierung hergibt. Beispiele sind Netzwerkarbeit und besonders die Orientierung am Willen der AdressatInnen. Interesse ist nichts anderes als zum Ausdruck gebrachter Wille.

Wieder ein Beispiel: Bahnhofsmissionen gibt es zwar bundesweit, aber letztlich haben sie jeweils regionale Bedeutung. In Hamm z. B. werden in der Bahnhofsmission Menschen erreicht, die nicht einmal den zuständigen städtischen Behörden bekannt sind. Für diese Menschen greifen dann alle in diesem Band beschriebenen Hilfen und Unterstützungen. Hilfen und Unterstützungen, die diese Menschen ohne die Bahnhofsmission nicht erhalten würden. Solche Leistungen wirken sich auf eine Stadt aus, indem mit Menschen Perspektiven entwickelt werden, ein Leben zu führen, das z. B. aus der Wohnungslosigkeit herausführt. Für solche Maßnahmen ist es möglich, Menschen zu begeistern, indem gezielt darüber gesprochen wird. Und zwar mit Menschen, die ein regionales Interesse haben, weil sie womöglich eine Firma in Hamm haben und dort auch leben. Diesen Menschen kann die Bahnhofsmission Expertise anbieten, Gesellschaft zu gestalten. Dies trägt ein Selbstverständnis Sozialer Arbeit, die sich nicht *verzwergend* als Reparaturwerkstatt begreift, die einen »sozialen Brennpunkt« heile machen soll, sondern die Theorien, Konzepte und Methoden hat, um Gesellschaft insgesamt zu stärken.

5. Fazit und Ausblick

In diesem Kapitel wurde gezeigt, dass Soziale Arbeit insgesamt und somit auch die Leistungen der Bahnhofsmissionen ohne ökonomische Aspekte niemals stattfanden und im Kontext der Sozialwirtschaft auch nicht stattfinden kann. Dabei wurde deutlich, dass die Sozialwirtschaft eine Mischung aus Solidarität und Ökonomie darstellt, wobei das Pendel, besonders mit Blick auf Bahnhofsmissionen, in Richtung Solidarität ausschlägt. Diese Solidarität ist durch das Subsidiaritätsprinzip hinsichtlich der fiskalischen Finanzierung, der Spendenbereitschaft und besonders auch des ehrenamtlichen Engagements gekennzeichnet. Darüber hinaus wurde dargestellt, dass durch die Arbeit in den Bahnhofsmissionen eine Rendite erzeugt wird, die über die eigentliche Tätigkeitsbeschreibung hinausweist. Dies ging einher mit der Forderung, sich diese Rendite durch private InvestorInnen bezahlen zu lassen. Dass eine solche Finanzierung Teil sozialräumlicher Arbeit sein kann, wurde ebenfalls anhand der Beispiele Netzwerkarbeit und Ausrichtung am Willen der AdressatInnen skizziert. Damit ist gezeigt, dass AdressatInnen der Sozialen Arbeit im sozialräumlichen Handlungsverständnis nicht ausschließlich Menschen mit einem so genannten Hilfebedarf sind, sondern auch jene, die z. B. finanziell helfen können.

An dieser Stelle ist auf ein Problem hinzuweisen, das in dieser Form – einmal mehr – ausschließlich in der Sozialwirtschaft auftaucht. Es besteht darin, dass Träger sozialer Dienstleistungen seit jeher auf Spenden angewiesen waren. Die Mythen früher Anstaltsleiter wie Friedrich von Bodelschwingh ranken sich z. T. mehr um ihre Gabe, Gelder zu akquirieren als um ihre inhaltliche Arbeit. Mit der Entwicklung des Sozialstaats, wie er nach dem Zweiten Weltkrieg in Deutschland entstanden ist, ging jedoch eine soziale Verantwortung einher, die Finanzierungen der Einrichtungen und Dienste zunehmend fiskalisch werden ließen, sodass Spendengelder nicht mehr weitgehend für Regelversorgungen, sondern für Spezialprojekte eingesetzt werden konnten und können. Das ist auf der einen Seite eine sozialstaatliche Errungenschaft, auf der anderen Seite entstand dadurch ein Finanzierungsmonopol. Dies dann auch mit der Konsequenz, dass der Monopolkunde einen künstlichen Wettbewerb (dritter Sektor oder Sozialwirtschaft) geschaffen hat. Aufgrund der fiskalisch bedingten Knappheit von Geldern, um die es trotz der großen Geldmengen im sozialwirtschaftlichen Wettbewerb geht ($r > g$), ist es nachvollziehbar, dass sich die Wettbewerber nicht auf Steuergelder beschränken (wollen). Längst ist ein zweiter Markt entstanden, in dem es darum geht, privates Kapital für soziale Unternehmen zu akquirieren.

Mit diesem Ansatz ist die Gefahr verbunden, dass der zweite Markt womöglich so gut entwickelt wird, dass der Staat »freiwillig« auf sein Monopol verzichtet und sich aus seinem Teil der Subsidiarität zurückzieht. Der sozialwirtschaftliche Auftrag in der Sozialen Arbeit besteht somit darin, auch im Verhältnis von Steuergeldern und privatem Kapital eine Ausgewogenheit herzustellen, die letztlich zu einer sicheren Finanzierung der Leistungen führt. Dabei ist es gut und sinnvoll, das Monopol des Staates zurückzudrängen. Dies jedoch nicht zu dem undemokratischen Preis, aufseiten privaten Kapitals ein neues Monopol zu schaffen. Diese Gratwanderung ist zum derzeitigen Forschungsstand auf der Basis sozialräumlichen Handelns möglich, indem in der Sozialen Arbeit letztlich auch GeldgeberInnen als AdressatInnen definiert werden. Letztlich haben alle ein Interesse an dem, was mit sozialer Arbeit ökonomisch und solidarisch möglich ist.

Literatur

Brecht, Bertolt (1928/2004): Dreigroschenoper. Frankfurt/M.
de Vries, Bodo (o. J.): Wenn es scheinbar keinen Ausweg mehr gibt – Suizid im höheren Lebensalter
Dieckbreder, Frank (2007): Pädagogische Ethik bei Menschen mit Autismus. Saarbrücken
Dieckbreder, Frank (2015): Social Return on Investment und Bahnhofsmission. In: Sozialwirtschaft (06/2015)
Dieckbreder, Frank/Dieckbreder-Vedder, Sarah (2016): Anspruch und Wirklichkeit – Was kann und darf Gesellschaft von der Sozialwirtschaft verlangen? In: Wöhrle, Armin (Hg., 2016): Moral und Geschäft – Positionen zum ethischen Management in der Sozialwirtschaft. Baden-Baden
Ehrenbrandter, Michaela (2013): SROI – ein Argument für die Rentabilität sozialer Dienstleistungen – Modellberechnung am Beispiel der Sozialen Initiative. Saarbrücken
Kopf, Hartmut et al. (Hg., 2015): Soziale Innovation in Deutschland – Von der Idee zur gesellschaftlichen Wirkung. Wiesbaden
Goffman, Erving (1975): Stigma – Über Techniken der Bewältigung beschädigter Identität. Frankfurt/M.
Grunwald, Klaus (2014): Sozialwirtschaft. In: Arnold, Ulli et. al. (Hg., 2014): Lehrbuch der Sozialwirtschaft. Baden-Baden
Kermani, Navid (2015): Gewalt des Mitleids – Arendt und die Revolution. In: Zwischen Koran und Kafka – West-östliche Erkundungen. München
Köhn, Beate/Seithe, Mechthild (Hg., 2012): Zukunftswerkstatt Soziale Arbeit. Berlin
Möhle, Marion (2001): Vom Wert der Wohlfahrt. Wiesbaden
Piketty, Thomas (2014): Das Kapital im 21. Jahrhundert. München
Reichelt, Daniel (2009): SROI – Social Return on Investment – Modellversuch zur Berechnung des gesellschaftlichen Mehrwertes. Hamburg
Repp, Lars (2013): Soziale Wirkungsmessung im Social Entrepreneurship. Wiesbaden
Rousseau, Jean-Jacques (1762/1996): Gesellschaftsvertrag. Stuttgart
Sedláček, Tomáš (2012): Die Ökonomie von Gut und Böse. München
Wöhrle, Armin (Hg., 2012): Auf der Suche nach Sozialmanagementkonzepten und Managementkonzepten für die Sozialwirtschaft. Band 1–3. Augsburg
http://johanneswerk.de/fileadmin/content/Download_JW/3_Fachthemen/a_Menchen_wahrnehmen/Leben_im_Alter/Suizid_im_hoeheren_Lebensalter.pdf (Zugriff, 13.01.2016)

Wichtiges in Kürze

Ökonomie und Solidarität

Ökonomie und Solidarität sind untrennbar miteinander verbunden. Denn ökonomisches Handeln steht in Abhängigkeit von Angebot und Nachfrage. Es muss also jemanden geben, der oder die das Angebot annimmt, weil ansonsten der wirtschaftliche Erfolg ausbleibt.

Ökonomie, Solidarität und Sozialraum

Der Zusammenhang von Ökonomie und Solidarität zeigt sozialräumlich die gegenseitige Abhängigkeit von Menschen auf. Unterschiedliche Potenziale und Ressourcen fügen sich zu einem Gesamten zusammen, das zu Abhängigkeiten führt. Dies hat auch zur Folge, dass Menschen »auf Kosten« von Einschränkungen Dritter leben, indem sie z. B. Waren kaufen, die unter prekären Bedingungen hergestellt wurden. Sozialraumorientierung meint in diesem Zusammenhang daher zwangsläufig, diese Abhängigkeiten zu erkennen und nach dem Willen aller Menschen als jeweiliges Individuum zu gestalten.

Ökonomie, Solidarität und der Bezug zur Bahnhofsmission

Bahnhofsmissionen sind ein solidarischer Beitrag zur Gesellschaft bei gleichzeitiger Unterfinanzierung. An dieser Stelle wird die Komplexität der Sozialraumorientierung besonders deutlich, indem viele unterschiedliche AdressatInnen der hier erbrachten Sozialen Arbeit erkannt werden können. Diese beschränken sich nicht auf die Gäste der Bahnhofsmissionen, sondern betreffen ebenso dort ehrenamtlich Tätige, als auch SpenderInnen.

Fragen zur Lernstandprüfung

Worin besteht der Zusammenhang zwischen Ökonomie und Solidarität?
Welche Möglichkeiten gibt es, soziale Dienstleistungen über die fiskalische Finanzierung hinaus sicherzustellen?
Worin besteht die Expertise Sozialer Arbeit?

Stichwortverzeichnis

Verzeichnis der Autorinnen und Autoren

Bakemeier, Christian, Jg. 1963
Dipl. Sozialarbeiter, ehem. Leiter verschiedener Einrichtungen und Dienste ambulanter Sozialarbeit, seit 2007 Geschäftsführer des Verbandes der Deutschen Evangelischen Bahnhofsmission e. V. und der ökumenischen Konferenz für Kirchliche Bahnhofsmission. E-Mail: Bakemeier@bahnhofsmission.de

Dieckbreder, Frank, Prof. Dr., Jg. 1971
Dipl.-Pädagoge/Bildungswissenschaftler; ehem. Leiter verschiedener Einrichtungen und Dienste der Eingliederungshilfe; seit 2010 Lehrstuhl für Geschichte, Theorie und Organisation der Sozialen Arbeit an der Fachhochschule der Diakonie in Bielefeld. E-Mail: frank.dieckbreder@fhdd.de

Dieckbreder-Vedder, Sarah, Jg. 1974
Erzieherin und Sozial- und Gesundheitsmanagerin B.A.; ehemalige Leiterin verschiedener Einrichtungen der Eingliederungshilfe (Behindertenhilfe und Psychiatrie) sowie der Bahnhofsmission in Hamm; seit Januar 2016 Geschäftsführerin der Refugium gGmbH in Bielefeld. E-Mail: s.dieckbreder-vedder@refugium-jugendhilfe.de

Graf, Claudia, Jg. 1985
Diakoniewissenschaftlerin M.A.; ehem. stellvertretende Einrichtungsleitung der Bahnhofsmission Heidelberg; seit 2014 Referentin für freiwillige soziale Dienste.
E-Mail: graf@netzwerk-m.de

Koval, Alla, Prof'in Dr.'in, Jg. 1979
Dipl.-Sozialarbeiterin/Sozialpädagogin, wissenschaftlich und praktisch tätig in den Bereichen Migration, Bildung, Sozialraum- und Biografiearbeit, seit 2013 Lehrstuhl für Theorien und Methoden der Sozialen Arbeit an der Fachhochschule der Diakonie in Bielefeld. E-Mail: alla.koval@fhdd.de

Löhr, Michael, Prof. Dr., Jg. 1974
Krankenpfleger, Dipl. Kaufmann, und Pflegewissenschaftler. War Leiter der Stabsgruppe für Klinikentwicklung und Forschung am LWL-Klinikum in Gütersloh, bevor er auf den Lehrstuhl für Psychiatrische Pflege an der Fachhochschule der Diakonie in Bielefeld berufen wurde. E-Mail: michael.loehr@fhdd.de

Meine, Jonas Jg. 1988
Sozialarbeiter und Diakon; war seit seinem Studienabschluss 2015 Wissenschaftlicher Mitarbeiter am Lehrstuhl für Soziale Arbeit und Diakonik an der Fachhochschule der Diakonie in Bielefeld und ist seit 2016 Teamleiter im Bereich Jugendhilfe in der Refugium gGmbH in Paderborn. E-Mail: Jonas.meine@fhdd.de

Nikles, Bruno W. Prof. (em.) Dr. rer. soc., Jg.1947
Diplom-Soziologe, Sozial- und Stadtentwicklungsplaner; 1984 bis 2014 Universität Duisburg-Essen, Institut für Soziale Arbeit und Sozialpolitik; ehrenamtlicher Vorstandsvorsitzender der Bundesarbeitsgemeinschaft Kinder- und Jugendschutz (BAJ) e. V., Berlin. E-Mail: bruno.nikles@uni-due.de

Oelschlägel, Christian, Dr., Jg. 1974
Dipl.-Theologe/Dipl.-Diakoniewissenschaftler; ehem. wiss. Mitarbeiter am Diakoniewissenschaftlichen Institut der Universität Heidelberg; seit 2013 Persönlicher Referent des Präsidenten der Diakonie-Deutschland, Berlin. E-Mail: christian.oelschlaegel@diakonie.de

Schulz, Michael, Prof. Dr., Jg. 1969
Krankenpfleger und promovierter Pflege- und Gesundheitswissenschaftler. Im Jahr 2011 Ruf auf den ersten Lehrstuhl für Psychiatrische Pflege an der Fachhochschule der Diakonie in Bielefeld. In zahlreichen wissenschaftlichen Publikationen stehen vor allem Themen zu *Recovery* und partizipativer Entscheidungsfindung im Vordergrund. Besondere Bedeutung haben zudem Arbeiten zur Professionalisierung von Pflege- und Gesundheitsberufen in psychosozialen Arbeitsfeldern. Unter anderem Herausgeber der Zeitschrift Psychiatrische Pflege im Hogrefe-Verlag. E-Mail: Michael.schulz@fhdd.de

Sommer-Loeffen, Karen, Jg. 1961
Lehramt SI/SII Geographie und Ev. Theologie; Referentin für Ehrenamt, Bahnhofsmissionen und ambulante Hospizarbeit bei der Diakonie Rheinland – Westfalen – Lippe. E-Mail: K.Sommer-Loeffen@diakonie-rwl.de

Wabnitz, Pascal, Prof. Dr., Jg. 1983
Dipl. Psychologe, Psychologischer Psychotherapeut (VT); ehem. Mitarbeiter der Stabsgruppe für Klinikentwicklung und Forschung am LWL-Klinikum Gütersloh. Seit 2015 zunächst Lehrkraft für besondere Aufgaben mit anschließendem Ruf auf den Lehrstuhl für Angewandte Psychologie in psychosozialen Handlungsfeldern an der Fachhochschule der Diakonie in Bielefeld. Zudem Tätigkeit als Psychologischer Psychotherapeut in eigener Praxis. E-Mail: pascal.wabnitz@fhdd.de

Wolf, Andreas, Jg. 1955
Dipl.-Pädagoge; seit 1980 Sozialarbeiter in der Wohnungslosenhilfe; seit 1990 freiberufliche Fortbildung und Beratung; seit 2012 wiss. Mitarbeiter an der Fachhochschule der Diakonie in Bielefeld (Praktikumskoordination). E-Mail: andreas.wolf@fhdd.de

Zippert, Thomas, Prof. Dr., Jg. 1961
Ev. Theologe/Diakoniewissenschaftler; ehem. Gemeindepfarrer; Leiter der Hephata Akademie für Soziale Berufe in Schwalmstadt; seit 2011 Lehrstuhl Diakoniewissenschaft an der Fachhochschule der Diakonie in Bielefeld. E-Mail: thomas.zippert@fhdd.de

Michael Fricke / Martin Dorner
Werkbuch
Diakonisches Lernen
V&R